岩波講座　日本の思想　第四巻

岩波講座

日本の思想

編集委員　苅部直　黒住真　佐藤弘夫　末木文美士

第四巻　自然と人為

「自然」観の変容

岩波書店

編集にあたって

世の中が大きく変わりつつある時代には、思想においてもあらゆるものが批判の俎上にのせられる。日本思想に関する研究もまた例外ではない。「神道」とは何か。「武士道」は存在したのか。「仏教」や「儒学」の受容と呼べるような実態はあったのか。そもそも「思想」とは、「日本」とは何か……。こうした概念枠組の多くが、せいぜい近代以降に創られたものであることが指摘されるようになり、それを自明のものとして論じることは、もはや不可能になった。

しかし、これまでの前提がゆらぐ状態は、新たな発想が育つ培養器でもあるだろう。さまざまな枠組が相対化されたあとで、従来の発想にとらわれずに過去の思想について語りなおす、新たな研究の試みが、日本思想史の各時代に関して、行なわれつつある。近代に創られた概念を批判的に吟味しながら、前近代の思想がどのように近代へとつながってゆくのか、思想の転変を今日の視点から確認すること。それが本講座のめざすところである。

時代を追って通史を編成するとか、有名なテクストに関する個別研究を集めるといった方針はとらなかった。本講座では、過去の思想と今日とが切り結ぶ問題を設定し、テーマごとにそれぞれの執筆者が論じる。思想の転変について精密に点検し、批判の篩《ふるい》にかけることで、新たな角度からの光をあてたいと考えたからである。その作業を基盤として、思想の蓄積を貴重な財産とし、未来にむけた思想を創りだすことができるだろう。

もちろん本講座だけで、そのような志をすべて実現できるとは思われないが、その大きな目標へむけて記念すべき第一歩を記し、後続する営みの礎を築けると確信している。日本のみならず世界の思想に関心をもつ読者の方々がこれを読むことで、日本文化の現在と未来とを考える助けにしていただけることを願う。

編集委員
苅部　直
黒住　真
佐藤弘夫
末木文美士

日本の思想 四

目次

目　次

目　次

III　自然のいとなみ／人のいとなみ

古典を読む

I

自然と人為——つつまれる人／のりこえる人

自然と人為
――つつまれる人／のりこえる人

黒住　真

はじめに――本巻と本稿における「形態」「思惟」

本巻では、日本において人々が、「自然と人為」に、いかに向き合って思想を抱き、その内容を自分たちや周囲に「形態〈かたち〉」として組織立てて来たのか、そのあり方を把握し、またその変容をとらえる。そのことを通じて最後に現代の問題をも考えていきたい。

「自然と人為」には、後述するように、それに関わる「形態」があり、それをめぐる活動がある。Ⅰつまり本稿で、その基本をとらえ、ⅡⅢの各章で、その内容の展開をさらにとらえる。Ⅱでは、どのような〈世界像〉〈歴史観〉が形成され、それがどのように変遷したかを、歴史を溯りながらいくつか具体的にたどる。またⅢでは、中世を背景にとりわけ近世においてよりはっきりと発生し始めた人の〈営為の諸形態〉を、重要ないくつかに踏み込んで把握し、近現代の状態をも問題とする。本稿でも、時に応じてⅡⅢの内容に触れたい。

このⅠでは、先に「基本を」といったように、そのような世界像や営為が形成される以前・以後の、「自然と人為」の〈基礎というべきもの〉、その基本的な構造や内容をとらえたい。表現された「自然と人為」の基本的な形と中身を可能な範囲で遡及することを試みる。その際、「人間の思想にとって、自然と人為とは」といった表現における基礎自体への問いをまず持つ。別言すれば、その思想に対して、反省を含んだ構造としての「思惟」を方向として持ちたい。これは近代なら哲学と称されるものに繫がる（第一巻「「日本」と日本思想」のⅠ参照）。とはいえ、その把握は、おそらく「連想」によってその周囲に結び付く。何らかの「形態」をとらえ、破壊させない限り、そうである。その意味で本稿は、「自然と人為」の思想をめぐって、体験においてできるだけ普遍的な基底を求めつつ、手元から対象へ、対象から手元へと向かう、そのような作業である、と考えておきたい。

一　人と物事の「形態」

1　自然・人為とは――生きる人の交流による形成・形態

では、そもそも「自然」「人為」とは、「自然と人為」とは、一体何なのか、簡略にでも定義・捕捉しながら考察に入っていきたい。その際、より先立って定義しやすいのは「人為」である。まず「人為」を、「生きている人が心において持ち身体において働くこと、また、その営み・形成物」としておく。今、前提のように「生きている人」といったが、人として今生きている自分には（後述するが）大抵すでに「生命（いのち）」「こころ」がある。向かい合う対象・相手も生きているなら、同様である。このことをまず押さえたい。

「いのち」「こころ」を持っているからこそ、そこには、内外の、食事や運動に拠る、記憶や学習に因る、ばらばらではない何らかの、時空をも孕んだ営為・形成物、結集としての「形態（かたち）」がある。その人の、また人々の、物事との関係・交流によって形成されるものとしての「形態」、それがさらに「思想」また「文化」にもなる――そう考えておく。

2　自然とは――物事・鉱物・植物・動物

では、「自然」とは何かというと、以上のような働きとしての「人為」自体ではない。といっても、自然は人為とまったく無関係な訳ではない。自然は、「人為に先立つ・またそれ以後の・またその周囲の、物事のあり方」である。これをまず第一の定義とする（追って本節3でまた第二をいう）。たとえば、ある人にとって、諸々の物事は、人為＝生きた人の働きでない限り、「自然」である。かつて生きていた（今は生きていない）人の営為による物事はもう「自然」である。また、たとえ共感・共鳴しても排除しても、動植物・鉱物や山や木や川、空や大地、諸々の物事や宇宙は、「自然」である。そこに働きがあり生命があり「形態」「拡散」があるとしても、そうである。これに対して、生きている人は、自然の一環であるとしても、人である限り（動植鉱物とならない限り、完全に眠ってしまわない限り、死なない限り、まさに心をもっている限り）自然と一つではない。しかし動物は「自然」である――この動物と人との重なりと違いは、また考える。

では、「人為」に見出した、こころを持って「生きている」とは、またその交流による「形態」とは、どういうことだろうか。翻って、「自然」による「形態」とは、どういうことだろうか。両者はどう違うのだろうか。

鉱物である石という結晶としての「物」にさえ、結び付きや結集を見ることできる。それはばらばらではないのだから、そこに生命に向かう組織化の一端を見出せるかもしれない。だから人はそれを食べさえする。けれども、当然ながら石自体はまだ行き来する生命ではない。

植物は、鉱物とは違い、生命があり連結をもち、生まれ育ち、また枯れて死ぬ。けれどもその類は、時と場所によってはさらに長く広く生き続ける。むろんその逆もある。その意味でも、植物はまさに生をめぐる動き・交流をもった生命(いのち)の形態である。だが、それ自体は、「自然」であり「人為」ではない。

動物も、やはりまずは植物と同様の「生命の形態」である。とはいえ、植物以上に「時と場所を越えて動き」続ける。植物以上に、走り、飛び、潜り込んで行く。また、自分たち自身の生活の内容を、親子を始めとする種の中で、学び・学ばせ、伝達していく。個としては、そうした類の働きの中で育ち、大きくなるけれども、やがて死んで散逸する。とはいえ、他と関わりながら生まれ育って働き、また何かを伝える。そのように「さらに活動する」からか、動物は「生命(いのち)」だけではなくさらに「こころ」をもつようだ。ある動物によってはよりそうで、その「こころ」は、共感・反感だけでなく何程かの知や記憶と学習をもち、反省や努力さえもつようだ。動物は、人間が時にもつような異常さはもたない。だからなのか、優れた動物・まともな動物などは、人間よりよほど立派なことさえ少なくない。

とはいえ、動物の「こころ」は人間と同じではない。たとえ、立派でも、彼らはある〈一定の枠の中に〉いつもいる。彼らは、その枠をとらえる、のりこえる、あるいは深い移入や幅広い位置づけなどは、まだ行わないようだ。その意味で動物たちの「こころ」は、その存在の地平以上に向かおうとはせず、時間や空間、世界や歴史を、良かれ悪しかれもたない。弁証法的な発展やその逆転としての虚無も彼らには無い。動物には、類種を超えた完全な善も、翻っての根本悪もない。だから、動物はもうほとんど悟ったように見えることさえある。彼らは、彼ら自身の働きの時空を持つが、その足下において自然に合一している。

以上、鉱物・植物のあり方としての「自然」の静・動の形態、生命(いのち)などを見た。動物たちは、より

「人為」に近く、時に「こころ」さえ持ち、「自然」からの動的な習慣的構成や社会的働きをもっている。にもかかわらず、彼らは、結局は自然に収束する。その意味で、鉱物・植物はもちろん、動物でさえ「自然」である。彼らはどこまでも「自然につつまれている」。彼らは、たとえ「いのち」「こころ」を持って生活していようと、自然の一端であり自然に包まれている、足下において自然と一致しているのである。

3　人間の営為とは――自然の包容とのりこえ

では、人間はどうだろうか。人間における「自然と人為」をとらえ考えてみる。

人間は、言葉や物事を、「身体」「いのち」「こころ」によって抱く。それは、しばしば、想像や記憶となり、観念ともなるが、だとしても、それはただ観念に留まらず、リアルな現実ともなる。なぜなら、大抵、その言葉・物事に、人為としての行為が結び付き、実際にそれを行為するからである。「自然と人為」による「形態」がまさにそうで、私たち人間は、この形態をめぐって、行為し、営為・生活し、そこから実際に世界や歴史を形づくって来たのである。そこには、人間自身の習慣さらに学習があり修行があり、またそれに結合して作られた種々の社会的組織さえある。これは元来、自然に基づくとしても、まさに「自然をのりこえる人為」だといえる。この「自然をのりこえる」人為・形態・人間について考える際、重要なこととして三つ指摘しておきたい。

3―a　包容する人間――包まれた万物の中心

まず第一に、元来の人間の位置と「形態」（かたち）は、動植物以上にとても関係的また包摂的である。人は、少なくともまず可能性として万物に関与する中心性をもち、とくに優れた人は（後天的な学習や修行によってにせよ、あるいは先天的にそうであるにせよ）、万物との合一性さえ持つ、とされていたようである。これは、大宇宙・小宇宙の照明、梵我一如、天人相関などといわれる。

これは印度のみならず、中国でもまさにテキストとして古くからある。『尚書』（書経）には、「惟れ天地は万物の父母、惟れ人は万物の霊なり（惟天地万物父母、惟人万物之霊）」とある（『虞書』『夏書』『商書』『周書』における「周書泰誓上」）。このテキストの意味が何なのか、展開はさまざまで簡単ではない（山口智弘「荻生徂徠の『尚書』観――『尚書学』攷証」『日本思想史学』四二、二〇一〇年）。しかしこの「人」は、「天地」（父母）の子たる「万物」に連関する霊であって、あたかもすべてを包容するかのような基礎をもつ。この構造は『尚書』だけではない。韓愈（七六八―八二四）は、『原道』『原性』『原人』を著し、「上に形るる者は之を天と謂ふ。下に形るる者は之を地と謂ふ。その両間に命ぜらるる者は之を人と謂ふ」（『原人』）と述べた。人を、天地つまり形而上と形而下の中間の命において位置づける。また圭峰宗密（七八〇―八四一）が、仏教の側から『原人論』を著す。

このあたりの原人、いわば人間本性についての表現は、仏教においては、やはり密教における「曼荼羅」を連想せずには済まない。空海（七七四―八三五）は、曼荼羅とともに信者にとって生き続けている、といわれる。道元（一二〇〇―一二五三）「現成公案」は、修行と共に現成をいう。これらは、ただ、人為・学習が不要だと言っている訳ではない。修行する人為において、いわば自然の本体が現れる、と言っているのではないか。

儒教・宋学においては、周敦頤（一〇一七―一〇七三）の『太極図説』がある（これについては、黒住真「「東洋思想」の発見」岩波講座『哲学』第一五巻、二〇〇九年、参照）。西洋の場合、ダ・ヴィンチ（Leonardo da Vinci 1452–1519）の『ウィトルウィウス的人体図』（一四八五年）さえ、思い起こさせる（図1）。

ここには、動植物との違いとなる人の「形態」がある。そして、解釈や表現の違いはあれ、「原人」「太極」ないし「曼荼羅」さらには「人体」(さらには受難者キリスト)となった「人」がいる訳である。解剖学医でありゲーテ研究者であった三木成夫(一九二五—一九八七)は、海からの呼吸を伴った人の身体の形態への結集をとらえている(『胎児の世界——人類の生命記憶』中公新書、一九八三年、『海・呼吸・古代形象』〈吉本隆明解説〉うぶすな書院、一九九二年)。また山田慶兒(一九三二—)は、古代中国以来、自然に「気」の働きをとらえる科学があったともいう(『気の自然像』岩波書店、二〇〇二年)。このあたりに、身体の行として、ヨガ・仏教や中世以前のキリスト教における修行、漢方や太極観も、同様の道程と見ることもできよう。

ここには大きくいって、類に繋がる生命体験が根柢・形成・構造としてあり、人為にもかかわらず、それが消えずにとらえられている。それゆえ、この「自然をのりこえた人為」も改めて自然に結集するのである。これをあえて超自然あるいは原自然と述べておきたい。近代仏教的用語から、「自我ではない自己」といってもいいかもしれない。鈴木大拙(一八七〇—一九六六)が「大地」に見出す「超個」も、西田幾多郎が根本的に述べる「絶対矛盾的自己同一」も、諸思想でいわれる「聖」(Das Heilige)、また超越や永遠の哲学も、違いはあれ、その本性を表現しているのだ、と考えたい。

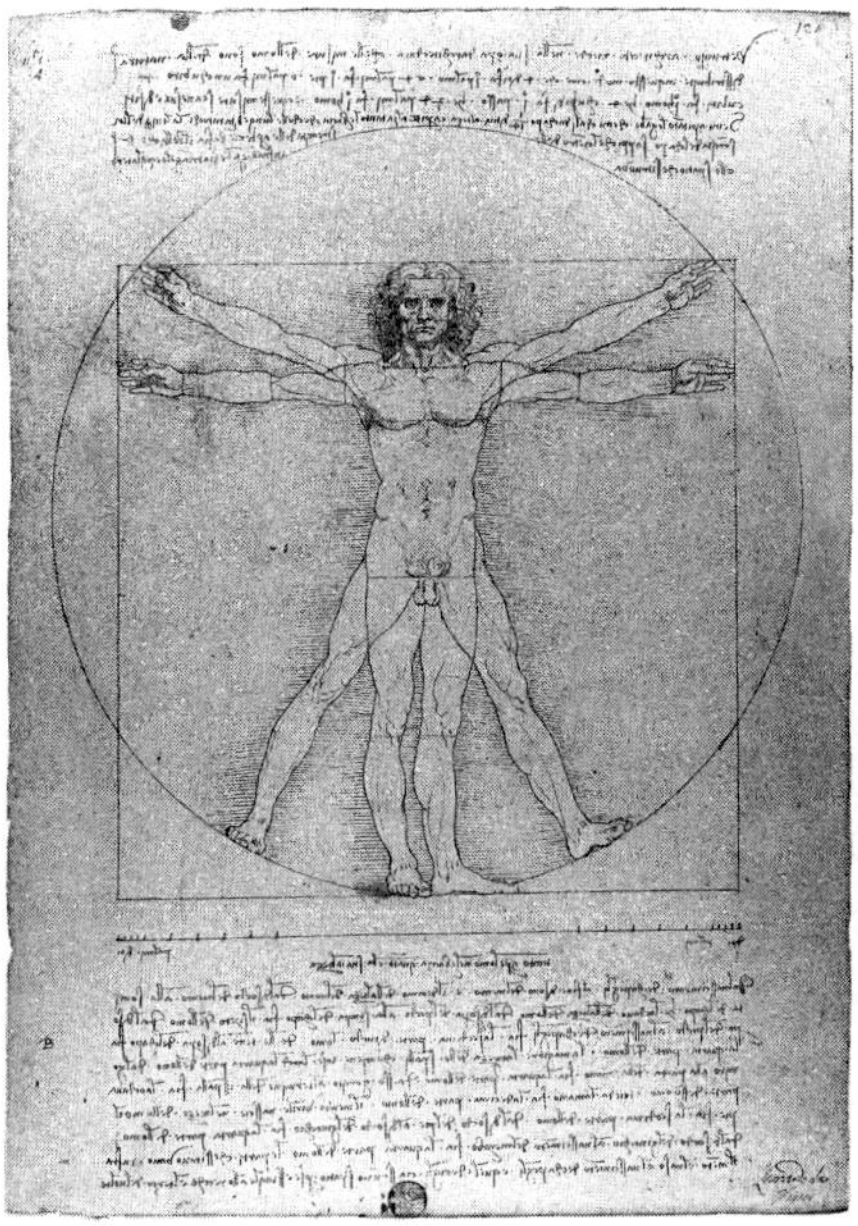

図1　ダ・ヴィンチ『ウィトルウィウス的人体図』(1485年)

いずれにせよ、ここには包摂(inclusion)的なあり方がある。それはただ個体ではなく、個ではあるが包摂をもつような個である。「聖人」もそうである。そのあり方は、器、容量、空といった比喩でとらえられる。そこから、文字通りの「自分」「分身」「守護」という語が用いられ、「わけみたま」もそれに結び付く。

包摂は、実はとても重要である。先に、動物が自然に包摂されている、と述べた。また、万物を包摂する「自己」が最終的に自然に結集する、と述べた。では、ここでの自然は何なのか。この局面から「自然」について「人間を人間たらしめているもの、その働き」と定義したい。これを第二の定義とする。これを先述のように「超自然」「根源的自然」あるいは「超人格性」とも言いたい。この内容は、そこに「法」あるいは「自然法」が考えられることでもある。かつては、人間の自由は、取り囲む自然法と共にあった(葛生栄二郎『自由社会の自然法論』法律文化社、一九九八年)。このことをエネルギーにとりつかれた現代人は、よく考える必要がある。

3―b　人為の拡大と自然の周縁化、社会問題

第三に指摘したいのは、以上の構造にもかかわらず、先に「形づくる」「組織立て」などと繰り替えし述べた人為による「形態」(かたち)が、歴史的に多数で大きくなる、という事実・現実である。別言すれば、自然とも超自然とも無関係な世界の可能性が生まれる、ということである。

この「人為」形態＝社会的組織は、従来は、拡大したとしても、大きくは自然のコスモスの中にあった。アリストテレスが「可能態」(dynamis デュナミス)と「現実態」(energeia エネルゲイア)を言い、孟子が樹を比喩にして人間の営みを述べるのは、このことでもある。そこでは、万物に関与する人の「人為」に対して、直接的ではなくとも根本的に、生命としての天地自然あるいは宇宙があり、仏あるいは神がいる。『列子』には「天地崩壊」を

心配する人がいるし（天瑞第一）、浄土教において「末法」が語られもする。だとしても、それは、自然の構造であり、自然ないし超自然（神・仏）への回帰・再認識が、答えとして述べられている。

ただ、時代を下るほど、人為自体が上昇し、社会的組織が拡大する。これに対して、自然・超自然が消え、あるいは物体化する。ここに生じた変化に注意しておきたい。

道がかつて道（タオ）といわれたとき、それは天地・宇宙の働き・形態だと感じ、考えられていた。土・石や星は、形を持っているが動かないのかもしれない。水は動くが、自分自身で動いているのではないかもしれない。しかし、太陽の光を見れば、それは動く力でさえある。だからこそ植物はそれを貰って生きている。農作する人間もそうである。「太陽（天照）」「天地」「山」「川」「海」などというとき（かつてはまだ現在のようにそれを自然とは称さなかったにせよ）、それらは、「人為」としての人間の働きを超えた「かたち」や動態としての、人がそこから何かをいただく「自然」であった。

そもそも「自然」自体が、働きをもち、力をもち、形態をもつ。だからこそ、いくつかの思想で、根本的な場面・働きを「道」といい、それをいただくこちらを、しばしば「器」といったのだろう。そのような「道」は、「自然」であっても、「人為」ではない。

ただし、「人為」そのものにさらに結び付く「かたち」も当然ながらとらえ形成されてくる。たとえば、人が歩く「道」であれ、あるいは扱う「物」であれ、人間たちは、まずは自然のなかでさらに何かを「人為」によって作り、「かたち」とする。また大抵そこに「名」を付ける。すると、それは自然自体では決してない。そうした人為的活動の展開は、近現代になればなるほど大きい。現在の私たちの生活は、その人為的な形態に大いに依拠している。その意味で、現代人は、もう自然を離れ、忘れ、しばしば「人為」の中でのみ生きている。

この「自然」と「人為」とが、どう結び付くか、差異を持つか、あるいはもうまったく結びつかなくなるのか、こうした局面は、実はとても重要な問題を孕む。第三節以降にまた触れるように、近世以後、人為の上昇・拡大が生まれると共に、自然の低下・物体化が進む。その傾向は、人および諸存在にとって、どんな意味を持つのか。たとえば、その「人為」に文字通り「偽り」が生まれさえする。ある人為を行う者がそこに専ら自利を求めるならば、その利益は、実は略奪になるのではないか。その相手は、また万物は、実は利益獲得のための単なる「物」になるのではないか。

こうした問題は、「自然あっての人為」――形而上（根拠）あっての形而下（事物）、超越者の眼・働きあっての手元の働き、といった世界では、十分出て来ない。なぜなら、そこでは物事は自然に依拠し、たとえば「正直者の頭に神宿る」「仰いで天に愧じず」「積善の家には必ず余慶あり」だったからである。しかし、人為的組織が拡大するとともに、問題が現れ出すことになる。だから、近世にはその問題が社会的に見えてくる。が、日本では、少なくとも近世までは、まず人は、大抵、自然の中で、それに基づきながら、それを乗り越え、習慣や学習と結びついた働き・形態をもって生きて来た、またそうさせられていた。神道は、稲作などの産業と共にそこに結集する中心としてあった、と思える。

たとえば、人が歩く道は、自然の中にあるが、何人もの生きた人間がそこに関わる限り、必要ならば徐々に作られ続ける。しかし、道が不要で人が行かないなら、その道は壊滅する。とはいえ、自然は（自然信仰ともいうべきものは）、前提のように近代以前は残り続け、残そうとされ続けた――現代から見るとそう把握できると思う。

そもそも「形態」は、人の場合、その関係や組織立てが、単に種族血縁周辺の家族や氏族だけに留まるなら、そこに動物との違いはあまり見えない。しかし、学習・交流を背景にして、大きな能力・技術・関係が発生し、生産による、商業による、戦いによる、結婚による、宗教による、流通による等々が結び付いて諸々の組織がさらに作られるのは、まさに人間だけのこと、と言える。これを「社会（的組織）」と称しておく。その人為による社会的組織の上昇という問題が、一八世紀ころから次第に大きくなるのである。

3―c　第二の自然のあり方、また暗黙知としての自然

「形態」「道」などといった物事には、「自然」があり「人為」がある。後者（人為）は、「習慣や学習と結び付いた働き・形態」となるが、だからこそ、そこに形成と壊滅があるのである。とはいえ、前者（自然）は、日本では少なくとも近代以前・近世までは、残り続けた、と指摘した。だとしても、ここにある形成の構造はそもそも一体何なのか。本節の最後にこのことを考えておこう。

最初に、「自然」を、「人為に先立つ・またそれ以後の・またその周囲の、物事の状態・あり方」とした。そして「人為」において、「習慣」「学習」を見出した。ということは、自然は、習慣・学習の以前に、「先天的な状態・可能性」としてあり、またそれ以後に、「後天的な状態・形態」としてもある訳である。通常、この後者すなわち習慣による形成態が、思想史・哲学史では、「第二の自然」と呼ばれる。元来は、最初の自然と第二の自然とは、連続していた。形態としてさらに形成されていても、大きくは最初の自然のうちにあった。たとえば、近世からの「里山」は、そうである。ところが、その第二の自然の拡大は、当然ながら、最初の自然の解体をはらむ。それどころか、足下の自然のリアリティを無化し、自分たちの世界のみを現実とすることさえ生まれる。別言すれば、虚偽・偽善さえ生まれるのである。

この点は、自然から離れ出した人間がもつ問題である。これについて、西洋では、たとえば、パスカル（Blaise

Pascal, 1623-1662)はその人間の地位を問題とし、神との関係を再考・再定位することを方向づける。ルソー(Jean-Jacques Rousseau, 1712-1778)は、「第二の自然」をとらえることから改めて契約を主張する。中国では、その足下の破壊に対して、孟子(前三七二－前二八九)は、改めて天地の命をいただく「天命」(革命)を強調する。荀子は、発生する悪に対して、その観念論ではおさまらないと「礼」を、韓非子は、さらに刑法を主張する。

近世日本においては、革命ではなく、言語化されない足下の技術や自然を見出すべき、という主張が広がり、それが神道国学にも繋がる。これは、論理としては、マイケル・ポランニー(Michael Polanyi, 1891-1976)の指摘する「暗黙知」(Tacit knowledge)にも似た思想の運動である。いずれにせよ、そこには、先に触れたように、従来の秩序だけでおさまらない、近代化における「社会」問題の発生がある。このあたりは、第四節以降にまたとらえたい。

二　自然における人の「はたらき」

1　表現・形態をこそとらえる

「自然」また「人為」の活動・はたらきとは、そもそも本質として一体どんな世界だったのだろうか。このことは近現代になると、よりはっきり顕われる。最近までの百年ないし二百年ほどの間、人間は、万物をいわば「物体化」してその世界に還元する傾向が強く、その一種、機械論・唯物論的な「物」と「動き」のとらえ方がかなり一般化していたのではないか。そこでは、「物」は、単位や量に還元され、刺激に反応し(損得によって)動き、動かされるのであって、表現や形態は、実はその力学的様態に過ぎない、ということにすらなる。

これに対して、第一巻Iの最後に触れたが、和辻哲郎が関心を持ち続けた、具体的な生のあり方・その構成をとらえ「表現主義」とも称されるヘルダー（Gottfried von Herder, 1744–1803）がいる。また彼に直接会って大きな影響を受け、ニュートンを批判し、生の「形態」を具体的にとらえる仕事を行ったのが、ゲーテ（Wolfgang von Goethe, 1749–1832）である。本稿では、最初から、「形態」（かたち）という語を用いたが、形態とは、諸々の形、フォルメン（Formen）から成るまとまり＝ゲシュタルト（Geshtalt）に応じて用いられる訳語である（芦津丈夫『ゲーテの自然体験』リブロポート、一九八八年、同「ゲーテの自然」芦津・木村敏・大橋良介編『文化における〈自然〉——哲学と科学のあいだ』人文書院、一九九六年）。本稿でもこれに従った。ゲーテの場合、その形態にさらに原型（Typus）をとらえる。このあたりは丸山眞男が晩年、通奏低音、原型、などととらえていたものにも似る。ただ、ゲーテの場合、人間のみならず動植物にも用いる動的な形態であり、それをまた神の働きともする。ゲーテは、晩年、顕現する「形を超える力」「形なきものとしての自然」に向かった、と芦津は指摘し、これはまた西田幾多郎に似るともいう（「ゲーテの自然」）。この点は、「はたらき」をめぐる「自然」「場所」「神」などの問題として重要である。が、いずれにせよ、このあたりの「表現」は微妙でまたいくつかレベルがあり、その把握は簡単ではない。むしろ、把握を単に何かに還元せず、いくつかの位相をとらえる必要がある。

2　動物のはたらき

まず見ておきたいのは、二〇世紀、哲学者たちにも影響を与えたといわれる動物比較生態学者ユクスキュル（Jakob von Uexküll, 1864–1944）による、動物たちについての表現である（*Streifzüge durch die Umwelten von Tieren und Menschen*, 1934『生物から見た世界』日高敏隆他訳、岩波文庫、二〇〇五年）。生物をたんなる物体と見ないユクスキュルは、動物たちの働きをどう見たのか。むろんそれは物体観やエネルギーに還元する把握ではない。

ユクスキュルは、動物たちが意味を与えて構築する世界を「環世界」(Umwelt)と称し、その周囲を取り巻くものを「環境」(Umgebung)と呼ぶ。そして彼は、その「環世界」がただ無機物の作用ではなく、動物たちにとって(いま具体例を引かないが)、様々無数に構築された多くの世界があるとし、動物たちそれぞれの世界をたどる。さらにいうと、生態としての諸々の動物とその働きを、ただ物質の状態として見るべきではない、と考えている。だからこそ、翻って彼らの諸世界が種々見出せるのである。

ユクスキュルがとらえていた世界は、あたかも宮沢賢治(一八九六—一九三三)が『やまなし』(一九三三年)において、谷底のカニの世界や、そこに実って落ちてくる果実や花や、そこに訪れる死を描き出したことを思い起こさせる。賢治の場合、この世界の構築は、様々な動植物はもちろん、石・氷などの鉱物、さらに幾つかの柱や、飛ぶ人間、雲や風、銀河宇宙にまで広がっていく。わたし自身は、ユクスキュルが動物たちの多様な世界構築をとらえそこに意味を見出すことに、大いに賛同する。と同時に、賢治が見るように、植物や鉱物や石にもそれを見ればいいし、そうすべきであるとも思う。なぜなら、そのような組織化の過程は、(たぶん西田幾多郎もそうとらえているように)万物に見出せるだろうからである。

3　人間のあり方とはたらき——目的とするものはなにか

だとすると、環世界を超えてより環境に関わる人間が、どのような意味をもった世界を構築するのか。人間と動物とでは、あり方・働き方にそもそも繋がりと違いがある。

動植物たちの場合、その活動は、ときには人間の想像を超えた大変優れたものだが、そうであるにせよ、自分たちの活動・構築を、〈ある可能性と妥当性の限界の中で〉行っている、と考えられる。というのも、彼ら自身、とても努力し続けるにせよ、（人間のように）探険はしないだろう。あまり無理や無茶はしないだろう。また自殺はしないし、特に延命もしないだろう。その意味で、彼らはいただいた生をそのままただできるだけ落ち着いて生きている。また関係においても、彼らは、確かに、他の動植鉱物たちと無関係ではなく、とても深い関係を持つこともある。互いに援助を受けたり、ときには相手を食べ殺しさえする。だとしても、彼らは彼ら自身の世界構築の中に存在し続け、彼ら自身のある規定の中に収まっている。また、他の動植鉱物たち自身がどのような世界を構築しているかを、特に調べることは決してしないだろう。その意味で、彼らは〈ある循環への収束とそこでの規定の中に〉生きている、それが彼らの自然だといえよう。人間もある程度はそうである。たしかに、

図2　ミレー『晩鐘』（1859年）

〔α〕ある自然の循環と規定の中で働き・感謝をもって大地とともに生きること、そこに意味・目的がある。それを、ミレー（Jean-François Millet, 1814–1875）の『晩鐘』（L'Angélus）や『種蒔く人』（Le semeur）は、私たちに教えている（図2）。しかし、

〔β〕人間は、いつでもどこでも〈規定の中に収まって〉は、必ずしもいない。「元来の自然」を離れて人間は、動植物たちとは違った学習・習慣を行って思想をもち、そこから彼ら

とは違った形態を作り続けもする。それが、心となり身心がさらに関与する社会的組織となる。そして、〔γ〕その組織化された形態が、「自分自身の／人間としての自然」となっている。そこにおける規定があり、意味・目的を帯びてあるだろう。これを〈人為における規定〉としておく。このあたりには何があり、どんな働きがあるのだろうか。

3―a　人間の身心――元来の自然と新陳代謝から

人は生きている限り、何らかの意味や価値に関与し、これに向かって作業・営みをみずから抱き行い続けている――受動的にとらえれば、抱／懐かされ続けている。たとえば、何かに触れる、何かを手にする、何かを食べる――こんなことから始まり、人間の生活自身、何かに「関与する」営みとしてあるし、様々な仕事や労働や教育や政治など、人の生の諸形態はすべてそうした受動・能動を孕んだ関与のはたらきとしてある。

その「関与」において、常に当たり前のようにあり、たとえ意識されなくても前提とする「はたらき」の物事として「新陳代謝」(metabolism)がある。たとえば、食べることは、ある力・エネルギーをもった「もの」を、自分自身へと合成する「同化」(anabolism)であり、また他方でそれを分解し排除する「異化」(catabolism)でもある。みずから生きている限り、本当の意味・価値を持った食事や排泄といった「代謝のはたらき」を、自分自身の物事として所有と共に行い続けている。

この代謝のはたらきは、ただ食事・排泄だけにとどまらない。さらに勉強・学習することも、何等かの価値を集積した「もの」を、自分の身心に受容し形態とし、他方でもの自体は抱かないで距離をもち最終的に捨て去ることである。この学習の次元は、まさに、ただ「自然」ではない、「人為」による自己自身の形態への形成の営みとしてある。自分自身の「いのち」「こころ」といったものは、そうした働きを集積する「形態」としてある。

人間の学習の場合、その「同化」は、単なる代謝ではない。たとえ一端そうであるとしても、まさに学習として何かを「倣《なら》い」ながら、みずからの「身体」「こころ」「たましい」の「形成」を行う。いま「形成」といったように、それは可能性からのより完成する「形態」(かたち)に向かおうとする不確定性の中にある。元来、学習・習慣は、可能性からの、さらなる「形態」(かたち)へのある目的を持った偶然性における運動としてある。そもそも、人は生において、育ちながら働き「かたち」の完成に向かう。それは主に受容からの完成への運動である。また、辞めること・老いること・死ぬことは、拡散・散逸に向けての、また贈与に向けての、「かたち」解消の運動である。両方の働きは繋がっているが、人生の前後を分ければそうである。

以上は、身体自身とこれに関与する物事においてだが、その際、人が懐く「こころ」の「かたち」もおそらく同様である。ただし、「こころ」が関与する物事とそこからの記録や表現は、「身体」が関与する物事とは大きな違いがある。前者は、身体的時空を越える世界や歴史を立ち上げているからである。人間はおそらく身心のこうした関与・関係・行き来において、より所有しつつ生きており、またより贈与しつつ死んでいる。こうしたプロセス自身には、動植物にも見出せるように、妥当性を見ることができるだろう。

とはいえ、この生が学習をもち、まずは(完全ではなく)可能性としてあるのなら、その「はたらき」には、そもそも偶然性がふくまれ、ならば目的からの乖離や逸脱もあるだろう。それだけではない。身心に結び付く物事・形態についていえば、右のような関係における贈与を持った完成と解消の妥当な流れではなく、翻って、歴史の固定化、あるいは特別な所有や非所有などが欲求の刺激や流通によって生じ、これに人が向かう場合もある。

動植物の場合も、目的を持った学習を贈与とともに「ある程度」持っている。とはいえ、その種が持続する限り、種にも少々の変化はあるにせよ、それを含んでも、彼等の営みはやはり「一定の形態の中に」どこまでも留まるのではないか。動物が、戦いや欲求によって所有し破壊し続けるとしても、その「はたらき」は循環したあり方の内にある。それ以上の所有や破壊を求め続けはしない。その意味で、循環した物事がある。

人間は、確かに、それ以上の学習を行い、またそれ以上の目的を持つ。とはいえ、そのはたらきが、いま述べた〔α〕のように自然自体になるなら、そこに妥当性があるだろう。あるいは、前節で述べた天人相関、梵我一如になるなら、結局は妥当性があるだろう。しかし立ち現れる「世界」や「歴史」はどうなのか。そこで「社会」はどうなのか、また専有や逸脱はどうなのか。

3—b　人間の身心——はたらきの形態

立ち現れる世界や歴史の表現の具体像は、ⅡⅢの各章にゆだね、まず、生きている人のはたらきの基礎というべきものをまずとらえてみたい。ある形態に向けての、身心をもった人の行為の基礎が何なのかを、ある程度でもとらえよう。その際、繰り返すが、人はいつも関係において「生きている」。その、いまここで・関係によって「生きている」ことには、人称性をもった生としてまさに「いのち」が身に抱かれている。それが、関係において、受動であれ能動であれ、所有であれ贈与であれ、物事の形態を、形成・消化してはたらいている訳である。では、生きている人にとって、その「形態」は具体的にどのようなものか、哲学的・倫理的にどうなのだろうか。これについては、ギリシア哲学（アリストテレス）・仏教・儒教・キリスト教等の諸思想の、いわば黄金律（golden rule）から人の働きを位置づけ方向づけるテキストがある。そのあたりを簡単に図式としてまとめる（図3）。

このような構造から、諸思想・宗教において習慣（修行）による「こころ」の形成が説かれている。では、その

《将来・目的》　　《超越性》
↑　　↑
理・ロゴス　　空・証　　宗教性
-- 色即是空・空即是色（般若心経）　修証一等（道元）
和　　色
中庸　　修
受動（不及）　能動（過）　　習慣　倫理的徳
他力　女性（地）　自力　男性（天）　　共同体
↑
自他　信頼・誠実　　黄金律
欲動

図3　人間の働きを方向づけるもの

「こころ」自体は、どんな結集態なのかというと、記憶や意志に結び付いた「知・情・意」によると一般的には指摘され、これに従う（山鳥重『心は何ででできているのか——脳科学から心の哲学へ』角川選書、二〇一一年）。

この「知・情・意」という構造において、西洋では、心における、理性（知）とエネルギー（情・意）がとらえられ、東洋（漢字世界）では、理と気（情・意）がとらえられる。そして理の足下の気（情・意）のレベルが、習慣・学習により過・不及の中を知る理として成長し、そこに理をとらえる学としての哲学が現れる。アリストテレス（Aristotelēs, 384–322 BC）の『ニコマコス倫理学』は、この図式では、上位に向かう道程を示すといえる。こうしたこころの構造において、大きくは、中世までは、理∨気、近世以後は、理∧気となる構造が発生した。少なくとも東洋・日本ではそうであった。

関係の働きにおいて、まず重要で必要なのは、「信」である。忠信であれ信頼であれ、不信であれ、関係の成立は、「信」から始まる。ただし、直接的でない関係の場合、距離があってそれを越える直接性を持とうとする際は、キリスト教であれ仏教であれ、「信仰」（faith）「信念」「信心」（belief）と（現代語では）称される。すると、当然ながら、距離あって越えんとする傾向の強いキリスト教は、後者を語り、そもそもある形態を育まんとする傾向の強い仏教・儒教では、前者を語ることが多くなる。

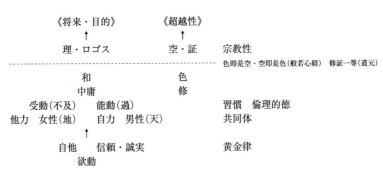

これにも似て、文字通り受動性・能動性に関与する定律がある。孔子が「終身これを行うべき者ありや」という問いに対して、「其れ恕か。己れの欲せざる所は人に施すこと勿れ」（『論語』「衛霊公」二十四）と「恕」（思いやり）を「自分が欲しないことは人にはしない」という。これは前者（受動性）であり、いわば共同体の維持、破壊させないことの主張といえる。対して、「己の欲するところを人に施せ」（『新約聖書』「マタイ」七章一二節）は明かに後者である。両者とも、他への「思いやり」をめぐる人の「欲求」（意志）を語るが、前者は（本質的に良くないことを）人に「するな」、といい、後者は（本質的に良いことを）人に「せよ」、といっている。だからこそ、後者では、より「意」を説き、さらに「信・望・愛」として「希望」と共に別の共同体や国が語られる訳である。

だとすると、その「欲する」「よい」在り方とは一体何なのか、どこに行くのか、といった問題がもちろん残る。キリスト教のパウロの場合、より本当の人となったとき、ただ鏡の映りではなく、完全に知られまた完全に知るのだと、いわば完知を語り、そこから「引き続き残るのは、信仰、希望、愛、この三つ。このうち最も優れているのは、愛」だという（「コリント」一三章一三節）。こうした「愛」（アガペ）には現代の物体観とはちがう「形態」として充実する自然体験があり、だから、パウロは、愛をもった「キリストの体」としての教会論を述べたのだと考えられる。と同時に、キリストの愛は、贖罪つまり罪を最も贖ったところに生まれる。この無限の愛と無限の罪の両端が、パウロ以後のキリスト教には十字架としてある。この両端を常に継承するところに（近代以前の）キリスト教があり、そのようなキリシタンは、当然ながら、日本の宗門には結局入らなかったのである。

儒教における「仁」「愛」は、むろん、そのような殉教の如き逆転は持たない。いわば活物としての天下との関与においてある。とはいえ、そこにあった「天地」がもう失われる可能性があるならば、その関与自身が愛の体験になるだろう。伊藤仁斎にはそれがうかがえる。戦時中に鈴木大拙が仏教思想史にとらえた「大地」もそれなのだろう。

3―c　畏敬・聖からの構造

二〇世紀、宗教および神学に影響を与えた人としてオットー(Rudolf Otto, 1869-1937)がいる。オットーは、ルター派の学者であるが、『聖なるもの　神的なものの観念における非合理的なもの、およびそれの合理的なものとの関係について』(*Das Heilige: uber das Irrationale in der Idee des Gottlichen und sein Verhaltnis zum Rationalen*, 1917〈久松英二訳、岩波文庫、二〇一〇年〉)を第一次大戦中に表現した。彼において興味深いのは、理性と非合理性を共に懐く運動は、「聖なるもの」(Das Heilige)を位置として持ちながらの「ヌミノーゼ」(Numinose)体験でもある点である。このヌミノーゼは、依存や畏敬や他者観・不気味さなど、心・たましいの微妙な幾つもの基本的宗教的あり方としてある。当時の心理学者・精神医学者はそれを無意識の力動ととらえるが、オットーにとっては、哲学・神学の課題であり「魂」の体験としてまた世界史的に流れるものでもあった。

オットーによれば、その「ヌミノーゼ」は、人間こそが持つものであり、思想史・哲学史の原型・通底のまさに宗教に関与する場面なのである。では、そこからまず立ち現れたのは日本では、何か。どんなものだったのか。「神」について本居宣長(一七三〇―一八〇一)は次のように述べている。

> 何にまれ、尋常《よのつね》ならずすぐれたる徳《こと》のありて、可畏《かしこ》き物を迦微とは云なり、すぐれたるとは、尊きこと善きこと、功《いさお》しきことなどの、優れたるのみを云に非ず、悪《あし》きもの奇《あや》しきものなども、よにすぐれて可畏《かしこ》きをば、神と云なり、　(『古事記伝』三之巻「神代一之巻」、『本居宣長全集』第九巻、筑摩書房、一九六八年、一二五頁)

尋常でないすぐれた能力をもち(人に)畏敬・畏怖を起こす物を「神」という。尊い・有効有能というだけでなく、わけの判らない悪奇・怪異であっても、世にあってそうであれば神という――。これは、オットーのヌミノーゼ自体を神としているのだといえよう。ここにある呪術を東アジア思想の根とみる場合もある（平勢隆郎『よみがえる文字と呪術の帝国』中公新書、二〇〇一年。白川静・梅原猛『呪の思想』平凡社、二〇〇二年）。またそこに日本の宗教の歴史をとらえることもできる（速水侑『呪術宗教の世界――密教修法の歴史』塙書房、一九八七年）。日本思想史の「道理」の背後・根柢には「冥顕」観がある（慈円〈一一五五―一二二五〉『愚管抄』参照。また池見澄隆編著『冥顕論――日本人の精神史』法蔵館、二〇一二年）。佐藤正英は、ここからさらに「もの」神、祟りや物の怪、また祭祀による世俗世界の豊穣・安穏への変容などをとらえる（『日本倫理思想史増補改訂版』第一章「〈もの〉神の顕現」、東京大学出版会、二〇一二年）。この把握は大きくは飛躍ではない、と私は思う。現代のような世俗感覚とは違って、近世以前の人は、「尋常」の「世」以外の不可測性を持っていたと考えられるからである。重要なのは、そこから何を形成するのかであろう。

歴史を溯るとき、まず根本的に大事なのは、光と闇であり、先の冥顕論でも見えるように、近代以前の人は、闇への感覚を前提のように持っていた。このことは、谷崎潤一郎『陰翳礼讃』（一九三三年）が指摘する通りである。これは翻って、光・太陽の有り難さや水や力の意味を日月や火、また鏡や壁や器の大事さとともに、人に教える。またそこに流れる季節や歴史の変転、天地やさらなる場所の意味を、世界像や暦と共に人に啓示し考えさせたのだろう（本巻、IIの各論を参照）。

近世には、そこに見出される力が、権力と結び付いて「御威光」ともなる（渡辺浩『日本政治思想史［十七～十九世紀］』第三章、東京大学出版会、二〇一〇年）。対して、宣長は、天皇に結集する伝統の流れをとらえる。近代では、オットーの論を背景に托身・受難を日本キリスト教の精神史にとらえる例もあれば（魚木忠一『日本基督教の精神的伝統』基督教思想叢書刊行会、一九四一年)、近世神道=国学を見る例もある(中野裕三『国学者の神信仰――神道神学に基づく考察』弘文堂、二〇〇九年)。

3―d　中間的合一としての社会・寺社教会

最後に指摘し考えておきたいのは、宗教にも関与する3―bでおさえてみた、形態をもった道筋が、たんに観念世界に行くのではなく、他方でたんに手元の現実世界にばかり留まるのでもなく、その〈両方を担った形態〉として、「誓願をもった社会的組織」になることである。親鸞でいえば、往相と還相が語られると同時に、「弥陀の本願」に関与する「寺」が立てられる、という例を考えておきたい。最澄、空海、道元、日蓮などは、どうであったか。彼らは悟ると共に、祭祀ある社会的組織の活動を広げたのではないか。神社も、やはりある地縁からの祭祀としての社会的組織だったのではないか。

キリスト教においても、元来のキリスト教は、ただ研究でも聖書学でもなく、たとえテキストを使うとしても「教会」である。神の国との関係をどうみるかで、解釈や構造は種々あるが、そうである。

そこに、人々の誕生や育ちや結婚や老いや死が位置付く。あるいはそこに駆け込む。あるいは、そこに巡礼する。そのような祭祀ある社会的組織は、たとえば結社としての「講」のように、近代以前は、ところどころにあったと思える。現代でも、日本の外に出ると、仏教であれキリスト教であれ、そのような組織が生きて働いていることに驚く。と同時に、日本ではそれが消えていることを知る。

その社会的組織は、おそらくはやはり「誓願」を持っている。たしかに、近代の組織は、進化論によってか、それが無くなる傾向がつよい。しかし、近代以前の宗教的組織は、どこもそれを持ち、持とうとしているのではないか。この世界でいい、その外はどこにも無い、と考える限り、誓願はまったく不要である。だが、そうでないならば、誓願は予言と共に言葉によって語られるのではないか。このあたりの大事さも考えておきたい。

三　自然と人為——中世までの形態

本節では、「自然」「人為」という言葉自体について、基本的なことをとらえておく。「自然」という語は、元来は漢語であり、多くの用例がある。それがまた日本の思想・宗教において、表立った語として、はっきり表れなくても大事な意味として、重要なはたらきをしたのである。そのような影響作用史を担ったテキストとして、思想的な観点から、近世以前において見落とせないのは、老荘および仏教についてであろう。まず、そこでの「自然」という語の用法をいくつか見ておきたい。

1　老子における自然と無為

『老子』の場合、テキストの流れを見ると「自然」は最初から語られる語ではない。まず「人為」ではないこととして「無為」が語られ、そこから立ち現れる働き・あり方として「自然」が述べられる。第一章は、「常無」「常有」の「両者」が、「同より出でて名を異にする」「玄」「玄の又玄」だ、と述べることから始まる。要するに、ある根源性をとらえている。そこからの人としての「聖人」のあり方が「無為」である。すなわち、聖人は無為であるから、とくに発語しないし、とくに所有も依存もせず、功があって地位を得る訳でもない。その無為のはたらきこそが治なのだ、という（「聖人は無為の事に処り、不言の教を行ふ。万物作りて辞せず、生じて有せず、為して恃まず、功成りて居らず」二章、「無為を為せば、則ち治まらざる無し」三章)。このような議論の根に、先の「玄の又玄」、ここでの「万物」の「生」「作」がとらえられている。「玄」としての根源性は、いわば万物の生命力なのであり、それへの一致・一体化こそが「治」だ、それを為すのが聖人だ、とされるのである。

　この根源性について『老子』は、「虚・万物・命・道」を語り、またその働きにおける「天地」「天下」を語る。その天地・天下においては、「太上」たる治者に対して「百姓」は、ただ「有る」「自然」だと捉える、という(「太上は下之有るを知るのみ。……功成り事遂げて、百姓皆我を自然と謂へり」十七章)。が、「自然」はそれだけではない。元来の「道」さえも「自然に法る」のである。それは「天地に先んじて生ずる物」のあり方であり、「天下の母」の名も無きあり方だ、ともいう。道と自然、天地人について次のようにまとめる。

　物有り混成し、天地に先んじて生ず。……以て天下の母と為すべし。吾其の名を知らず。之に字して道と曰ひ、強ひて之が名を為して大と曰ふ。……故に道は大なり、天は大なり、地は大なり、……人は地に法り、地は天に法り、天は道に法り、道は自然に法る。(二五章)

ここでは、法るべき母体として、自然＞道＞天＞地＞人の構造がある。それゆえ、聖人についてさえ、「(聖人は)万物の自然を輔《たす》けて敢て為さず」(六四章)と述べ、自然の補助者であっても決して行為ではない。その意味で聖人も無為なのである。

　『老子』の「自然」をどう解釈し把握するかは、議論が残ろう。ただ、そこに「物」さらに万物を「生」ととらえる活物観(vitalism)というべきものがあり、それが「自然」の語と結び付いている、と見ておきたい。これを背景にするがゆえに、「人為」としては「無為」が強調される訳である。これは社会性や政治性が無くていい、と考えているのではない。元来の母体・生命態としての自然があり、そこからの天地がある。生活であれ政治であれ、その天地自然にこそ関与せよ、と主張しているのだろう。その「自然」には、ある「力動」――西洋思想史・神学史でいうならば「エネルゲイア」に似るもの――が感じられており、それへの初期的な依存が、まず強調されていると言えよう。

2　荘子における無為・自然――自由と依存

『荘子』には、『老子』と同様の「無為」「自然」という用語がある（「物の自然に順《したが》いて私を容るる無ければ、而ち天下治まらん」内篇・応帝王、「常に自然に因りて生を益さず」同・徳充符篇）。「生」のみならず「造化」「造物」という語があらわれることも印象的である（同・大宗師など）。

が、それらを背景としての次のような用例に注目したい。内篇の第一・逍遙遊篇は、文字通り「逍遙遊」として〈大鵬の飛翔〉を描き出す。この解脱のような境地が、また「是れに因る」（第二・斉物篇）、「常に自然に因る」（第五・徳充符篇）になっている。ということは、描かれているのは、いわば万物と合一したような境地の存在であり、その「自然」に「因る」ことが語れる訳である。その境地は、また「真人」「至人」「聖人」とも言われる。この〈因るべき自然・真人〉とは何だろうか。この形態・あり方を示す文章と思われて興味深いのが、有名な「胡蝶の夢」（斉物篇）である。

ここに描かれた「物」は、次のような「夢」においてある。有名だろうが、書き下しておく。

昔者、荘周夢に胡蝶と為る。栩栩然《くくぜん》として胡蝶なり。自ら喩《たの》しみて志に適うかな。周たるを知らざるなり。俄然《がぜん》として覚《さ》むれば、則ち蘧々然《きょきょぜん》として周なり。知らず、周の夢に胡蝶と為れるか、胡蝶の夢に周と為れるかを。周と胡蝶とは、則ち必ず分有らん。此を之れ物化と謂う。

「栩栩然」は喜び楽しむ(愉しむ)様、「俄然覚」は突然と覚める様、「蘧々然」は明確な様である。ここでは、まず「夢」の楽しみが語られ、また「知」と結び付く突然の「覚」が語られるが、次にさらに、どちらが夢か判らない、という。だとして、最後の「分」「物化」をどう解釈すればいいか、従来から議論が絶えない。私自身は、荘子は、すべてを道また物ととらえ、人のそれへの分・物化を説くが、これを知でとらえることは不完全だと批判してもいる、とする解に従う(橋本敬司「荘子の胡蝶の夢――物化の構造と意味」広島大学『哲学』五一、一九九九年)。

いずれにせよ、荘子は、「自然」を「天地」さらに「宇宙」ともとらえ、さらに「道」に繋がるものとして「物」を見ている。そこにある生化・物化の働きを文字通り全体的に体現した人として聖人・真人がある。だとすると、このような「人」は一体何だといえるだろうか。

まず指摘できるのは、荘子は、「造化」や「真人」を語ったにせよ、宇宙はもちろん自然・天地・あらゆる物の「外部には」どんな「人」も考えてはいなかった点である。これは西洋において、早くから人称性をもった「神」が自然の外部に、あるいは自然に先立って考えられたことと異なる。また近現代において、神の死と共に、人が、天地自然をも操作すべきもの利用すべきものとさえ考えられ、そこでの「物」は当然ながらいわば物体であるのとも、違う。荘子の場合、そもそも宇宙・天地自然とその生が根本的に考えられ、人はどれほど聖であっても、この天地自然への帰着・依存観のうちにある。

ここにはいわば包括的な世界が、考えられている、といえよう。だが、それだけではない。「胡蝶の夢」の人称性の逆転からは、さらに文学的表現における夢また多人称性や、藤井貞和の指摘する「ゼロ人称」などを連想せずには済まない(『物語理論講義』東京大学出版会、二〇〇四年、「ゼロ人称と助動詞生成――物語/和歌の文法的動態」『東京大学大学院総合文化研究科言語情報科学専攻紀要』一〇―一、二〇〇三年)。このような多人称性、ゼロ人称性とは、一体何だろうか。

『徒然草』二三五段は、「あるじなき所」にさまざま「物」が「あらはれ」、また「鏡には色・形なき故に、万のかげ来りてうつる。……虚空よく物を容る」といった表現がある。ここには、あたかも曼荼羅のような構造が描き方向づけられているようである。これは、哲学者の把握でいうならば、坂部恵（一九三六―二〇〇九）が、主客分化以前の根底として、おそらく西田幾多郎などと共に、『「ふれる」ことの哲学――人称的世界とその根底』（岩波書店、一九八三年）などで、遡及していたものにもどこか繋がる。

3　空海における「自然」

もう一度「自然」に戻ってこれを辿ってみよう。「自然」の語および思想を受容・表現したのは、さらに仏教においてである。日本仏教における用語として決して無視できないのは、親鸞「自然法爾」である。この語はまた、親鸞の師の名「法然」にも繋がる。

だが、その浄土宗系統に入る前に、親鸞以前の仏教において「自然」がどうであったのかを、少しでも知っておく必要がある。たとえば、空海（七七四―八三五）の自然をめぐる主張は印象的で重要だと思う。ただし、その「自然」は、親鸞とは違う。

空海は、彼の主著ともいわれる『秘密曼荼羅十住心論』で「自然」に対する「外道」を論ずる。巻第一「羝羊外道を明かさん」と始まる文章で、いくつかの外道が列挙される。そのなかに、「自然と内我と人量を執する」の項目があり、それについて、以下のように論じている。「自然」の部分を引く（適宜、括弧等を補った）。

『経』に「自然」といつぱ、いはく、一類の外道の計すらく、「一切の法はみな自然にして有なり、これを造作する者なし。蓮華の生じて色の鮮潔なるが如きは、誰かこれ、染むるところぞ。棘刺《きょくし》の利き端、誰か削り成ざるところぞ。故に知んぬ。諸法はみな自爾なることを」と。

ある師難じていはく、「今日に世人の舟船室宅の類を造作するを観るに、みな衆縁に従ひて有なり。自然に成ずるにはあらず。云何が自爾なるや。もし有なりといへども、……すなはちこれ縁によるなり、自然の有にあらず。大唐にあるところの老荘の教は天の自然の道を立つ。また、この計に同じ」と。

「自然」というのは、外道の見解で、「一切の法はみな、自然にして有なり……諸法はみな自爾」と考える。これに対して、師が批判して「働いているのは縁であって、自然の有ではない。それは老荘の自然の道にほかならない」という。空海はむろんこの批判者の立場に立つ。

空海は、自然法爾の強調は外道・老荘の教であり、それ以上の「秘密曼荼羅」にこそ、本当の仏道がある、と考える。おそらくこの考えからだろう、「自然外道」という語が密教において用いられている(『密教大辞典』法蔵館、一九六八年)。謡曲における「自然居士」は、僧侶ではない喝食《かっしょく》の活動を興味深く描き出す(一四世紀後半)。いずれにせよ、元来の日本仏教において「自然(法爾)」は中心的概念ではなかったのである。

4 浄土教・親鸞における自然法爾

とはいえ、その変容が、浄土教系統から起こったようである。源信(九四二—一〇一七)の『往生要集』(九八五年)では、「自然」が比較的肯定的な語として用いられる。法然(一一三三—一二一二)、さらに親鸞(一一七三—一二六二)になると、「自然」「自然法爾」がはっきりと重要な意味をもって表現される。親鸞のこのあたりの「自然」に対する解釈は、種々あり、踏み込んで詳読すべきであるが、次の文章だけ、引いて考えておきたい。

自然法爾の事。

「自然」といふは、「自」はおのづからといふ、行者のはからいにあらず。「然」といふは、しからしむといふことばなり。しからしむといふは、行者のはからひにあらず、如来のちかひにてあるべきゆへに法爾といふ。「法爾」といふは、この如来の御ちかひなるがゆゑに、しからしむるを法爾といふなり。法爾は、この御ちかひなりけるゆゑに、およそ行者のはからひのなきをもつて、この法の徳のゆゑにしからしむといふなり。このゆゑに義なきを義とすとしるべしとなり。「自然」といふは、もとよりしからしむるといふことばなり。……弥陀仏の御ちかひの……南無阿弥陀仏とたのませたまひて、迎へんとはからはせたまひたる……

ちかひのやふは、「無上仏にならしめん」と誓ひたまへるなり。無上仏ともふすは、かたちもなくましますす。かたちましまさぬふへに自然とはまふすなり。かたちましますとしめすときには、無上涅槃とは申さず。かたちもましまさぬやうをしらせむとて、はじめて弥陀仏と申すとぞ、ききならひて候ふ。弥陀仏は自然のやうをしらせん料なり。この道理をこころえつるのちには、この自然のことは、つねに沙汰すべきにはあらざるなり。つねに自然を沙汰せば、義なきを義とすといふことは、なほ義のあるべし。これは仏智の不思議にてあるなるべし。

正嘉二年十二月十四日　　　愚禿親鸞八十六歳

簡単にまとめると、前半では、(1)「自然」は「おのづからしからしむ」であり、それは行者の計量するところ(「はからひ」)ではなく、「法」の徳からのことだ、とする。後半では、(2)その「自然」を、そもそも「かたちましまさぬ」、通常たんに論定できない(「つねに沙汰すべきにはあらざる」)「無上涅槃」「仏智の不思議」だ、という。

ただ、（3）そのありさまを知らせる手立て（「料」）として、阿弥陀仏がいらして、そこに迎えよう・無上仏にならせようと計られる「誓願」（「ちかひ」）があるのだ、とする。

こうとらえるとき、親鸞にとって「自然」がいわゆる仏法・仏智自身のありさまになっており、それが言葉や行為によるのではなく、誓願によって向かう世界になっている、と考えられる。別言すれば、親鸞にとって、「自然」と「仏」は重なっているのではないか。

5　花鳥風月

時間的にはまた溯るが、神道史・文学史としては大事なので、『古今和歌集』「花鳥風月」にふれておきたい。このあたりでは、「自然」という語自体は――漢字文化ではないから当然だろうが――あまり用いられていない。ただ、現代人が自然を立ち上げる場合と、表現はかなり違うが、構造としては相当に似てもいる。というのは、そこでは、自然における諸々の物自体ではなく、「景物」として「花鳥風月」が立ち上げられている。中身は違っても、現代人が、海・山といい、森羅万象というのと、構造は平行している。なお、以下の構造把握は、佐藤正英「花鳥風月としての自然の成立」『自然　倫理学的考察』（金子武蔵編、以文社、一九七九年）による。

佐藤によれば、古代日本では、「諸物を産み出す力としての自然」が「より初源的」にあった。そしてそれに対する形象化として、宮廷の祭儀として「花」の祭りもあった。その神聖な伝承を背景に、春、夏、秋、冬……大歌所の御歌、神遊びの歌などを部立てする『古今集』がある。ただし、その「和歌」は、呪言から脱した和歌になった、という。

この考えは、宣長の指摘する古代日本の（不可測なヌミノーゼの如き）「神」が、その後、どのような四季折々の形態となって形づくられるかを、示しているとも言えよう。と同時に、本稿でさらに見出したいのは、この根源からの「器」における表現において、歌が手元からの景物であるだけでなく、そこに花鳥風月およびそれ以外の様々なものに、作者を含め諸々の人が投影される、という点である。この点は、複数の人称性、ゼロ人称として、先述のように藤井貞和が指摘しているものでもある。

このゼロ人称、多人称は、歌や物語だけでない。夢においても見ることができる。宮沢賢治が『銀河鉄道の夜』『インドラの網』で述べた「天の太鼓」「石炭袋」「大きなまっくらな孔」「マイナスの太陽」を連想させられる。そもそも仏教における「空」も、キリスト教の否定神学も、そうしたゼロ表象なのではないか。

四　近世における人為の形態

1　世俗化・合理化と活物

徳川幕府成立から幕末までを「近世」というとき、その一七世紀始めから一八世紀半ば過ぎまでの二百数十年は、徳川の平和(pax tokugawana)と言われることがある。実際、国内では一揆がある程度あったものの、戦乱はほとんど無かった。いわゆる鎖国のあいだ、中国・朝鮮との交流はあり、さらに蘭学も起こったものの、思想はかなり内部に閉じて統一に向かう傾向が強く発生した。そこに木版による印刷を始めとする知識の流通が結び付き、思想の一般化が生まれたのである。

中世までは、重要な知識や営為は、専ら個々の関係によって伝承され、それが秘伝となることも多かった。それが近世ではかなり公開されるようになったのである。実際、先に少し見た『古今集』は、従来、公家周辺でのみ「古今伝授」がなされていた。ところが、本居宣長は、それに対して怒り、彼らを罪だとさえ述べている。そして宣長自身、長く広く歌をうたい続け、さらに『古事記伝』を出版したのである。

近世の世界では、思想・宗教は、元来持っていた秘密性が周縁化され、その中身が広く一般化・公開化され流通することになる。また人々の生活世界そのものも、さらに藩内へ国内へと広がり、様々な仕事と共により拡大することになる。これを思想・宗教の「世俗化」(secularization)ということができるだろう。またそこには、人の知識の「合理化」(rationalization)も結び付いている。

もちろん、判らないこと不可測なことが無くなる訳では決してない。それが残るにせよ、人為的な世界とその解決が増大し、そこに人々が多く結び付き・結び付かされることになる。例えば、キリシタンの信心に対して戦う出版を行った僧侶・浅井了意(一六一二―九一)は、仮名草子さらに怪談物を表現する。近世は、合理化だけでなく、幽霊が広がった時代でもある。これらは、呪術の芸能化・文芸化とみることもできる。

表立った学問でいえば、理でおさえられないものは気であり、そこにある活物観・産霊観が、人為的世界の拡大とともに、テキスト解釈に変化を起こすのである。以下、この流れの要点を少しだけ見ておく。

2　『易』『太極図説』からの変容

2―a　伊藤仁斎・荻生徂徠――生活・祭祀の強調

儒者たちの宇宙観・世界観の根本には、まずは『易』があり、それとも結び付いた『太極図説』があった。この易をめぐる画像とこれに付された朱子の解釈を辿るか、それとも還るかが、近世儒者たちの重大な仕事であった。個々には立ち入らないが、大きくは、朱子が、理を先立てて気を後にする(理先気後)に対して、逆に、仁斎

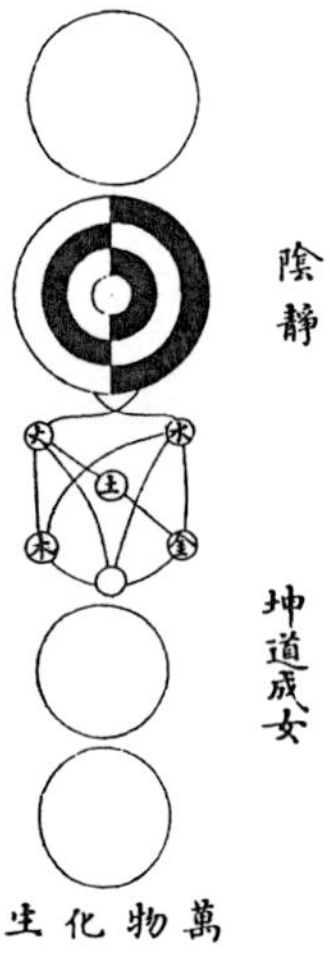

図4 「太極図」（明、曹端撰『太極図説述解』）

たちは、気を先立てて理を後にする（気先理後）。また五行説（木火土金水）を排する、といった仕事が広がった。ということは、易は残すにせよ、この図そのものは使わないことになる。また、内容として、「太極」といわず、「気」自体をいい、その生成（＝「万物化生」という語は必ずしも用いない）をいうことになる。また「理」は根本的ではなく、個別理の傾向を持つ。さらには、朱子たちもしばしば用いていたが、大きく表立ててはいなかった「活物」の語を中心・基本のように用いることになる。

と同時に、仁斎は、人々の生活世界そのものを、この太極ではなく、「天地」と関わらせ、しかも、その活物観を背景にしながらも切り離し、いわば別個の世界として強調する。仁斎の場合、それが「人倫日用」と称される生活世界だったのである

荻生徂徠になると、さらに作為された営みとして政治や礼楽（祭祀）を強調し、また詩をも重んじ、それを遠い殷代等に投影し、それと京都との関係さえ考え始める。徂徠にとっては、『古今和歌集』は、中国大陸から伝播した礼楽の一形態を示すものであったのだろう。

2—b 本居宣長・平田篤胤・折口信夫——自然から皇国へまた産霊へ

しかし、本居宣長（一七三〇—一八〇一）にとっては、古今集以来の「勅撰和歌集」は、元来の皇国における歌の系統である。そうした系統の一端として、たとえ勅撰されていないにせよ、自分の歌がある。また『礼楽』『詩

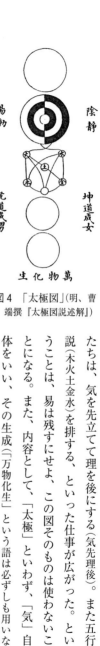

経』『書経』ではなく、日本のテキストそれ自身とその継承が重要である。そう考えて、『古事記』を中心とする諸テキストの位置づけをはかった。後に「国学」と称されるナショナルな運動が発生したのである。

「自然と人為」についていえば、宣長は、最初、漢心の「偽」を強調し、翻って対して「自然」を強調した。その強調した構造は、第一節3—cでふれた「暗黙知としての自然」というべきものである。が、やがてそれに留まらず、「天地の共動《またうご》かぬ」「天皇命《すめらみこと》」の伝統の強調を行う（『直毘霊』）。皇国を（むろん契約ではなく天照からの種族的伝統として）立ち上げたのである。

平田篤胤（一七七六—一八四三）になると、幕末の人でもあり、宣長の『古事記』を中心とした国内・大和言葉収束型の構造を変化させ、漢字はもちろんロシア語さえ用いながら、中国・印度・聖書へと関心を広げる。これは日本中心ではあるが現代的にいえば地球化でさえある。

近代国学では、折口信夫（一八八七—一九五三）が、篤胤を好んだ。戦後、祖霊を強調して宣長に似る柳田國男（一八七五—一九六二）とは違って、折口は、篤胤に似て、テキストを広げ、のみならず天皇と神の関係を切り、祖裔関係から解放された霊魂の世界をとらえる（「民族史観における他界観念」）。天皇を中心に結集させる祖裔的「人為」を排した神道家という意味で、しかし産霊は重視するという意味で、折口は近代を越える面がある、と私には思える。

2—c　宋学根柢としての自然からの主張——石田梅岩・安藤昌益・二宮尊徳

以上は、宋学から神道への変化の一端を見たのだが、近世における流れは到底それだけではない。いわば宋学自身の中からの変容を少し見ておく。具体的には、一七世紀から幕末に向け、いわゆる折衷派や陽明学派がより展開する。それは現世・幕府批判をも含んだ宋学（朱子学）の再定位・再構成とも考えられるのである。

例えば、石田梅岩（一六八五―一七四四）は、その主著ともいわれ一七三九年に刊行した『都鄙問答』を、『易』彖伝の「大なる哉元、万物資《と》りて始まる」から書き出す。そして「人は全体一箇の小天地なり」（『都鄙問答』巻三）ととらえ、人は小天地ミクロコスモスだとする。そこでの「心」の「学問」を説く。梅岩は、その「心」に仏老荘、神儒仏などすべて「一つ」とする。翻って、その根本から人を外す仁斎を批判する。梅岩は宋学の本質に彼なりに向かおうとしたのである。

実際に「自然」という語を用いて、宋学を転用・反転させつつ体制批判を行ったのが、安藤昌益（一七〇三―一八六七）である。彼は、『自然真営道』で、「自然」と「天地」（転定）を合一させ、そこでの直耕＝農業について、「万物を生ずる直耕と、人の穀を生ずる直耕と、全く斉しき天道（転道）なり」「直耕、是れ自然真の大道なり」と農業こそ真の大道だととらえ、商人や支配者を批判する。彼は医者でもあり、また農本主義者ともいえ、宋学がもつ足下の自然の出て来る可能性を秩序批判とともに強調した、といえよう。

「自然」と「人為」（作為）をまさに農本主義をもとに基礎付けたのが、二宮尊徳（一七八七―一八五六）である。

彼は、「誠の道は、学ばずしておのづから知り、習はずしておのづから覚え、書籍もなく記録もなく、師匠もなく、而して人々自得して忘れず」「天地を以て経文とす」という。テキストではなく、天地こそが規範なのである。天文や算術も同様である。また、算術や暦などを引いて「皆自然の規にして万古不易の物なり。此の物によりてこそ、天文も考ふべく暦法をも算ずべけれ」という（『二宮翁夜話』、以下同）。

ここから、「自然の道」は永遠だが、「作為の道」は人為的に努力しなければ崩壊する、と尊徳はいう――「夫れ自然の道は、万古廃れず、作為の道は怠れば廃る」。では、廃れないためにどうするか。勤勉に個々の作為の道をすることだ、という。では、繁盛すればいいのかというと、そうではない。「土地を開き米穀を取増し、物産の繁殖する事を勤むべし」。つまり土地からの産業としてやれ、という。と同時に、発生する富をめぐっては、「分度を定むる」また「譲る道」を説く。蓄積されたとしても、譲り、またそれぞれの分を持つべきだ、と考えている訳である。ここでは、作為による利益の保持、また相互の分配は考えられているが、それ以上の利潤の追求は、除外視されている。これは近代的な経済論とはまったく違う。

2—d　足下の自然からの遊離——海保青陵

これに対して、海保青陵(一七五五—一八一七)は、江戸生まれの宮津藩家老の子であり、その後各地を遊歴したこともあってか、農業そのものの重視はない。そもそも土地について、「一体土地の物を出すは土地の性なり。取れば減ると云理はなきことなり。取れば取るほど出ることなり」とまでいう(『稽古談』)。あるいは「物を売て物を買は世界の理なり」「売買は天理なり」(同)といい、さらに「我が国の民は天下の民の風俗ともに奢侈に移る。是はせん方なきなり。我が国の物価は天下の物価とともに騰躍する、是もせん方なし」(『善中談』)という。風俗奢侈による経済を、いわばどうしようもない動き、と見ている訳である。

この近世中期から拡大した奢侈をめぐる「風俗」に、青陵はどう対応したのか。いくつかの「仕掛け」があったこと、また彼なりの「自由」があったことが捉えられている(渡辺浩「民ヲウカス——海保青陵の思想」『日本政治思想史』東京大学出版会、二〇一〇年。徳盛誠『海保青陵——江戸の自由を生きた儒者』朝日新聞出版、二〇一三年)。この近世中期に発生した「風俗」と金融の問題に対しては、近代になっても十分解決する形態がまだ社会的に作られていないようである。

五　近現代にあらわれた問題と今後の方向

1　自然信仰の行方

自然と人為また（日本では近世に特にあらわれ始めた）作為について、近代以後の日本思想史の中で、基本的なものをいくつかたどってみて、関連する問題の根を探求してみたい。

自然状態をとらえる際、宣長にも現れたように、それがいわば言語化されていない事も多い。それでもそれは、道や祭祀など行為を帯びた「形態」「道程」になっている。ただ、そのもの、それが何かは、また何かに出会うときに、改めて意識され語られるのである。その構造は、日本では、神道や民衆思想などと言われるものに多い。しかも、それがただの流行ではなく、関与する人々の生死自身に踏み込み簡単には手放されないものであれば、そこには信ないしそれ以上の関与があるのだろう。こうした構造を持つものに、本節では敢えて「自然信仰」という名称を与えておく。

他方、近代では、宣伝や風評を始めメディア的な運動が人を動かすことも多い（清水幾太郎『流言蜚語』日本評論社、一九三七年）。これ自体はもちろん自然ではなく人為である。しかし、強く動きそこに沢山の人が結び付くとき、それ自体がありのまま（実態）であるかの如くなり、人々は利益や習慣をもってそこに入っていく。これを、自然とは離れた「第二の自然」と言っておく。

面倒な言い方になったが、この二つは、近代の思想史ではどうしても出てくる問題と思われるからである。

こうした問題をはっきり担った人物と事件として、田中正造（一八四一―一九一三）の公害をとらえておきたい。

田中正造は、近代初の公害といわれる足尾鉱山鉱毒事件をはっきり問題とした。先の言い方によれば、正造は、流行する自然に動かされず、元来の自然信仰をもっていたのである。正造におけるその元来のものが何かは十分にはわからないが、もと足利の出身で、富士講の家だったと言われる。富士信仰があるがゆえに、正造は明治三四年(一九〇一)一二月、天皇への直訴を試みたのではないだろうか。

2　国家中心への諸組織の収束と足下の自立組織・自然の解体

とはいえ、当時の天皇を中心とする神道は、田中正造とは違い、公害を問題視するごとき「自然」からは、もう離れていたわけである。では、国家に結集する神道は、また社会的組織は、一体どうだったのか。重要なのは、この時は、日清戦争(一八九四—九五)後、日露戦争(一九〇四—〇五)前で、国家及び国民が、戦争によって大きく纏まって動いている時期だったことである。また正造直訴同年の五月、「社会民主党」が結成されるが、即日禁止処分を受けている。社会民主的な組織の成立は、弾圧されている。別言すれば、「国家によってのみ」社会的組織が生き長らえ、「本当に自立した社会的組織はありえない」ことが方向づけられたのである。宗教だけでなく、多くの組織は、足下の自然との連関を失い社会的自立を行わない、という傾向を強くもつことになった。会社も大学も寺社・教会も、そうである。

この問題は、「文学」「哲学」においてもはっきり現れる。文学において私小説が広がる。その自然主義が、どう本当の「自然」を持っていただろうか。本格的な哲学だ、といわれた西田幾多郎『善の研究』が出版された一九一一年二月は、幸徳秋水ら一一名が死刑になった翌月である。この「時代閉塞の現状」(石川啄木)において、これを問題視しない哲学が誕生したのである。西田によって哲学も禅も行われたにせよ、残念ながら、万物への広がりや社会的連関が、本当の形ではあまり見えてこない。やはりそこにあるのは観念論ではないか。とはいえ、西田が晩年に「場所的論理」をいうのも、夏目漱石(一八六七―一九一六)が結局「則天去私」と「天」をいうのも、九鬼周造が「偶然性」を問い続けながらやがて「自然」に向かうのも(田中久文『九鬼周造――偶然と自然』ぺりかん社、一九九二年)、第一節で述べた第二の定義としての「自然」が方向としてあったからに違いない。

3　自然＝コスモスにおける人の営み

「自然と人為」をめぐって近代思想史がまず教えるのは、たんなる内面主義でもメディアでもない。社会的組織を再生・持続させることの意義である。と同時に、その組織が、自然を壊して、ではなく、改めて自然のなかに、という方向を持つことが大事である。この問題は、戦後、原子力をめぐってはっきりと立ち現れた。そのことをとらえて稿を終えたい。

二〇世紀後半、おそらく一九六〇―七〇年代、原子力が実際に拡充しそこに発電が結合した(一九六三年一〇月二六日、東海村で最初の原子力発電)。ところが、大きな問題を生じる。それが、スリーマイル(一九七九年三月)、チェルノブイリ(一九八六年四月)であり、また福島などの原発事故である(二〇一一年三月一一日)。原発とその事故を鳥瞰すると、そこには、エネルギーの巨大な所有と破壊物(塵)の莫大な発生があり、地球全体に異様な状態を生むことがわかる。つまり、それは通常の自然の流れとはまったく違うまさに人為的現象である。

それは、大きくは、世界観と繋がる。西洋中世までは、また一九世紀までの東洋・日本では、コスモス・天地自然観があって、それを背景に、人の営みがとらえ考えられていた。ところが、そのコスモス・天地を、人間が乗り越え、それを使い・所有しながら、自分達の生活形態(また戦い)をより上昇しようとし続ける。そこに原子力が結合するのである。

これが「間違い」であることを、科学史を含めてはっきり把握した人物に、高木仁三郎(一九三八―二〇〇〇)、また、山本義隆(一九四一―)がいる。山本は、従来の仕事・労働にはあった生命・自然への畏敬が、失われていくような働きが一七世紀に現われ、その尖端的組織として、原子力開発をみる(『福島の原発事故をめぐって』みすず書房、二〇一一年)。高木は、原子力に拠らない先住民や民衆にみられる、より自然に繫がる生活形態に、よきあり方をおさえる(『いま自然をどうみるか』白水社、一九八五年、増補・一九九八年)。

4　エネルギー所有における禁断・盗み、翻って要請されるもの

それだけではない。エネルギーに関与する根本的な間違いが、原子力にあることを高木は押さえる(「聖書は核を予見したか」『エコロジーとキリスト教』新教出版社、一九九三年)。高木によれば、元来、人の営みは、天と地において、地にこそあった。その地において懐かれた光・エネルギーによる運動が人の場所であった。対して、光る星、太陽などは、光・エネルギーを爆発的に生み出す。しかしそれは生命ではまったくない。地上はこれとは違ったものとしてあり、そこでは質量不滅の法則によって人の営み・当為が形成される。ところが、生命が育たない天上のエネルギーを得ようとする禁断・盗みが行われた。原子力が、それである。

原子力というのは、本来の地上世界にとっての異物を導入して原子核の安定を破壊し、そのことによって非地上的な(天文学的な)までの力を得ようとする技術である。それは本質的に地上の生命世界の原理とは相容れず、その非和解的衝突を私たちは、広島、長崎、そしてチェルノブイリにおいて典型的に見ているのである。このようにみれば、核(原子力)開発は、文字通りプロメテウスのごとく天の火を盗む行為であり、禁断

の行為であったはずである。

原子力はそもそも「禁断の行為」「天の火の盗み」である。こうとらえた上で、人間のすべきことを高木は次のように言う。

ちなみに、私の考えでは、地の世界にとらわれて、その上で生き繁栄するものを守るべき者にとっては、守るべきないし超えてはならない領分が三つあると思う。その第一は、自明のようだが、地球場ということだ。地球場には、その「地を這うもの」に適当な重力が作用し、また宇宙からの有害放射線を遮《さえぎ》ってくれる磁場や大気がある。第二は、地球全体が総体としてひとつの完全な生態系をなしているということだ。地上に生きるどの生物種を欠いても、どの自然の系を欠いても、この完全性は崩れていくのであり、またこの長い間かかって成熟してきた生命の系に、安易な人工操作など加えてはならないのである。第三の点は、すでに述べた原子(核)の安定性ということである。この安定の上にのみ、地の上の営みがある。

この三つの要素が完全にそろっていることの中にこそ地の上の平和がある。……

人間が真に地の守り人(いわゆる執事)であるとするならば、右のような立場から地の健全性・安全性を守らなくてはいけないのではないだろうか。（「聖書は核を予見したか」一九九三年）

つまり、地上の自然なる生命の流れにのっとり、これを守護すべきものが人間の生活であり倫理である。エネルギーはその連関の中にこそあるべきである。

5　どのような組織が求められているか――自然エネルギーと社会的組織

歴史を振り返ると、とくに一九世紀半ば以後、人間において「社会」が形成され、生きる人間相互の格差、人口の巨大な増加が発生し始めた。そこにまさに「科学技術」「文明」が結びつく。そこで何より必要なのは、より妥当な判断を求め続け、また人々が生活する「自然とも結び付いた自立した社会的組織」である。しかし、近現代日本ではそれが不十分だったのではないか。

こうした問題は、戦争直後にすでにはっきり現れている。丸山眞男（一九一四—一九九六）は、「超国家主義の論理と心理」（一九四六年）で、戦前日本の諸組織が「無責任の体系」に収斂したことをとらえる。別言すれば、丸山は、社会的・政治的組織の自立的形成を求めたのだろう。ドイツ周辺では、ヤスパース（Karl Theodor Jaspers, 1883-1969）が、戦争責任をめぐって、「罪について」（一九四五—四六年）で論じて、罪責を、①刑法上、②政治上、③道徳上、④形而上学的の四つのレベルでとらえる。④はすなわち、宗教的な次元の問題でもある。いずれにせよ、自然に関わる形而上にもとづきながら社会的組織が人間に形成されるべきことが求められている。それが戦後ドイツの働きにもなっているのだとすれば、日本も経済成長では見えなかった構造を担うべきなのである。

現在、さらに指摘し考えたいのは、「地球化」という問題である。二〇世紀、人間の人為的生活形態、経済的国家的組織が形成され続け、また人口も爆発的に増加している。二〇世紀末ごろから、一体人間において何があったのか、今後どうあるべきか、その人為をまとめてみる。

①国家枠を越えるインターネット・交通による国際化・地球化があり、これに向かう必要がある。

②エネルギー・力の所有・専有が結びついて発達し原発がそのため強く求められているようである。だがこれを転換して、自然と関わり循環型社会を形成する必要がある。

③自然における生物多様性のさらなる解体と環境の変容・破壊の増大が生じている。これを減少させ、環境に関与する生活・経済等の「形態」を形成する必要がある。

④人間は、グローバル化に関与しつつ自身の可能性・完全性・不完全性・偶然性を知り、自然とも地球とも結びついた哲学倫理・宗教さらには会議・決定の組織を生活において再発見すべきである。

⑤唯物論下で消えてしまった、活物観・産霊さらなる霊性(「いのち」)を再発見し、これをめぐって、有機体としての地球の大地にもとづく人の営みの構造を見出すべきである。

現在の人間は、昔の人から見るならば、傲岸きわまりないのではないだろうか。ならば、自然そのものと物事への謙虚と感謝を祈願と共にあらためて発見すべきである。そしてそこには、唯物論でも観念論でもない、資本や国家に取り憑かれたのではない、環境と交流するグローバルな共同体が求められている。

地震・津波・原発の事件は、以上のような社会的組織を形成する大切さを教えているようである。

II　世界像の変遷

「往生」というテクスト
——彼岸と此岸を往還するテクストの諸位相

阿部泰郎

はじめに

唐浄土教の生みだした最大の達成というべき、浄土世界とその仏菩薩を織りあらわした巨大な変相図が日本へ伝えられ、それは安置された寺の名をとって当麻《たいま》曼荼羅《まんだら》と呼ばれた。中世に語り出された、或る高貴な姫の発願による曼荼羅の奇蹟の織成伝承は、姫の往生をもって結ばれる。

折口信夫の小説『死者の書』は、この当麻曼荼羅縁起の伝承をもとに、その舞台となった天平末期の〝古代の秋〟を、大伴家持と恵美押勝を狂言回しとして描き出しながら、藤原南家の郎女《いらつめ》が彼岸の入日に見た「俤《オモカゲ》びと」の姿を追って出奔し、当麻寺の結界を侵した贖《あがな》いの忌み籠りの間、そこに二上山《フタガミ》の頂に葬られた叛逆者「滋賀津《シガツ》彦《ヒコ》」すなわち大津皇子の甦った魂が訪れる、邂逅の劇が進行する。やがて郎女の魂の変成は、死者の執心を、幻視した光り輝く仏へと変容させ、手ずから紡ぎ織り上げた布のうえに、郎女は命を搾《しぼ》りだすように仏国土の像《カタチ》を描《えが》きあらわして去っていく(1)。

図１　山越阿弥陀図（禅林寺）

折口が『死者の書』に籠めた意図を自ら解題したエッセイ「山越しの阿弥陀像の画因」は、作中に繰り返し幻視される、山の端にあらわれる「俤びと」光の仏のイメージの拠《よりどころ》となった、山越阿弥陀図の創出に至る、他界観念をめぐる普遍宗教と民俗の出会いのありようを、様々に説き示す。[2] そのなかで、冷泉為恭の筆になる山越阿弥陀図（大倉集古館蔵）を契機として「こぐらかつたやうな夢」を自分に見せた「故人」を想い、その魂の供養のためにこの書を著したのだと明かす。この僅かな示唆と自撰年譜を手がかりとして、富岡多恵子はこの「故人」こそ若き日の折口の恋人であり早く世を去った「新仏教家」藤無染であったことを明らかにし、[3] 更に安藤礼二は、藤が挺身した「新仏教」運動の内実、仏教とキリスト教の源流を同根とみて両者の融合から宗教革命を夢みた青年仏教者たちの夢の形見が、折口の思想形成に深く影を落し、『死者の書』の構想と照応することを解き明かした。[4]

折口にとって、『死者の書《テクスト》』は、なお死に至るまで織り続けられる営みであった。遺された未完の続篇は、時を遥かに隔てた鳥羽院政期の〝王朝の秋〟に、当代最高の知識人であり男色家でもあった藤原頼長を登場させ、天王寺から高野山へと舞台を移しながら、そこで彼は宋より渡来した「日卜京」なる秘法の噂を聞く。奥院に入定する大師と重ねながら、それは明らかにイエスの磔刑と復活の秘蹟を象るものであった(5)。この先にいかなる展開が想い描かれていたかは知るべくもないが、おそらくはより鮮やかに、あの秘教的神秘思想の再現前が巧まれたであろう。あるいは、『死者の書』の、新たに将来された阿弥陀浄土変と、今や絶えなんとする神語りの裡に生きる古き神々の世界との融合と変成も、それと等しいヴィジョンを含意していたかも知れない。それは、折口の分身でもある郎女という女人の魂のうちに受胎し、生み出された〝光の御子〟の如き存在であったか。

山越阿弥陀図(図1)という、中世に創出された独特の来迎図が表象する世界像は、折口にとってひとつの他界への回路を開く扉であった。

一　浄土願生者の夢

日本において成立した最初の往生伝、慶滋保胤の編んだ『日本往生極楽記』(6)には、当初の段階ではなかった聖徳太子と行基菩薩の伝が、冒頭に位置付けられている。この後に添えられた識語によれば、中書大王兼明親王の夢想により、二人を往生人に加えるべき旨が示されたという。太子と行基は、前後して成った源為憲『三宝絵』法宝にも、役行者と共に日本仏法史を象るべき存在としてその伝が構成され、また後に鎮源『法華験記』も、更に『今昔物語集』でも同じ位置を与えている。しかし、こうした歴史上の偉大な人格の伝記とは別に、浄土曼荼羅という彼岸の〈聖なる世界〉のイメージを介して語り伝えられた、夢によってその彼方の世界への道筋を示すような伝承が、この『極楽記』という記念碑的な往生伝に登場することは見逃せない(7)。

智光伝は、彼の住した奈良元興寺の僧房に伝わった、彼が夢中に極楽に赴いて感得した浄土図の縁起というべきものである。学僧智光は、同室の常に睡眠してばかりで無行無智のままに死去した頼光の後世の行方を案じていたが、夢中に赴いた極楽で対面する。実はひたすら念仏観想の行を修していたこと、その果としての往生が智光に示され、証拠として弥陀如来より掌《たなごころ》に顕された浄土の相を、覚めた後に画工に描かせたもの、という。

追加された行基伝には、後述する『日本霊異記』由来の、行基を妬んだ智光が頓死して冥途に赴き閻羅王から教誡を蒙る説話が含まれるが、この〝智光曼荼羅縁起〟というべき伝承は、同じく智光を狂言廻しとして、その説話を換骨奪胎して創られた寓話といえようか。後に永観の『往生拾因』、更に『今昔物語集』にも採られ、浄土曼荼羅の縁起として当麻曼荼羅の縁起と並んで記録、伝承されるようになる(『覚禅鈔』、聖聡『当麻曼陀羅疏』)。院政期南都における伝承は、大江親通の『七大寺巡礼私記』に詳しく、ここに念仏講が営まれていた消息も知られ、更に実叡『建久御巡礼記』(当麻曼荼羅の縁起伝承が始めて記された)にも記され、やがてこの曼荼羅を伝える元興寺極楽坊が興福寺大乗院門跡の一院となり、念仏追善の道場となっていく経過が以降の記録からうかがわれる(8)。鎌倉期には西大寺流律僧も入り、密教や太子信仰と結びついた勧進も営まれ、市中の葬送や芸能興行の場として無縁の聖地となった(9)。

智光曼荼羅の説話伝承は、『極楽記』以後の往生伝にしばしば見出される、往生人について誰かが夢中に来迎の瑞相や浄土転生を感見してその人の往生を知るという、霊験記録としての伝記の祖型ともいえる。夢による越境をもって浄土という他界への転生を認識する回路とするのは、古代人の死生観および世界観からの本質的な転換を端的に示す、あたらしい精神の経験化でもあろう。そうした回路が、古代末期にもたらされた仏教世界像の極相というべき浄土変相図の縁起において伝承されるモティーフとして語られることは、象徴的という以上にあざやかな画期を示す事態なのではなかろうか。

二　冥界巡りの夢

編者景戒自身が夢見る人であり、また夢を解き記す主体でもあった『日本国善悪現報霊異記』(10)は、その中に幾つもの他界との往還の霊異譚を含むが、いまだそこに明確な浄土世界への往生はイメージされていない。たとえば、大部屋栖野古連《やすのこむらじ》が蘇生して、黄金の山(五台山金色世界)の頂きで薨《みまか》れる聖徳太子に遇って示された予言を語る(上巻「三宝を信敬し現報を得る縁第五」)。それは太子再誕の聖武天皇と行基による仏法興隆の未来記という趣であるが、あの「天寿国繡帳」ほどにも浄土の相は鮮明でない。むしろ地獄へ赴く物語の方が『霊異記』では多くかつ詳らかであり、その一人が智光である。

中巻「智者、変化の聖人を誹り妬みて現《うつつ》に閻羅の闕に至り地獄の苦を受くる縁第七」は、聖武天皇により大僧正に任ぜられた行基に嫉妬し誹謗した学僧智光が忽ち病死し、弟子に遺言して己が遺体を焼かしめず置き、そこから死せる彼の魂の旅が始まる。まず閻羅王の使に召されて西方に往き、行基の来往すべき黄金の楼閣を見る。その宮門にて神人に召され北方の道を往くと、そこは焦熱地獄で、鉄の柱を抱かされて身を焼かれ、また活きて銅の柱を抱かされる。更に阿鼻地獄では釜の中で煎《に》られる責苦を受ける。やがて宮へ還り、この堕地獄の因縁を説き示され、九日後に蘇り、弟子に「具《つぶさ》に閻羅の状《さま》を述べ」ただちに行基の許へ向って、この「口業の罪」を懺謝したところ、行基は智光の念《おも》うところを知り、自らの生所を「金の宮《こがね》」と告げられて喜んだ。これが行基の

〝極楽浄土〟への往生を示すというのは、前節に触れた『極楽記』の解釈であるが、むしろ興味深いのは、これが智光による冥界遍歴―地獄巡りのモノガタリであることだろう。それは、再三にわたる肉体焼滅の苦患と復活を自ら甦って弟子に語る述懐であり、行基への懺悔語りとしてなされるものである。

ここにひとつの始発点をみる、浄土と地獄にわたる他界遍歴を、冥途蘇生というモノガタリの枠組の許で展開する伝承の系譜は、以降、中世を貫くように脈々と継承・再生され、多様な展開を見せる。そのなかで最も大きな影響を与えたのが、『扶桑略記』天慶四年(九四一)三月条に「道賢上人冥途記」の名で抄録される『日蔵夢記』(宗淵編『北野文叢』所収内山永久寺旧蔵本)である。(11)

三善清行の子、浄蔵の兄弟と伝えられ、声明・音楽の系譜にも名を連ねる修行者道賢は、大峯の笙の窟において参籠中に息絶える。十三日後に蘇生して入冥の間の「日記」を記録したのが『夢記』であるという。彼は執金剛神に導かれ、窟より北の金峯山浄土へ赴く。そこで釈尊の化身たる僧形の蔵王菩薩の会座に参じ、日蔵の名を記した短札を賜る。そこに西方より大王即位行幸の如くに「日本太政威徳天」が到来し、これに伴われて遥か大威徳城へ行き、その宮殿を巡る間に、元は菅丞相であったと告げられ、世界の一切の災難を司り、国土を滅す使者「火雷天神」ら眷属悪神を支配する存在と明かし、我が言《こと》を伝え形像を作り名号を称え祀れと、日蔵の名を釈して授ける。そして兜率天を経て閻羅王宮に率われ、閻王は獄領に命じて諸地獄を巡見せしめる。この裡の鉄窟苦所に堕ちていた延喜帝に遇い、堕獄の因となった道真に対する罪の告白と、抜苦の為の仏法興隆の願いを聞く。再び閻王宮に還り、更に蔵王の満徳法主天宮に到って、太政威徳天による災厄とこれを脱《まぬか》れ怨心を宥める修善造寺を営むべきことを示されて遍歴を了える。

このように『夢記』は、きわめて複雑な多重構造の世界を日蔵が往還・巡歴し、それは同時に新たな名を授かる彼自身の生れ変り《イニシエーション》でもあった。それぞれの世界では、そこを宰領する王から天宮の快楽より地獄の苦患まで悉くその因果応報を教示され、その究みが地獄の底に受苦する俗世の人王より直《じ》かに罪の懺悔と救済の手立てを聴き世に伝えることなのである。これこそは、『夢記』の冥界からのメッセージの核心であり、目的であった。(12)

『日蔵夢記』の成立と前後して、比良宮の太郎丸の託宣が披露され、更に藤原師輔により天満宮の社殿も造営され(『扶桑略記』)、北野の地に巫女文子《あやこ》の祀った天神の小祠の傍へ、天台僧たちにより寺院が創建され(『最鎮記文』)、宮寺として成立する。北野天満宮と天満天神の創祀にとって最も大きな役割を果たした宗教テクストが、この『夢記』であった。(13)のみならず、やがて一二世紀末にその縁起として『北野天神縁起』(建久本)が書かれると、菅公の伝記から怨霊の発動をへて創祀から霊験に至る構成の中核に、『日蔵夢記』のメッセージは重要な位置を占めることになる。承久年間にこの縁起は巨大な絵巻として制作され北野社に奉納されたが、この『聖廟絵』では、日蔵の笙窟での入冥―他界への飛翔のみが描かれ、それ以降は単なる六道絵が連なるばかりである。むしろ『日蔵夢記』の忠実な図像化は、詞書を含めて、かつて伊豆走湯山に伝来したメトロポリタン美術館蔵『北野天神縁起絵巻』(図2)において実現されている。(14)そこでの冥途巡歴の諸場面では、山臥修行者姿の日蔵が必ず登場して導かれ、旅する。かれは他界遍歴の主役であると同時に目撃者かつ証人であり、世界の根源からのメッセージを伝達するものの存在、冥途蘇生記のテクスト構造を端的に表象する〝アイコン〟なのである。

『平家物語』は、この伝承を日蔵の〝六道巡り〟として、物語の大尾「灌頂巻」において、建礼門院の平家滅亡を生きながら六道を経《へ》めぐったことに譬える懺悔語りを受けた後白河法皇に想起させている。それは、天神縁起によるという以上に深い影響を『夢記』がこの滅亡物語の構想に与えたことを示唆していよう。

古代から中世にかけての冥途蘇生記の系譜を辿ると、それが発信された時代の現世と他界との往還のなかで、

図2　メトロポリタン美術館本『天神縁起絵巻』

宗教者の担った世界認識があざやかに照し出される。[15]『日蔵夢記』のしばらく後、『僧妙達蘇生注記』（天治二年〈一一二五〉写本、観智院本『三宝絵』中巻付載「妙達和尚ノ入定シテヨミガヘリタル記[16]」）は、『法華験記』巻上、出羽国竜華寺の妙達伝と呼応しており、天暦九年（九五五）に妙達和尚が閻王宮に請ぜられ「日本国中の善悪の衆生の所行作法」を聴き、本国へ還って「善を勧め悪を誡めて衆生を利益せよ」と教勅を蒙る。そこに示されるのは東国奥州世界に活動した聖俗の人々によるいわば宗教地図である。或いは承安二年（一一七二）に記された摂津清澄寺尊恵の『冥途蘇生記』（『求道沙門尊恵夢状』）は、これも『平家物語』[17]の一節をなしてその成立に関わった宗教テクストである。持経者尊恵が閻魔王の請により入冥し、王宮にて法華講会に参仕、閻王の授記を得て平清盛を良源の再誕と示される。やはり夢記であるこの『記』は室町期に至っても、有馬温泉寺の縁起絵として絵解き唱導されていた。[18]

ほぼ時を同じくして、仁安二年（一一六七）、東大寺の能恵得業が病死して炎魔宮に至り、大般若経書写の発願ゆえに王よりこれを使命として蘇生することを得た（『百練抄』嘉応元年〈一一六九〉に八幡宮における勧進と経供養の記事が見える）説話は、早くに絵巻化されて『能恵得業絵』として流布した。[19] 更に鎌倉初期には、その絵が契機となり、女人の霊病と神明の託宣を介して、あらたに石清水八幡宮の霊験譚として成立する(『八幡愚童訓』[20])。

鎌倉時代には、各地の霊場においても冥途蘇生譚はその縁起のなかで生い育つ。たとえば、後述する『善光寺縁起』は、本願本田善光の息子善佐が頓死し閻王宮に赴いて本尊脇侍観音の働きで蘇生するが、これに皇極女帝の堕地獄を救う功徳を併せて語る。或いは『志度寺縁起』に連続して集成される幾つもの冥途蘇生譚は、いずれも本尊十一面観音の分身が閻魔王と化して赴いた聖《ヒジリ》たちに修造勧進の使命を与えて蘇えらせる。[21] それらは何れも大型の掛幅縁起絵により絵解かれた。その典型は、南都の霊場寺院の代表的な縁起である矢田地蔵金剛山寺の満米聖人の冥途蘇生譚であろう。聖人は「生身《ショウジン》」の本尊地蔵に引導されて冥途へ赴き、地獄の責苦を受ける罪人たちを地蔵が救いだすのを目撃し、蘇生してその功徳を唱導する。これも、縁起絵巻や掛幅画によって絵解きされた。[22] 同様な冥途蘇生譚は、南都春日社の第三殿(天児屋根、枚岡《ヒラオカ》)本地地蔵の霊験としても説かれた。『春日権現験記絵』巻八(その前身《プレテクスト》である貞慶『御社験記』に遡る)には、楽人狛行光の入冥・堕地獄とこれを導き救う地蔵(春日神)のはたらきが鮮かに描き出されている。[23] それは、同じく『験記』巻十七(璋円得業事)に、春日の神は春日山の下に地獄を構えて、興福寺僧はじめゆかりの者たちを一時ここに居らしめ、漸々と浮び出るように往生に導く(これも女人への託宣に示された)という話とも響きあって、それぞれの霊地独特の宗教空間のトポスにおける死と再生の世界観を、冥途蘇生譚が象っているといえよう。

室町から江戸時代にかけても、冥途蘇生のテクストはなお生命力を持続していた。摂津の宗教商業都市平野の長宝寺において成立し、伝えられる『平野よみがへりの草紙』[24] はその一例である。とりわけ伝承の持続という点で注目されるのは、『吾妻鏡』(正治二年〈一二〇〇〉四月三日条)にみえる仁田四郎による富士の人穴への探険の記事

(これを命じた将軍頼家の運命と結びつけられる年代記の一節である)を起点として成立し、近代まで写し継がれて広く流布した(民衆による富士講の縁起として享受された)『富士人穴の草子』[25]であろう。人穴に入って見た驚異と深秘は口外無用の秘事として公には封印されたが、地獄巡りの一変奏であるその記は、民衆宗教の通過儀礼を司るテクストとして用いられることになったのである。それは更にパロディ化されもする。お伽草子の絵本『義経地獄破り草子』(チェスタービーティーライブラリィ蔵)[26]は、地獄に堕ちた義経主従一行が、その武勇を発揮して地獄の門を破り獄卒の鬼を討ち取り閻魔王を降伏する。富士の麓から冥途に赴いた修行者がその一部始終を見物するようにして全ての場面に立ち会い、主従の来迎往生に至る。それは遠く、『日蔵夢記』の絵巻化としてのメトロポリタン本天神縁起絵巻にあらわされた冥界を巡歴する日蔵の姿とも、時空を隔てて呼び交しあっているようである。

三　山中他界の夢——浄土と地獄の往来

冥途蘇生記というテクストが、霊地という宗教空間の世界像と分ちがたく生成し機能するものであれば、注目されるのは、それらが多く山中や海辺の境界的な場《トポス》であることだろう。その空間イメージは、来迎図にあらわされる山岳の彼方より紫雲に乗じて到来する如来聖衆のそれ(観音の来迎図においては補陀落山から海波の上を渡って到来する)に重なり合う。光明寺本『当麻曼荼羅縁起』絵巻大尾の来迎図は山岳と海の上を越えて本願女人の許に来たり、当麻曼荼羅そのものが来迎する当麻奥院『十界図屛風』では、峻嶮な山岳から曼荼羅が姿を現わすが、その下には海辺の光景が広がっている。あるいは山越阿弥陀図の最古の作例である禅林寺本(図1)でも、仏が姿を現わす山の端の上(彼方)には水波が描かれて、海を象ると思われる。それらが等しく示唆するのは、山岳ないし海辺が他界に通ずるトポスであり、ひいては他界そのものとする観念であろう。

『大日本国法華経験記』(27)は、多様な霊験譚を含む持経者・修行者・聖人の伝を往生の事蹟を含めて集成するが、その最後はいわゆる〝道成寺伝承〟の最古のテクストである「紀伊国悪女事」で締めくくるように、女人や異類をめぐる霊異譚も多い。そのひとつ、第百二十四「越中国立山女人」は、逸名の修行者が立山山中の「地獄」に往き、そこで一人の若き女人に逢う話である。彼は「霊験所に往詣し、難行苦行せり」という山臥であり、立山はその抖擻の霊山のひとつ(『新猿楽記』次郎真言師)であったが、同時に「日本国の人、罪を造れば多く堕ちて立山の地獄にあり」という霊場でもあり、『験記』は彼の眺めたこの地獄の様相を詳しく描写する。その、無人の境である筈の深山幽谷に現われた女を見て僧は「鬼神、羅刹女」かと怖れる。後世まで立山は女人禁制の結界であったからだ。女は近江蒲生の仏師の娘と出自を明かし、父が仏物を私用しこれを衣食とした罪により死後この地獄に堕ちたという。この消息を父母に伝え、作善による抜苦を望む故に、観音縁日により苦患が休まる隙に来ったと告げる。僧は父母の許に赴きこの旨を伝え、法華供養の作善を営むと、父の夢に娘は立山の地獄を出て忉利天に生じたと示す。立山の地獄についての最古の文献が、この女人堕地獄とその抜苦救済の霊験譚である。観音の代受苦と法華の功徳を説くが、そこで修行者はその使《メッセンジャー》者として、あくまで媒ちの役割をつとめるのみであった。それは冥途蘇生記の構造に通ずるものだろう。

この霊験譚は、鎌倉時代に作られた『地蔵菩薩霊験記絵』(フリーアギャラリー蔵)では地蔵が代受苦する話として、山中の地獄で衣服を剝がれ全裸となった女人が責苦を受ける様と、身替りに地蔵が火炎に焼かれ女人が救われて僧と対面するところが、ひとつに図像化されている(28)(図3)。また、『今昔物語集』巻十四「修行僧越中立山に至り小女に会う語《こと》第七」は『験記』に拠るものだが、更に続く「越中国の書生の妻死して立山地獄に堕る語第

図3　フリーアギャラリー蔵『地蔵菩薩霊験記絵』
立山地獄に堕せる女人を救済する地蔵

八」が加わる。国府の書記の妻が病死したのち、遺児三人が母の生所を恋い、「いざ、かの立山に詣でて地獄の燃《も》ゆらむを見て、我が母のことをも惟《お》し量《はか》りて思ひ観ぜむ」と、貴き聖人を具して登る。僧に錫杖を唱えさせながら十余所の地獄を巡るに、巌のはざまに姿は見えず母の声ばかりして子を呼ばう。それは生前の造悪の報いでこの地獄に堕ちたという懺悔語りであった。子がその苦を遁れる方途を問うに、それは法華千部の書写供養のみという。この、「夢なむどに示すは常のことなり、現《うつつ》にかく告ぐること、世に聞えぬこと」のメッセージに驚いた書生一家は、国司に訴え北陸諸国を挙げて勧進し漸く千部を成就した。すると太郎の夢中に、この功徳により忉利天に昇天したと告げる。これを併せてみれば、山中の地獄としての他界が、娘や母という女人が負う罪業によって苦患を蒙る場として設定されていることが明らかであり、そこは修行者のみならず、肉親の生者との交信の場であり、訪《とぶら》ってその声に耳を傾け、そのメッセージを聴く処でもあるのだった。それは、恐山などに今も生きている、盲目の巫女による死者との交流を想起させるものである。

立山の地獄に堕ちたのは、女人ばかりでない。元雅作と推定される能『善知鳥《うとう》』は、奥州外《そと》の浜で殺生の業《わざ》を営む猟師がその罪によりここに堕ち、修行者に己が片袖を託して遺族に告げ知らせる。これと同じ設定で善光寺参詣の巡礼者に立山で片袖を託す女人の話が、室町時代の『清涼寺縁起』の霊験譚にも見える[29]（更に近世の平野大念仏寺の『片袖縁起』絵巻では箱根山中を舞台とする）。立山においては、やはり女人こそ救済の最大の対象であった。近世には、山麓の御師集落芦峅《あしくら》寺において、布橋《ぬのはし》大灌頂の儀式が女人を対象に盛大に催された。彼女たちは目隠しして閻魔堂から布橋へ自ら寄進した布を踏んで渡り、対岸の立山独自の尊格「媼《うば》尊」を祀る媼堂に入ることで立山入山を遂げるという通過儀礼が営まれていた[30]。この儀を担った御師たちにより唱導された立山曼荼羅には、極楽浄土でもある（弥陀の来迎も山頂に現わされる）ところの立山の地獄に登山する参詣の姿と共に、山麓での布橋灌頂の祭儀が描かれており、その布橋は地獄絵における三途河のイメージに重ねられ、作例によってはその傍に奪衣婆まで登場している[31]。立山曼荼羅に具現される立山のコスモロジーにあっては、地獄と浄土は連なり合って一体の世界となり、布橋灌頂は、いわば霊験譚のものがたる神話的次元に応じた、女人による地獄と浄土の境界の越境を、儀礼の次元で体現したありさまなのである。

四　霊地の宗教空間とその運動——南北軸と東西軸の焦点

古代から中世にかけて、日本の国土には、霊地をその焦点として、宗教的世界観の中心軸と言うべき可視ないし不可視の動線が形成されていた。それは、寺院の伽藍が構成する堅固な軸線から、祝祭芸能の場で初めて顕現する運動まで[32]、始源の時空より今に変化し続ける動態までを含む、種々の位相において象られる。

たとえば修二会の道場である東大寺二月堂についてみれば、本尊の秘仏「生身」の十一面観音は、実忠の祈請により補陀落山より海上を渡り難波浦に到来する、寄り来る神の如くである。その勧請は、今も小観音《こがんのん》の遷座として後戸から内陣を巡り、西側の礼堂へ一旦出されて礼拝の後、渡御するように南から内陣へ入り本尊として檀上正面に据えられる儀として繰り返されている。(33) 修二会の創始伝承（『二月堂縁起』）では、実忠が笠置の龍穴より赴いた兜率天の常念観音院における天衆の行《おこな》いを移したのが、今も「走り」として修される作法であるという。それは垂直軸（天界—地上）を経て内陣で本尊の周りを走り廻る水平の旋回運動に転換される。その背景となる宗教空間として、笠置山から長谷寺まで、奈良の東山中を北から南へ修行する、日蔵を縁起作者とする「一代峯《いちだいのみね》」の修験行場が存在していた（『諸山縁起』）。また『二月堂縁起』(34) は、北方の若狭国に坐す遠敷明神《おにゅう》について修二会で読まれる神名帳《じんみょうちょう》の起りを説く。神明帳の読み上げにより日本国中の神々が参るのに、この神ばかり漁に夢中で遅参した科《とが》を償《つぐな》う為に、行法に用いる香水《こうずい》を涌出させた（今は若狭の神宮寺で〝お水送り〟が催され、その水が一〇日間をかけて奈良へ届き、〝お水取り〟儀で汲まれるという）という。この南北軸と、本尊を迎えた東西軸、および実忠が悔過行法を伝えた垂直軸の交わるところが二月堂なのであり、練行衆《れんぎょうしゅう》の作法は、この多元重層的なコスモロジーの絶えざる再現前を担うのである。(35)

一代峯の終点にあたる長谷寺は、中世に蓮華会の延年芸能が催され、更に蔵王権現影向の霊地を含む吉野金峯山を望む「生身」十一面観音の霊験所であった。更に奈良盆地の南方には、紀伊半島全体を覆う列島最大の霊地が連なり、収斂する。そこには、我が国が独自に生み出した仏神一体の尊格である蔵王権現が祀られ、吉野を北端、熊野を南端として半島中央を貫く奥駈《おくがけ》道の中心、大峯山上に湧出したと伝える。中世の修験行者は「峯入り」として抖擻修行を双方から営み、峯中の宿々での行法は金剛界と胎蔵界の両部曼荼羅と行者が一体化する、即身成仏への路である。峯が仏法の象徴体系そのものであることは、東北に位置する一代峯が両部を統合する三部蘇悉地に当り、西北の葛木峯が法華経二十八品に宛てられているところにも見てとれよう。そのコスモロジーは、鎌倉初期、慶政の書写した『諸山縁起』において、それぞれの縁起と宿次第に行者の伝承しテクスト化された修験の世界像が、一冊のうちに集成されている。[36] とはいえ、その世界は全てがテクスト化されて象られるのではない。あくまで入峯修行において行者の身体のうえで実践されることによって成就するものである。

眼を転じてみれば、国土の東西にわたる仏神の祭祀の運動は、いかなる相を示すだろうか。古代から中世にかけての目ざましい現象は、あらたな神の東遷である。その代表が仏法の許に創出された神格である八幡大菩薩だが、この神は九州の宇佐から盛んに託宣を発し、ついには東大寺大仏の造立を助成しようと巫女と共に輿に乗って入京する(『続日本紀』)。その記憶を今に留めるのが、東大寺に鎮座し、後に手向山に祀られた八幡宮である。後に空海により東寺の境内にも祀られ、また神護寺の金堂内にも祀られたように、顕密仏教の成立と同時にその中枢に位置し、姿を顕わした神でもある。[37] 東大寺では、西大門に当る転害(手掻)門より八幡神が入御した故事にちなみ、転害会としてここが渡御の場となり、中世には手掻会と呼ばれ郷民たちによる盛大な風流芸能を伴う都市的祭礼が催された。

九州から畿内・京洛に至る西国筋は、古来から疫病の侵入経路であり、その間には幾重もの境界祭祀が営まれ、疫神を防ぐ結界が設けられていた。それはやがて仏教と陰陽道の習合の許で牛頭天王という疫神を宰領する尊格を主神として、西国からの路の終点に当る鴨川の対岸東山四条に南都僧円如により観慶寺感神院が創祀され、それは祇園社として朝廷からも崇められるが、やはり盛大な風流の祭礼が洛中の民衆によって営まれ、山と鉾をその御躰の象徴として、芸能を以て飾り曳き渡す都市祭礼の原型となった。[38]

平安京には八幡神も南都大安寺僧行教により城南男山に勧請され、石清水八幡宮寺として朝廷が伊勢・賀茂と並んで重んずる「宗廟」となる。その尊格もいつしか応神天皇として皇祖神に連なるに至るが、その間に展開したであろう石清水をめぐる祭祀の運動が突出した、ふたつの出来事が『本朝世紀』に記録されている。天慶二年(九三九)、東国への路、粟田口の先にある山科の藤尾寺の尼が石清水の八幡大菩薩の像をあらたに造立しこの地に祀ると、その霊験は多くの参詣者を集め、楽人舞人をあまた集めた放生会は本宮を凌ぐほどの盛況となった。脅かされた石清水からは多勢の神人が発向してこの「新宮」を打ち毀し、霊像を奪って護国寺に移した、という(『扶桑略記』『今昔物語集』『古事談』にも記される)。しばらく後、天慶八年(九四五)、西国筋から志多羅神が神輿に担われ民衆に豊饒をもたらす神として歌舞と共に祀られながら上洛し、朝廷はその動向を逐一追跡するが、入京の直前になって巫女の託宣により神輿が急に男山へ移り、そのまま今に至るまでここに祀られることになる。[39]この二つの事件は、石清水八幡宮を一方の当事者として、天慶年間の東国と西国の叛乱という不穏な情況を反映するかと思われる、託宣のみならず新興の霊験を顕す仏神への熱狂、あるいは遊行する流行神《はやりがみ》の芸能を伴う遷座など、八幡神に内在する性格の発現とも言うべき運動と、これに対抗する強訴や動座など、中世寺社権門が行使する祭政一体の示威活動の原型が全て認められるのである。

八幡宮はまた軍神《いくさがみ》でもあり、武門の源氏の祖神として、更に東国鎌倉にまず若宮が勧請され、やがて成立した幕府の祭祀の中心として鶴岡八幡宮寺が創建され、将軍が参仕する放生会が営まれた。一方、中世の八幡神は本地阿弥陀如来の垂迹と認識されるようになり、石清水では不断念仏が営まれ、浄土往生を願う僧俗の参詣するところともなっていくのである(大江匡房『石清水不断念仏縁起』、同『続本朝往生伝』[40])。

阿弥陀如来を本尊とする、中世東国最大の霊場が善光寺である。[41]自ら光を放つばかりか詞を発す、つまり託宣する仏である善光寺如来は日本独自の尊格と言ってよいが、その縁起は、仏法の三国伝来を本尊が体現するようにして、西から東への遷座というべき運動を示している。すなわち、天竺の釈尊の許で月蓋長者の本願により造られた一光三尊「生身」の弥陀如来は、海を渡って百済の王宮から本朝へ渡され、守屋大臣の破仏に遭って難波の堀江に棄てられ、やがて本田善光に託して信濃国に到り、更に同国水内郡に遷る。まさに東遷する今来《いまき》の仏であるが、今もその伽藍が南面して建てられているように、古代寺院以来の立地をその宗教空間は伝えている。

中世に成立し、掛幅縁起絵を用いても唱導された『善光寺縁起』(『信濃国善光寺生身如来御事』『善光寺如来本懐』[42])では、三国伝来の縁起に加えて、前述した善佐の冥途蘇生譚を加えるが、それは天竺造像因縁において釈尊の命により目蓮尊者が龍宮に赴き龍王より閻浮檀金を請うところと照応し、冥途と龍宮というふたつの異界にまたがる善光寺如来が司《つかさど》る世界像を物語るものである。この冥途蘇生譚は、現在にも継承される善光寺の死者・祖霊を祭祀する霊場としての性格を象るであろう。今も本尊に奉仕し修正会の堂童子を勤めて諸国の神祇を勧請奉斎する役割を担う半僧半俗の中衆や、中世に葬送や追善供養を担った妻戸時衆の存在(『大塔物語』)など、それは、東国を中心に善光寺如来を造立して新善光寺などの念仏道場を営みつつ展開したいわゆる善光寺聖の活動に連なる一端であった。親鸞の東国における門徒たち、とりわけ善光寺如来を本尊として太子を祀った高田専修寺の真仏もその一人と言うことができる。

これら聖《ヒジリ》たちの担ったはたらきは、霊地の仏神の霊験として、中世芸能のうえにあざやかに象られる。世阿弥による改作を経て今に伝わる能『柏崎』は、訴訟叶わず空しくなった没落武士柏崎殿の妻が、遁世し行方知れずになった吾が子を尋ね、物狂いとなって善光寺の女人結界の内陣に推参し本尊に祈りを捧げる。その念仏の狂いを契機としてそこに聖となった子と邂逅する、という筋立てである。それは、同じく女人禁制の結界である高野山を舞台とした、世阿弥自筆能本を伝える『多度津《タダツ》の左衛門』と同様、霊地独特の習いを前提とした曲である。強い思いゆえの〝結界破り〟が却って霊地の〈聖なるもの〉のはたらきを喚起するという、それは唱導劇とも呼ばれる霊験能の本質的な構造をよく示すものだろう。[43] 結界破りの趣向こそ無いが、やはり三国伝来の縁起を伝える生身釈迦、清凉寺の本尊の許で催される大念仏に推参して狂乱のうちに念仏踊りを見せた曲舞女《くせまい》の母が、生き別れとなった吾が子と巡りあう『百万《ひゃくまん》』も、それぞれの霊場を舞台として、その本尊の霊験の奇蹟を顕わすために、誰しもが心に響く愛別離苦の物語として巧み出されたドラマであるといえよう。[44]

中世の〈聖なるもの〉の祭儀や顕現をめぐって、霊地の世界軸が交錯する格別な霊場として改めて注目されるところが、仏法最初の寺とされる難波の四天王寺である。この天王寺の霊地としての性格を規定する根本的なテクストが、本願である聖徳太子の御自筆として、その真正性を証すために本文の上に太子の「御手印」を捺《お》した『四天王寺御手印縁起〈本願縁起〉』[45] である。その識語には「皇太子仏子勝鬘」の署名を加え、太子自ら中心伽藍敬田院已下四箇院の創建から寺領寄進に至る資財帳まで、後世にこれを侵す者に罰が下される誓言を含む。それは後世に流布する「太子未来記《みらいき》」の源流をなす〝中世神話〟の祖のひとつといえよう。そのテクストの最大の焦点が、この伽藍を「釈迦如来転法輪所、極楽浄土東門中心」と位置付ける一句である。いわゆる四天王寺式伽藍として、南大門から塔、金堂、講堂など南北軸で配置される古代寺院空間のうち、その西門が極楽浄土へ到る「東門」の中心として転換され、あらたに聖別される。しかもそれは釈迦転法輪の地として寺院成立を遡る根源に設定された〈聖なる座標〉としての東西軸なのである。西門の西方、難波の海に面した寺域の入口には鳥居が建てられ、その額銘にこの句が掲げられた。ここは、現世に開かれた浄土への扉口であった。

院政期には、『拾遺往生伝』巻上仙命伝にみるように、「太子手印記」すなわちこの『御手印縁起』に示された霊地のコスモロジーを拠《よりどころ》として、諸国から浄土願生者である念仏聖たちが集まり、やがて、この西門と鳥居の間には念仏別所が設けられ、往生講などが営まれて、鳥羽法皇までも結縁するに至る。(46)『後拾遺往生伝』巻上永暹伝は、出雲鰐淵寺の持経者永暹が天王寺にて百万遍念仏を満たすと来迎の瑞夢を感得し、天仁二年(一一〇九)、天王寺の西門において修した念仏が果てた日に太子の御墓所に赴いて往生を遂げたという。これら『拾遺』と『後拾遺』の両往生伝の編者、三善為康もまた天王寺を深く憑んだ浄土願生者であった。『拾遺往生伝』序には、彼が夢中に臨終の刻《きざみ》に弥陀仏の来迎に逢い、その約定を蒙って、実否を確かめるため、康和元年(一〇九九)に天王寺に参り、百万遍を満《み》てて金堂に詣って太子の聖遺物である舎利に祈り、出現の奇瑞を感得する。その行業は、往生伝中の往生者たちのそれと明らかに呼応しているのである。

太子の縁起が、あらたな信仰の軸をめぐる浄土願生者たちの運動を喚びおこすことは、やはり『拾遺往生伝』巻上安助伝に見事な例がみえる。彼の檀越、河内高安の河瀬吉松の夢中に、所領の苑林にある庵室に金色の安助をみるところ、現《うつつ》に上人が訪れ、この地が天王寺の東門に当り、「定めて知りぬ、極楽東門の中心なることを」と告げ、ここで夕陽に日想観を修すべき適地として住し修行を重ね、長久三年(一〇四二)に往生したという。それは河内六万寺往生院の縁起でもあるのだが、このように、霊地の東西軸の延長線上にあらたな霊地が派生する運動は、天王寺において殊に顕らかである。同じく『拾遺』巻下永快伝の記すところ、治暦年中(一〇六五―六九)に、彼は彼岸の中日に天王寺へ詣で、念仏百万遍を満て「海に臨みて滅せり」と、この霊地での往生を更に西の難波の海辺に出て遂げることもなされた。更に進んでは、その海の中へ入って、入水往生を試みることもあったのである。(47)

『後拾遺往生伝』巻下行範伝に、世間の無常を観じ、大治年中(一一二六―三一)天王寺に詣で一心に念仏し、衣のうちに砂を盛り、舟を出して海上に至って投身、瑞相のうちに沈んだという。但し、同行の夢には極楽でなく都率内院に生じたと告げ、その図相を指し示したと結ぶ。記録から知られる入水の例は、六波羅密寺近辺から発掘された入道西念の『極楽願往生歌』に伴った二種の供養目録の願文にみえるところである(48)。西念は「伝聞、天王寺之西門者、極楽之東門通」として保延六年(一一四〇)八月に天王寺に詣で、仏経供養の後、その目録を頸に懸けて西方海上に舟を出し投身入水した。しかし未だ死期に至らず延引し、二年後の永治二年(一一四二)、自宅中に穴を掘り儲けて往生の地とした。その命終に至る間、改元して康治元年六月に『極楽願往生歌』を詠じたのである。入水往生は、物語の次元で、まさしく劇的な最後として語られる。『平家物語』の延慶本と長門本、そして『源平盛衰記』に見える髑髏尼《どくろのあま》の哀話がそれである。平家の残党狩りの酷烈を語るうち、我が子を殺された平経正の女房がその首を懐《いだ》きながら上人の勧めにより出家し、天王寺で百日念仏の後に入水して果てる。延慶本と長門本は渡辺川(橋)とするが、『盛衰記』では天王寺の海として、見聞の人々による瑞相が説かれる。それは、天王寺西門念仏に集う聖や尼たちの間に立ち交って成し遂げられた、覚悟の往生である(49)。

しかし、西念の「投身入海」が未遂に終ったように、誰もが理想的な入水往生を果たせるわけではない。その一方で、この霊地では、誰もが遊び戯れのうちに浄土へ赴くことを生きながら体験する習いがいつしか生じた。天王寺別当をつとめた慈円は、この霊地と太子を鑚仰することを主題とした『難波百首』のなかで、それを次のように詠む。

吾が寺の浄土まいりの遊びこそ戯《たはぶれ》ながら真《まこと》なりけれ

この「浄土参《まい》りの遊び」の姿は、『一遍聖絵』巻三、一遍が天王寺に詣でる場面に描かれる。その構図は、まさ

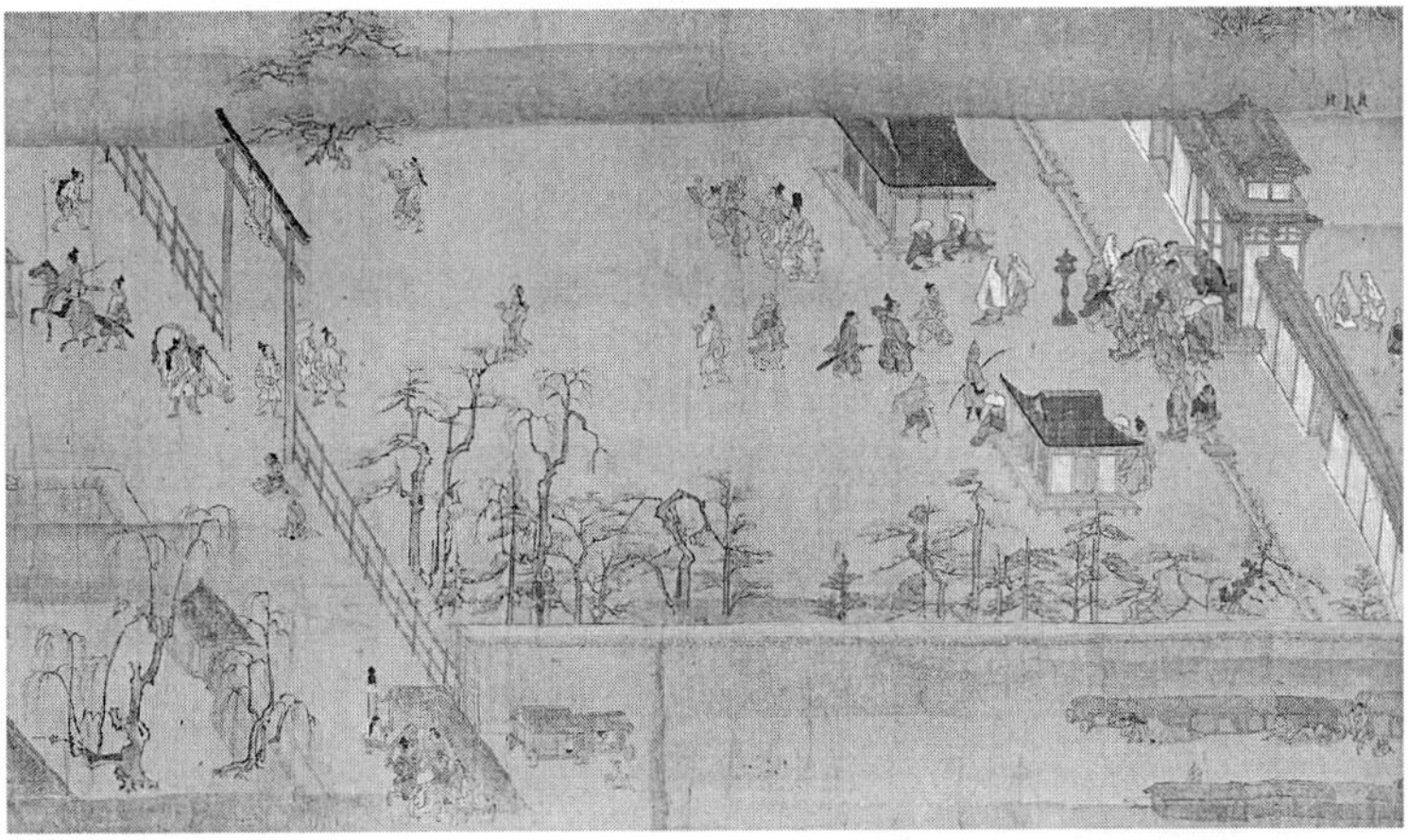

図4 『一遍上人絵伝』第二巻・天王寺西門から鳥居の景観

に天王寺の西門を中心とする東西軸に沿って伽藍と境内をあらわし、西門前から鳥居の間を目隠しして手探りで歩む人びとが、それを貫く動線をあきらかに体現している。これを「遊戯《あそびたはぶ》れ」と言うのは、西門から目隠しして一心に西方(の浄土)を念じて歩みを運び、首尾よく鳥居の間を通り抜ければ極楽往生間違いなしという、子供の遊び「目無《めんな》い」の応用である。浄土願生者たちは、それを一種の卜占ともいえる参詣儀礼に仕立てたのだろう。[50]

こうした遊戯のしわざは、西門をへて鳥居から難波の海を望み、あの安助上人が遥か東の山麓から修したような、西方に没する夕陽に日想観を重ねること、つまり最も容易な浄土に到る観想行の営みなのである(図4)。

天王寺の霊地をめぐっては、遊戯から芸能へと次元を超出するワザも生起した。それは、またしても霊験の奇蹟の劇化《ドラマ》である。元雅の作になる能「弱法師《よろぼし》」は、説経「しんとく丸」と根を同じくする物語(その元には仏典に由来するクナラ太子説話がはたらいている)であるが、説経は、継母の呪咀により業病を受け「違例者《いれいじゃ》」となり失明した長者の子俊徳丸が天王寺西門傍の引《いん》声《ぜい》堂の床下に乞食となる流離を語る。能は、この西門前を舞台に、彼岸中日、時正の日に父長者が施行を引き、そこによろぼいながら俊徳が登場し変り果てた姿で再会する。この弱法師は、むしろ盲目の乞者となったが故に、避け難い運命として己が身に蒙った業苦を逆縁として西門に立ち、自ずからなる日想観を凝らして沈む夕陽から彼方の島山、そして仏の御国を観る。つまり心の眼を開いて浄土を感見するという開悟の歓喜が一曲の頂点を成す。それは、同じ霊地の場において遊び戯れながら興ぜられる浄土参りを、伝承物語の悲劇のうえに重ねて、それをさながら〈聖なるもの〉感得へと転換し昇華させる、演劇ならではのカタルシスを実現したものといえよう。天王寺の如き、聖俗が交錯し重層する境界的な霊地にもたらされる奇蹟は、さきの「柏崎」や「百万」とも等しく、あくまでも人間の愛別離苦の相において顕わされる。それは、神が人であった(「仏も昔は人なりき」『梁塵秘抄』今様歌)昔の苦悩を語る、中世の本地物語と等しい思惟のあらわれであった。

天王寺はまた、南方(南山)のふたつの霊地に赴く路の起点である。都から遥かに詣でる者にとっては、南北の道の中継地でもあった。すなわち、熊野山という、王から庶民まで等しく目指す霊地への道程である紀路の始まりは、ここ天王寺の南大門であり、その前に今も置かれる「熊野権現遥拝石」が巡礼参詣の出発点となり、道中の九十九王子の第一が阿倍野王子である。また、もうひとつの「南山」、つまり弘法大師の入定して坐します高野山への参詣路(高野道)もここに発する。加えて、「俊徳道」や「太子道」など、幾つもの霊地を繋ぐ伝承に彩られた路が、ここに結ばれるのである。

五　霊験所に顕われる像――影向と感得

「日本第一大霊験所」と称する熊野は、南方最大の霊地であり、文字通り「海山のあひだ」（折口信夫）の辺路《へじ》を経て辿りつくところであった。それぞれに大きな自然地形上の特色をもつ三山から成り、金峯・大峯の山岳抖擻修行と一体化した複合霊場として比類ない規模を有する。およそ一〇世紀に始まり、一二世紀には爆発的に全国規模で盛行した熊野詣は、宇多院、花山院、そして白河院以降歴代の治天の君がその王権の許で領導する、中世社会の全てを覆う巨大な運動であった。その参詣作法は、前行の精進屋入りから厳重な潔斎を伴う、垢離《コリ》や祓《ハラヘ》を修しつつ法楽の読経から和歌芸能を捧げて長途を歩む苦行であって、還向《げんこう》作法に至るまで、それは〈聖なるもの〉に参入し〝生まれ清まり〟を遂げる全人的な宗教経験が籠められた過程《プロセス》であったといえよう。その試練は、熊野詣の始源を記録した神話的テクスト「役行者熊野山参詣日記」（慶政写『諸山縁起』所収）に鮮烈に表現されている。[51]

その地《トポス》そのものが〝死の世界〟であり他界というべき熊野は[52]、古代以来、ここに赴いた修行者によって究極の苦行としての捨身が果たされるところである。『日本霊異記』巻下「法華経を憶持する者の舌、曝《さ》れたる髑髏の中に著《つ》きて朽ちざる縁第一」には、菩薩と称えられた永興禅師の許に訪れた持経者が、熊野河上流の山中で投身したその屍がなお法華経を誦し続け、髑髏の舌は生ける如く鮮かで朽ちず、そこから声を発し続けていたことを霊異として語る。なお那智奥院の妙法山には、この永興の火定塚の遺趾を今に伝えている。

熊野における捨身行の伝統は、明治一九年に那智滝より投身入定した実利《じっかが》行者まで続いていた。[53]『平家物語』の文覚荒行も、それを背景に語られたものだろう。中世には、捨身行を遂げた行者が、その功徳で王に転生したが、残った髑髏が巌にはさまれ王の頭悩となり、熊野詣を遂げその供養を果たすことで平愈するという奇妙な因縁譚が説き出された。それは宇多院（『三僧記類聚』）、花山院（『古事談』）、後白河院（『吉口伝』他）など、歴代熊野詣の画期をなす王について等しく伝承される。[54]こうした、熊野をめぐって行者から王まで貴賤の参詣者たちが織りなす、捨身をその究みとする行動は、熊野において最も鮮かに顕われる、〈聖なるもの〉の現前に遇い、または向き合うための手立てなのである。それは、死を突き抜け、もはや死穢をもはばからない、骸《むくろ》さながら〈聖なるもの〉と化してしまうような次元である。

熊野では、山中ばかりでなく、那智の海辺、浜の宮補陀落山寺において舟に乗り、補陀落を目指して南海に赴く、補陀落渡海行者の伝統が中世末期まで存続していた。(55) そのイメージは、那智参詣曼荼羅の中に図像化され、文覚荒行の那智滝と共にこの霊地を象るイコンの一環をなしている。物語の次元では、没落した平家一門の嫡流なるべき維盛が屋島より離脱し、高野山で出家遁世した後、霊地を巡礼し、ついに那智の沖で入水して果てる。『平家物語』の「維盛入水」段において、その自死は既に宗教的行儀として極楽往生を願う行為として描かれる。これも補陀落渡りを前提として語られてはいないか。(56)

補陀落渡海のあきらかな記録は、『吾妻鏡』(天福元年〈一二三三〉五月二七日条)である。同年三月七日、智定房なる者が那智浦より補陀落山に渡ったと注進された。彼はもと下河辺行秀なる武士で、那須野の狩において将軍の御前で鹿を射損じた恥辱に耐えず逐電、いつしか熊野山で持経者となった。使が将軍の許へ持参した智定の「状」は、彼の在俗より遁世後の行状が詳しく記され、その渡海の状況まで詳明に伝えている。往生人と同様、彼を見守り記録した者が居たのだ。

熊野に限らず、南海、辺路の果てるところは、等しく補陀落渡りに赴く地であった。『発心集』巻三「或る禅師、補陀落山に詣ずる事。付《ツケタリ》賀東上人の事」の某上人は、臨終正念を期し「身灯」を試みるも詮なしと、「この身ながらも詣《まう》ずべき所」補陀落へと志し、土佐国より船を儲けて南へ去る(この地が室戸であることは、添えられた賀東上人の例《ためし》によって知られる)。渡海にあたり「妻子留るに甲斐なし、空しく行きかくれぬる方を見やりてなん、泣き悲しみける」と、恩愛深い者たちの別離の悲歎を書き添えることが注意される。行秀入道の場合と同じく、必ずこれを見送る縁《ゆかり》の人々がそこに立ち会って居たのである。

　足摺岬にも補陀落渡海を伝承する。『とはずがたり』巻五、遁世の尼となって西国・四国を巡礼する後深草院二条が語るのは、この岬の観音堂（金剛福寺）の、参り集《つど》うあらゆる人々を隔てなく受け入れる無縁所の縁起である。慈悲ゆえに食を与えた小法師のみが、観音の正躰を顕わした小僧と同船して南海へ漕ぎ去って行くのを、坊主は遥かに望んで悲泣し足摺りした。その跡が巌の面に今に留まる、という。これも、彼方に去って行く者を後に留まって見送るものの悲歎の名残りなのである。そうした足摺りは、明恵の制作になる『華厳縁起』義湘伝の一節、出帆した義湘の船に遅れて悲泣する善妙の姿にあざやかに描き出されている。

　足摺りは、更なる南海の辺路の極み、中世の国土の果てにある鬼界島に流された『平家物語』の俊寛の物語の頂点をなす場面でもある。赦免された者たちの帰る船に追いすがり、ついに空しく海辺で足摺りして身もだえする流人俊寛の姿は、補陀落渡りの行者の反転した姿を想わせる。この物語が単なる流人の悲話でなく、宗教的救済を説く寓話であることは、鬼界島において康頼が始めた熊野詣の真似事に背を向ける不信者俊寛だけが赦免に漏れ、いわばその応報として現世の異界に取り残されたことで明らかだが、その極みにする足摺りこそは、その象徴というべき所作といえよう[57]。やがて有王丸が妻子の消息を携え来ったとき、生きながら餓鬼の姿に堕していた俊寛は、ついに食を停《とど》め、覚悟の臨終を迎えて、いわば断食往生を遂げるに至るのである。

　辺路から彼方へと赴く補陀落渡海をめぐる〝宗教的人間〟の行動と所作は、熊野詣する人々の希求し、到ろうとする身ぶりでもあり、やがてその先に顕われるであろう何ものかに出逢い、見あらわすのは、聖《ヒジリ》や行者だけではなかった。男女を嫌わず受け入れる熊野の霊地にあって、それは女人のうえにも果たされる。

和歌説話として伝承される「名取の老女」と呼ばれた奥州名取の里の女人は、年来《としごろ》深く熊野を信仰し毎年の参詣を欠かさなかったが、漸く年老いて行歩叶わず、遥かの路を経て参るのを断念しようとすると、そこに神より示現の歌が下される。清輔『袋草紙』下巻、希代歌に「神明の御歌」の例《ためし》として左注と共に挙げられたのは、次のような一首である。

みちとほし年もやう〳〵おいにけり　思ひおこせよ我も忘れじ

これは、陸奥国より年ごとに参詣しける女の年老いたりし後、夢に見たる歌なり。

『新古今和歌集』神祇歌には、この歌が二句・三句を「程《ほど》も遥かに隔たれり」と異なって収められ、詞に「この歌は、陸奥に住みける人の、熊野へ三年詣でんと願を立てて参りて侍けるが、いみじう苦しかりければ、いま二度を如何にせんと歎きて、御前に臥したりける夜の夢に見えけるとなん」と、その霊験譚のかたちを異にする。これらを起点として中世に流布した、この熊野夢中示現神詠歌の伝承は、さまざまな文献にあらわれるが、殊に興味深い伝承の場とその実態を示すのは、女人の熊野参詣の道中に先達によって、まさに道者の女人に向けて老女と重ねるように語られる、実意『熊野詣日記』(応永三四年〈一四二七〉)であろう。(58)

一方、室町後期には、これを「名取」の地の老女のこととして、地元の奥州名取熊野堂の縁起(永正二年〈一五〇五〉本奥書『熊野堂縁起』)が伝わる。(59)そこには、保安四年(一一二三)に老女が熊野三山を勧請したと伝え、年老いて参詣が叶わなくなったところ、保延年中、熊野山伏の夢に梛《なぎ》葉の虫喰の神詠として示現した歌とする。山伏はこの歌を携えて奥州へ下向、この地が熊野に異ならぬ霊地とみて神を祀り、老女が幣帛を捧げて祈念し、祭文を奏せば、権現の使者護法善神が来現、これによって本宮証誠殿の傍らに老女の宮を建てた、という。

この縁起と等しい霊験を演劇化したのが、能「護法」（寛正五年〈一四六四〉『糺《ただす》河原勧進猿楽日記』に「名取老女」として所見）である。[60] これは、神能のうちでも古態な〝護法〟型と呼ばれて霊験能の典型とされるが、老女の祈りに応《こた》えて後シテとして護法善神が登場、ハタラキの後、祝福の神託を告げて昇天する。あるいは、備後の比婆荒神神楽の能「金剛童子ノ法者《ホサ》」は、その詞章を「護法」と共有しながら、熊野音無川上に住む垢離《コリ》の金剛童子を使者とする法者（修験者）がその功力を以って童子を拝さんと祈請すれば、童子が影向して行者を祝福する。それは護法を駆使する験者の威力を発揮する祭儀そのものといえる。

名取老女をめぐる説話伝承と祭儀芸能のふたつの位相を、宗教図像としてイメージの次元に象った中世の遺品が、檀王法林寺蔵「熊野権現影向図」である。禅僧南山士雲の画讃を付し、元徳元年（一三二九）までに制作された、熊野神（本宮証誠殿）が本地阿弥陀如来として熊野山中に顕われた〈聖なるもの〉とこれを拝する人々の姿を描いた、尊像画像であると同時に霊験説話画といえよう。付属する近世の由来書は、これを「熊野権現示現位立空中の弥陀霊像」と号し、奥州名取里の老女が感得した霊像

図5　熊野権現影向図（檀王法林寺）

とする。老女は四十八度の参詣を立願し、齢七十となって一度を残して叶わず、名取に三山を勧請したところ、僧が虫喰歌を現わす梛葉を与え、この神詠を得て権現の化現と知り、強《し》いて参詣を企て神体を拝さんと誓うに、浜の宮において紫雲立ち虚空の中に涌現した仏―神を拝す様《さま》である、という。たしかに、画面右下の小祠の前に小さく手輿に乗った尼と随う数人の道者が、山岳の間から湧き立つ紫雲の裡より上半身を顕わした巨大な弥陀尊を拝している。この、影向する弥陀の図像は、垂迹画であると同時に、紛れもなく山越阿弥陀図との相似が認められよう。そして、この画幅の宗教テクストの一部を成す画讃が注目される。士雲は建長・円覚両寺の住持をつとめた当代一流の五山僧であるが、その讃は「思心尼」に授与したとする次のような七言詩である。

授誡遠詣熊野山　尊相高顕紫雲瑞　満路万人都不見　有此一類得拝観
須信百年夢破後　必随三尊向西還　正知楽邦不在外　只有衆生正念間

「紫雲」中に顕われた弥陀尊を拝す「一類」の中心は、確かに名取老女を想わせる尼であり、その傍には満開の椿が描かれて彼女が熊野比丘尼であることを示唆している[61]。讃が端的に教えるように、この仏は熊野の霊地に顕われた〈聖なるもの〉であり、ここは往生の地であり、「楽邦」すなわち浄土は拝する衆生の「正念」のうちに在る。つまり〝己心の浄土〟をそれは指し示しているといえよう（図５）。

熊野という霊地における〈聖なるもの〉顕現の霊験伝承は、神詠を媒ちとして、熊野詣という修行儀礼の裡に、勧請・奉幣・祝詞祭文等の奉唱など祭儀の場がさながら影向の奇蹟劇として巧み出され、或いはその奇蹟の場を尊像と共に図像化するという、諸位相の複合した宗教テクストとして生成されたのである。

熊野はまた、そこに詣でることにおいて仏神の顕現に逢うことを通して、自他の往生を欣《ねが》い、開悟に至る聖《ヒジリ》の集うところであった。『一遍聖絵』巻三には、熊野へ詣でる一遍が、道中で或る僧に賦算《フサン》の札《フダ》を「一念の信」起こらずと拒まれ、強いて授けたものの疑念やまず、本宮証誠殿に通夜の間、山臥姿で現われた権現の夢中の教誡に、行者のはからいで往生するのでない、既に往生は決定しているのであり、「信不信を撰ばず、浄不浄を嫌はず」その札を賦《くば》るべし、と示されてそこに「融通念仏勧むる聖」としての確信を得た、という。名取老女のそれとは対照的ながら、熊野における霊験は共に往生への導きをその霊地に至る道のうえで夢に示すのである。

その一遍を知識として、彼の導きによって往生を遂げる人々の姿もまた『聖絵』の描くところである。およそ七例を数える往生譚は、編者聖戒により組み込まれ、多くは末尾に編集句というべき一遍聖者化の文脈が付与されているが、その最初の鰺坂《あじさか》の入道の富士川での入水往生（巻六）と最後の花の下《もと》の教願の臨終（巻十）は、そこで一遍が手向け、かつ交わした詠歌と相まって深い印象を与えずにおかない。そして、聖は自らの死を覚悟したとき「我臨終の後、身を投ぐる者あるべし」と告げ、我執により空しく捨身することを制すのだが（巻十二）、果して兵庫での入滅後、「遺誡のごとく、時衆ならびに結縁衆の中に、前の海に身を投ぐる者七人なり」とあって、その光景は絵にも描かれる。これを聖戒は「身を捨てて知識を慕ふ心ざし、半坐の契、同生の縁、あに空しからずや」と讃えるのであるが、それは一遍の本意とはいささかならず齟齬しているようである。

六　往生を妨げるもの――『発心集』における往生と魔

源大夫往生譚として知られる『今昔物語集』巻十九「讃岐国多度郡五位、法を聞き即ち出家する語」は、今もこれを読む者に強烈な感動を与え続ける物語である。導師に仏法の功徳を問い、聴くや否やただちに発心出家するばかりか、ひたすら西へと歩み出し、「阿弥陀仏よや、おい〱」と喚《よ》ばう。鉦《かね》の音と共に響くその声は、最後に海を望む岬の樹上で、微妙な「ここにあり」の声に迎えられ、そのまま往生を遂げた。その瑞《しるし》に、彼の口からは一本の蓮花が生じていた。これは、どのような往生と名付ければよいだろうか。

鴨長明による『発心集』は、さきだつところの往生伝を前提としながら、これらとは異なる発心ひいては往生の姿を描きだすことを試みた、中世仏教説話集の起点に立つテクストである。その巻三には、この源大夫往生譚が一連の往生譚の冒頭に配されている。物語の大筋は同じだが、『今昔』のテクストが放つインパクトはこれになく、「西ざまに向きて、声のある限り、南無阿弥陀仏と申して行く」というように源大夫の行動も洗練された表現であり、その声も常の念仏と化している。その往生も、西の海際に差し出でた山の端の岩の上に居りながらなされて、『今昔』の樹上往生と異なる。何より、その舌から生じた青蓮花は、国司を介して頼通の許へ献上された、と結ばれ、とすればこの異相往生の証《あかし》は宇治の宝蔵に納められたのであり、この奇蹟は、此世の極楽である宇治の御堂を造りだした権力の許に収めとられたことになる。

この後に続くのが、前述した「或る禅師、補陀落山に詣ずる事」であり、捨身行としての補陀落渡りによる現身往生である。次は「或女房、天王寺に参り海に入る事」。娘に先立たれた女房が悲歎の余り天王寺に詣り、御舎利に手筥と衣を奉り、三七日参籠し念仏の末に海に遊び、突如投身し入水往生を遂げる。これに奇瑞と夢記が加えられ三七日に来迎を感得する。その次の「書写山の客僧、断食往生の事」では、持経者の客僧は臨終正念による往生を願うが、捨身にあたって身の痛みなく妄念の起きぬ方法を希う。「身灯、入海なんどは事様《ことざま》も余り際《きは》やかなり、苦しみも深かるべければ」と、断食して安らかに終焉しようとする。ところが無言行で断食往生を目指すのを書写の長吏が思わず披露してしまい、衆人雲集して礼拝する。この喧騒に苦痛を覚えるも何も言えぬ客僧は、ついに這い隠れて姿を消す。この皮肉な結末を、「濁世の習ひ」は、人の誹謗や天魔の心をたぶらかす妨げは必定、と教訓する。しかし、発心して臨終正念を覚悟するなら、断食や身灯、入海によっても往生は可能だとして、善導でさえ樹上より投身往生を遂げた、と例を示す。

更にこの後に説かれるのが「蓮花城入水の事」である。世間に蓮花城として知られた聖、同法の卜蓮に入水往生の介添を頼み桂河で入水を遂げる(『百練抄』によれば安元二年〈一一七六〉八月十五日のこと)。やがて卜蓮に「物の怪めかしき病」が付き、霊がその口を借りて告げるのは、卜蓮が制止したにもかかわらず「我が心の程を知らで、言ひ甲斐なき死《しに》をして侍り」と悔い、「いかなる天魔のしわざにてありけん」入水の際に未練の心を生じながら死に、「すずろなる道」に入ってしまった、というのである。一話の結びには、あえて「或る人」の教訓として、「諸々《もろもろ》の行《おこな》ひは、皆我が心にあり」と示され、往生も所詮は心によるのだ、という。こうして、『発心集』の一連の往生譚は、ただ一途に往生行をめでたたえるばかりでなく、一歩踏み誤れば堕ちかねない陥穽である「心」のあやうさと表裏のものとして「魔」のしわざと語らせる。

この、臨終正念ひいては往生を妨げる「魔」の姿は、巻四のふたつの話にあらわれる。「肥州の僧の妻、魔となる事」は、『拾遺往生伝』巻下「肥後国聖人失名」の伝に拠っている。年たけて妻《め》を儲け、落堕の体ながら、後世に思いを放たず観念修行する僧、いよいよの臨終に至って、志深く仕えた妻には知らせず、めでたく命終した。これに妻は怒り狂い絶入し、倶留孫仏の時より菩提を妨げようと生々世々に転生しつつ親しみ謀《たばか》り付きまとったが、最後のところで取り逃した「妬《ねた》き業《わざ》かな」と喚《わめ》き叫んだ、という。加えられる教訓が「人の心は、縁により靡き易し」。いかに発心しようと悪縁に逢うおそれはつきまとうのである。次の「或女房、臨終に魔の変ずるを見る事」では、この女房の臨終の際に、善知識の聖は、女房の前にあらわれた火車、天人、僧など様々な変化を全て魔として退け、最後に正念に導いたという。その「魔」は、いかに尊き上人ですら、その作善業を名聞や我執の為にすることで彼の心を侵し、やがてその妄念は彼そのものを異なるものに変化させてしまう。巻八の「或る上人、名聞の為に堂を建て天狗になる事」、次の「仁和寺の西尾の上人、我執にて身を焼く事」は、そうした纏末を具さに物語る。そこに加えられる教訓は、「いみじき功徳を作るとも、心調《ととの》はずは甲斐なかるべし」であり、または「あたら身命を捨てて、さる心を発《おこ》しけん」として、魔と化すかどうかは、やはり「心」にこそ依るのであり、そこに避けがたく測り知れぬ困難をみるのである。

このような魔への堕落は、しかし未来永劫の堕獄ではない。巻二「真浄房、暫く天狗に作《な》る事」が、その魔となる因縁とそこからの出離の筋道を語っている。鳥羽僧正の弟子真浄房は、往生を願い遁世して三昧堂の供僧となる。やがて入滅する僧正と後世を契り、念仏一筋でなかった隣坊の僧は終り目出たかったのに、彼は物狂おしいまま死んだ。人々が怪しむに、老母に彼の霊が託《つ》いて、恩愛深い師との契りにより「思はぬ道」に引き入れられたと語る。「天狗と申すことは、あることなり」と説き、しかる後にやがて得脱したことが示される。これは、中世に至って成立した「魔道」ないし「魔界」という世界に堕ちた人の霊魂の証言なのである。

魔界とは、中世独特の、仏法によって生みだされた世界認識といえよう(62)。その位相を端的に示すのは、鎌倉時代制作の「地獄極楽図屛風」(金戒光明寺蔵)である。生死の大海を隔てて彼方の極楽浄土と此岸の人界および地獄が上下に鮮やかに描き分けられ、その中に往生を願い来迎に預かる者や造悪ながら救済される者などをあらわす諸相の一画に、草庵中で一心に祈る行者を塀の陰から窺う天狗の姿が、文字通り垣間見える。それは、六道や十界という仏教世界観の枠組の〈外部〉でありながら、同時にそれらの境界に常に接して往還ないし侵犯可能な、

〝中有〟の領域である。それについて、中世の〈知の体系〉から捉えた輪郭は、天台記家の学僧光宗による『渓嵐拾葉集』「怖魔」帖に参照される。また、物語の次元では、延慶本『平家物語』と『源平盛衰記』巻八に収められた、後白河法皇が天王寺で灌頂を遂げた際に住吉社で参籠し、そこで己れの〝嬌慢〟をめぐって住吉明神と〝天狗問答〟が交され、魔界とその住人である天狗の世界について詳しく語られる[63]。『閑居友』を著した慶政により記録された『比良山古人霊託』は、隠岐にて遠島のままついに帰洛が叶わなかった後鳥羽院の崩御した延応元年(一二三九)に、霊病を患った九条道家に憑いた霊「古人」すなわち天狗との問答記であり、それは同時に中世における魔界のすぐれた現況報告《ドキュメント》となっている[64]。「異類異形」の代表としての天狗は、仏法における魔の領分を端的に担う存在だが、そのはたらきは、何よりも往生を障碍することにおいて露《あら》われる。それについて最も印象深く語るテクストは、またしても『今昔物語集』である。

　天狗に関わる物語が聚められた巻二十のうち「伊吹山三修禅師、天狗の迎へを得たる語第十二」は、栄海『真言伝』にも用いられた三善清行『善家秘記』を出典とするものらしい。三修は『三代実録』に見える実在した伊吹山護国寺の僧である。この聖人は「心に智《サトリ》なくして法文を学ばず、ただ弥陀の念仏を唱ふるより他のことを知らず」。すなわち後世いうところの専修念仏の行者であった。来迎の告げを聞き、待ち儲けていた聖人は、西の山の峯の松樹の隙《ひま》より差し出でた金色の光を放つ仏の緑の御頭《みぐし》を見る。「御髪際は金《こがね》の色を磨けり。眉間は秋の月の空に曜《かがや》くがごとくにて、御額《ひたひ》に白き光を至せり。二の眉は三日月のごとし。二つの青蓮の御眼《まみ》見延びて、やうやく月の出るがごとし。又さまざまの菩薩、微妙《みめう》の音楽を調へて、たふときこと限なし」(以下略)。それは、殆ど正真の来迎、あるいは来迎図に描かれた仏のイメージに相違ない。それが現れるところは、あの山越阿弥陀図の山の峯よりさし出でた光り輝く仏の御姿をただちに想起させるだろう。聖人は菩薩のさし出した蓮台に這い

図6 『七天狗絵』(個人蔵)天狗(魔)来迎の図

乗って、そのまま昇天した。誰もが往生を遂げたと思うところ、やがて弟子たちは深山の樹上に縛り付けられ喚《おめ》くばかりの聖人を発見、彼は狂乱のままに死んだ。『今昔』編者がこの話に加えた編集句は、「魔縁と三宝の境界とは更に似ざりけること」であり、それは「智《サトリ》」なくしては弁《わきま》えることができない、という教訓である。この、魔と仏とを弁別する智とは、どのようにして獲得されるのか。その手立てを物語そのものは何も示さない。

臨終正念や往生ばかりか、菩提心の発得(発心)を妨げる魔を如何に脱《まぬが》れ、克服するか。それは、中世の道心を希求する僧たちにとって、極めたる難問《アポリア》であった。ひいては、中世仏教が直面した思想的課題のひとつであろう。『今昔』では法門(法文)に無知な「智」を欠いた行者ゆえに魔来迎に遭ったという。しかし他方では、学侶が学解・学問の「智」を誇

るゆえに堕ちるところとも説かれる。前述した『春日権現験記』にみる法相学匠璋円の霊託は、その報いを示している。その疑問についてのひとつの答えが、璋円の師であった解脱房貞慶による『魔界廻向』表白である（『渓嵐拾葉集』怖魔所載[65]）。そこで彼は、己の先達たる中古以来の顕密修学の有徳の高僧たちが多く嬌慢の為に魔界に堕していることを歎き哀れみ、彼ら霊の悪趣からの出離解脱を祈る。それは、中世に出現した全くあたらしい自省の詞《テクスト》といえよう。その詞は、まず「仏子」自身の、出離を欣《ねが》い仏法を受くるも常に世俗の事を思い名利に汚《けが》され、日夜の所作は皆魔業と化している、という懺悔に始まる。菩提心を忘失すれば忽ち魔にとらわれるのが我らの業である。とりわけ命終の時こそ魔界の難は行業至れる人すら遁《のが》れがたく、それは「我聞く、設《たと》ひ魔王の形を化すと雖《いへど》も、悟れば則

ち真仏となり、設ひ真仏の来迎すと雖も、迷へば還りて魔界となる」という、あの魔来迎に及ぶものであった。これを脱れ臨終大事を成就するには一念の誠こそ肝要、と行者の用心が示される。より劣機の当代において魔の障難は必至であるが、そこで改めて魔界に堕した「彼の諸霊」に告げられるのは、この悪趣に沈むことは汝等の「心の過《トガ》」であるが、その「心の底」に仏種を具《そな》え、一念の改悔により妄を出で真に帰さんことを祈り、仏法の力をもって救うために一期の善根を廻向しよう、と誓うのである。そこで魔界に堕し天狗となった先徳たちの霊に呼びかけ開悟をうながす鍵となるのは、やはり「心」に他ならない。

貞慶の『魔界廻向』が、寺院社会から遁世した聖による魔界に向けて発せられたメッセージであるとするなら、顕密仏教寺院の側からは、その魔界の世界像を正面から主題化した絵巻も創り出された。『七天狗絵』（天狗草紙）は、中世の顕密諸宗寺院社会そのものが魔界と化しているのを絵と詞とで諷刺した複合的な宗教テクストである。その最終巻には、魔の勝利を示す一連の逸話が配され、そこにあの伊吹山聖人の魔来迎も図像化されている（図6）。その果てに登場するのは、当時の仏教界を風靡した一遍聖の踊り念仏と自然《じねん》居士の放下《ほうか》芸の有様である。当代流行の禅と念仏を、彼ら聖《ヒジリ》たちの所業を魔—天狗の所業として批難する、あからさまな差別に満ちた視線を構えることによってうかびあがる、意図的な戦略がそこには窺われる。(66)

おわりに——往生する西行というテクスト

願はくは花の下《もと》にて春死なんその如月《きさらぎ》の望月のころ　（『山家集』）

その詠歌のごとく、西行は建久元年（一一九〇）二月一六日、河内弘川寺にてその生涯を閉じた。その消息を伝える慈円『拾玉集』は、この願った通りの入滅を讃える自他の歌人の詠を収めて、この希有な〝歌聖〟を鑽仰すると共に、彼を往生人として永遠に記念したのである。

往生伝をその基盤のひとつとし、豊かな展開を遂げた中世説話の運動は、やがて、この西行を撰者に仮託し、善通寺の草庵にて書かれたと設けなす一篇の「集」を生みだす。作中の「西行」は諸国を旅し、見聞し、出逢い、また架空の伝記を読む。そこで見知ったところの発心遁世者、隠者、そして往生人の姿を次々と取りあげ、己の述懐を延々と添える。これに彼の巡った寺社霊地の景観や縁起、霊験が交えられ、和歌のみならず詩文の故事も交えて全九巻を成す。この『撰集抄』という、他に類のないユニークなテクストは、たとえば往生という一点に限っても、「西行」はその目撃者であり証人として、或いは伝記から有難き例《ためし》として採用した、およそ従来の往生伝編者の権能を全て兼ね備えた全能者として君臨する。[67]そのうえで中世日本の国土全てにわたる領域を回国修行する行動[68]と結びついて、仮想の〈西行好み〉の世界が創りあげられているのである。

同じく鎌倉時代に、おそらく絵巻として成立した西行の一代記が『西行物語』である（図7）。数多の諸本を派生させ、近世には板本としても流布するが、その根幹は、『新古今集』に入集した西行歌を中心に、これを経《たていと》とし、西行の生涯（歌の名誉、遁世、諸国遍歴、邂逅譚）を緯《よこいと》として（そのうちの重要な逸話の幾つかは『発心集』に拠っている）、ありうべき西行一生涯の草紙が創出された。そこには、西行歌を種子として、発心遁世の聖としての西行、抖擻修行者としての西行、参詣鎮魂する巡礼者としての西行、善知識としての西行など、さまざまな〈西行〉がひとつのテクスト上に統合され、それらは全てが最後の東山双林寺での「願はくは」の詠の通りに往生を遂げるところへ収斂するのである。その歌と共に、物語も自らの発願を述べるようなかたちで自ずと成就するような宗教

図７　『西行物語絵巻』（サントリー美術館）西行往生の光景

テクストを志向している。[69] つまり『西行物語』は、一篇を挙げて西行ただ一人の往生伝と化している、といえよう。それは、祖師高僧伝のそれとは全く異質な、〝物語〟において成就された往生なのである。

古代から中世に至る、往生をめぐるテクストの諸相——そこには、ひたすら彼岸に赴こうとする人々の姿はたらきや、冥界と往還した人々の言説も交錯する——それらの響きあうなかに、仏教がもたらした世界像を受容した日本の世界観の変容が、あざやかに顕わし出されている。彼方の浄土は、そこでは寄り来る神霊の着く海辺や、立ち昇る霊魂の去る山岳に観念され、あらたに生まれ出る神を斎い祀り、生まれ変わる生死の境界を超越する修行によって、国土をいわば座標化するような運動が、中世日本の世界像を形成することになる。[70]

乱世を惹きおこし現身《うつしみ》ながら魔界に堕ちたと伝えられる帝王の魂に喚《よ》びかけ（よしや君昔の玉の床とてもかからむ後は何にかはせむ／『山家集』）、地獄絵の唱導を歌のうえにさながら再現した（『聞書集』地獄絵を見て）西行は、まさしくその運動の前衛であった。「仏には桜の花を奉れ我が後の世を人とぶらはば」と花を詠じ、「闇晴れて心の空にすむ月は西の山辺や近くなるらむ」と観心の月を詠《なが》めた生得の歌人の、その往生は、人々の庶幾する理想の往生人としての西行を生みだすテクスト生成の運動をも含めて、これまでに見わたした壮大な精神史の流れに、たしかに棹さすものではなかったか。

(1)『死者の書』初版は青磁社(一九四三年)、角川書店版(一九四七年)、中央公論社版全集(一九五三年)は第二四巻所収。
(2)「山越しの阿弥陀像の画因」は初出(一九四四年)、全集第二七巻所収。
(3)富岡多惠子『釋迢空ノート』岩波書店、二〇〇〇年。
(4)安藤礼二『光の曼陀羅　日本文学論』講談社、二〇〇八年。
(5)新編『折口信夫全集』第二七巻、中央公論社、二〇〇〇年。
(6)井上光貞・大曾根章介校注『往生伝　法華験記』日本思想大系、岩波書店、一九七四年。
(7)荒木浩「書物の成立と夢――平安朝往生伝の周辺」上杉和彦編『生活と文化の歴史学1　経世の信仰・呪術』竹林舎、二〇一二年。
(8)元興寺文化財研究所編『日本浄土曼荼羅の研究』中央公論美術出版、一九八八年。
(9)五来重編『元興寺極楽坊庶民信仰資料の研究』法藏館、一九七六年。
(10)出雲路修校注『日本霊異記』新日本古典文学大系、岩波書店、一九九六年。
(11)『神道大系　神社篇11　北野』神道大系編纂会、一九七八年。
(12)村上學「縁起以前――『日蔵夢記』の言説の戦略」『中世宗教文学の構造と表現――佛と神の文学』三弥井書店、二〇〇六年、山本五月『天神の物語・和歌・絵画　中世の道真像』勉誠出版、二〇一二年。
(13)河音能平『天神信仰の成立』塙書房、二〇〇三年。

(14) 注(12)山本前掲書、阿部美香「浄土巡歴譚とその図像化――メトロポリタン本『北野天神縁起』絵巻をめぐって」『説話文学研究』45、二〇一〇年。
(15)「夢記」が冥途蘇生記ひいては託宣記として生成・享受されていく宗教テクストであることについて、荒木浩「宗教的体験としてのテクスト――夢記・冥途蘇生記・託宣記とその周辺」(阿部泰郎編『中世文学と寺院資料・聖教』竹林舎、二〇一〇年)参照。
(16) 今野達・馬淵和夫校注『三宝絵　注好選』新日本古典文学大系、岩波書店、一九九七年。
(17) 後藤丹治『改訂増補　戦記物語の研究』大学堂書店、一九七二年。清澄寺本は『宝塚市史　第四巻(資料篇一)』所収(一九七七)、旧温泉寺蔵龍雲院本は錦仁『東北の地獄絵』三弥井書店(二〇〇三)所収。
(18)『臥雲日軒録抜尤』宝徳四年(一四五二)四月十八日条。
(19)『日本絵巻大成』25、中央公論社、一九七八年。
(20) 萩原龍夫校注『寺社縁起』日本思想大系、岩波書店、一九七五年。
(21) 国立能楽堂編『能と縁起絵』日本芸術文化振興会、一九八七年。
(22) 梅津次郎「矢田地蔵縁起絵の諸相」『絵巻物叢考』中央公論美術出版、一九六八年。
(23) 神戸説話研究会編『春日権現験記絵注解』和泉書院、二〇〇四年。
(24)『室町時代物語大成』9所収、角川書店。
(25)『室町時代物語大成』11所収。
(26) 小峯和明・宮腰直人『義経地獄破り』勉誠出版、二〇〇五年。
(27) 注(6)前掲書。
(28)『続日本絵巻大成』12所収、中央公論社、一九八四年。
(29) 奈良国立博物館編『社寺縁起絵』角川書店、一九七五年。
(30) 福江充『立山信仰と布橋大灌頂法会　加賀藩芦峅寺衆徒の宗教儀礼と立山曼荼羅』桂書房、二〇〇六年。

（31）福江充『立山曼荼羅　絵解きと信仰の世界』法藏館、二〇〇五年。
（32）当麻寺に例をとるならば、古代伽藍として東西両塔と金堂・講堂が構成する南北軸と、その両堂の間を曼荼羅堂から娑婆堂まで、練供養の日のみ橋が掛け渡され菩薩が来迎する迎講の儀を演ずる東西軸が現出する。
（33）佐藤道子「小観音のまつり」『悔過会と芸能』法藏館、二〇〇二年。
（34）『続々日本絵巻大成　伝記・縁起篇6』中央公論社、一九九四年。
（35）鈴木正崇「東大寺修二会の儀礼空間」『民族学研究』47―1、一九八二年、阿部泰郎「修正会・修二会と儀礼テクスト」『中世日本の宗教テクスト体系』名古屋大学出版会、二〇一三年。
（36）桜井徳太郎校注『寺社縁起』前掲注（20）所収。
（37）宮地直一『八幡宮の研究』（『宮地直一論集4』蒼洋社、一九八五年）。
（38）柴田実「祇園御霊会――その成立と意義」『中世庶民信仰の研究』角川書店、一九六六年、脇田晴子『中世京都と祇園祭　疫神と都市の生活』中央新書、一九九九年。
（39）注（13）前掲書。
（40）吉原浩人「『石水清不断念仏縁起』考――付訳注」和漢比較文学叢書4『中古文学と漢文学Ⅱ』汲古書院、一九八七年、同「『続本朝往生伝』の論理――真縁上人伝を中心に」『国文学　解釈と鑑賞』55―8、一九九〇年。
（41）五来重『善光寺まいり』平凡社、一九八八年。
（42）倉田邦雄・倉田治夫編著『善光寺縁起集成二』龍鳳書房、一九九九年。
（43）阿部泰郎「女人禁制と推参」『湯屋の皇后　中世の性と聖なるもの』名古屋大学出版会、一九九八年。
（44）阿部泰郎「聖俗を遊戯する女人」注（42）前掲書。
（45）榊原史子『『四天王寺縁起』の研究』勉誠出版、二〇一三年。
（46）菊地勇次郎「天王寺の念仏」『源空とその門下』法藏館、一九八五年。
（47）『金葉集』には、源俊頼の歌に天王寺の海へ法師が舟に乗って漕ぎ出す様を描いた絵を詠む例が見える。

(48) 三宅米吉「院政時代の供養目録」『極楽願往生歌』勉誠社、一九七六年、初出一九二四年。
(49) 名波弘彰「『平家物語』髑髏尼説話考」『文芸言語研究』文芸編28、一九九五年。
(50) 梅谷繁樹「四天王寺西門信仰をめぐって」『中世遊行聖と文学』桜楓社、一九八八年。
(51) 阿部泰郎、注(43)前掲書
(52) 五来重『熊野詣』淡交新社、一九六七年。
(53) アンヌ・ブッシイ「捨身行者実利の修験道」角川書店、一九七七年。
(54) 阿部泰郎「熊野考」『聖者の推参　中世の声とヲコなるもの』名古屋大学出版会、二〇〇一年。
(55) 根井浄『補陀落渡海史』法藏館、二〇〇一年。
(56) 益田勝実「フダラク渡りの人々」『火山列島の思想』筑摩書房、一九六八年・ちくま学芸文庫、二〇〇六年。
(57) 阿部泰郎「霊地荘厳の声」注(54)前掲書。
(58) 小林健二「名取老女熊野勧請説話考」『中世劇文学の研究　能と幸若舞曲』三弥井書店、二〇〇一年。
(59) 注(58)前掲書。
(60) 小林健二「能〈護法〉考」注(58)前掲書。
(61) 梅沢恵「熊野権現影向図考」特別展図録『聖地への憧れ　中世東国の熊野信仰』神奈川県立歴史博物館、二〇〇五年。
(62) 阿部泰郎「天狗——魔の精神史」『国文学』44—8、一九九九年。
(63) 延慶本および盛衰記と共通する独立した宗教テクスト『天狗物語』(応永二六年〈一四一九〉写本)が潟岡孝昭により紹介されている。「新資料「天狗物語」と平家物語との関係」『大谷学報』、一九五九年・一九六〇年。
(64) 木下資一校注『宝物集　閑居友　比良山古人霊託』新日本古典文学大系40、岩波書店、一九九三年。久保田淳「魔界に堕ちた人々——『比良山古人霊託』とその周辺」『中世文学の世界』東京大学出版会、一九七二年。
(65) 大谷大学図書館蔵室町後期写本『魔界廻向』一巻はその伝本のひとつだが、奥書に「春日社論義屋」とあり、中世に春日の社頭で法楽の一環にこの表白が用いられていた消息が窺われる。
(66) 阿部泰郎「『七天狗絵』とその時代」隔月刊『文学』2―3、二〇〇三年。
(67) 近本謙介「往生の集としての撰集抄」『語文(大阪大学)』55、一九九〇年、山口真琴「結縁の時空」『西行説話文学論』笠間書院、二〇〇九年。
(68) 小島孝之「撰集抄の回国性」『中世説話集の形成』若草書房、一九九九年。
(69) 山口真琴「西行物語の願文と鳥羽院」注(67)前掲書。
(70) 阿部泰郎「中世日本の世界像」『日本思想史講座2　中世』ぺりかん社、二〇一二年。

本論文中の出典からの本文引用については、基本的に原文を私に読み易いかたちで表記を改めた。それゆえその出典の全てを注記していないことを付記しておく。

挿図出典　図版1・5、奈良国立博物館編『特別展　神仏習合――かみとほとけが織りなす信仰と美』二〇〇七年。図版2、The Metropolitan Museum of Art, New York, 2011, *Storytelling in Japanese Art*, Yale University Press, New Heaven and London. 図版3、『地蔵菩薩霊験記絵・矢田地蔵縁起絵・星光寺縁起絵』新修日本絵巻物全集29、角川書店、一九八〇年。図版4、『一遍上人絵伝』日本絵巻大成別巻、中央公論社、一九七八年。図版6、『土蜘蛛草紙・天狗草紙・大江山絵詞』続日本絵巻大成19、中央公論社、一九八四年。図版7、千野香織編『絵巻　西行物語絵』日本の美術、至文堂、二〇〇一年。

暦と天文

林　淳

一　忘れられた天文学者

小川清彦(一八八二―一九五〇年)は、天文学史の研究という分野において一部の専門家に知られることはあっても、彼が生きていた時代において、ほぼ無名の存在であった。年少のときに中耳炎を患い、聾者となった小川には官学への道は閉ざされた(1)。しかし、勉学に優れ努力家であった小川は、東京物理学校(現在の東京理科大学)を卒業した後、東京天文台で技手の職を得た。そこでは、彼は作暦と潮汐計算にあたった。日常的な地味な仕事をこなす一方で、小川は歴史資料に記された天文記録を、天文計算によって確認、訂正するというユニークな研究に着手した。戦時中に、彼は日本書紀の暦日の研究に沈潜するようになる。

戦時中、東京天文台において小川の日本書紀の研究はタブー視されていたことが語られている。当時の天文台長が、ある講演者が日本書紀の年代に言及しそうになった時に、「その話はするな」と話をやめさせたことがあった。小川の上司であった平山清次東大教授は、一九四〇年のある日に小川と会って時局の緊迫をのべ、「日本書紀の暦日について」という小川の論文の発表を控えるようにと説得した。そのうえで平山は、小川論文には問題点があることを指摘した。心ならずも小川は、研究を公表することを断念せざるを得なかった。彼が晴れて論文を公にしたのは、戦後のことであった。それもガリ版刷りで、自費出版であった。小川の論文が公になると、古代史、暦法の専門家のあいだで高い評価を得て、日本書紀の暦法に関する有力な説になった。小川は、学士院の紀要に寄稿を求められて、「日本書紀の暦日の正体」という続編を書いたが、結局は、学士院の紀要には掲載されなかった。その論文のなかでは、平山清次が「H博士」として登場して、「御用学者」「阿呆学者」として罵倒の対象になっている。憶測すれば、不掲載になった理由として積年の思いを爆発させた感情的文章が、フェアではないと受け取られたからかもしれない。

日本書紀では神武天皇から干支が記されているが、小川は、それは中国の暦法によって計算され、付けられたものだということを明らかにした。

　神武紀から西紀5世紀始め頃に至る約1100年間の分は儀鳳暦平朔で決めたものであり、その後持統朝に至る約250年間は元嘉暦であり、この方は前半は推察であろうが、その後半は百済の暦日を借用せしものと断するのが、もっとも妥当な科学的解釈である。(2)

元嘉暦《げんか》も儀鳳暦《ぎほう》も中国の暦法である。ちなみに暦法とは、暦を作成するための規則で、具体的には太陽年、朔望月などの数値と計算式のことをさす。元嘉暦は、南朝宋で採用されて、四四五年から五〇九年まで使用された。百済では、宋における施行後まもなく採用され国暦とされ、百済の滅亡する六六一年まで使用された。日本に最初に伝わった中国の暦法は、百済を通じて来た元嘉暦であった。儀鳳暦は、唐において六六五年から七二八年まで使用された。日本でも、六九〇年には導入されたが、その直後に採用され、七六四年まで使われた。中国でも日本でも元嘉暦から儀鳳暦へという順であるが、日本書紀の暦日を見ると、儀鳳暦がさきに使われている。日本書紀の編纂者は、自分たちの生きた時代の暦法を前提にして、それを遠い神武天皇の時代に当てはめたことになる。五世紀以降は、百済を通じての元嘉暦が知られるようになった時代と認識していて、また原資料にも元嘉暦の年紀もあったであろうから、日本書紀の編纂者は、元嘉暦で計算した。そのために日本書紀の暦法に関しては、儀鳳暦から元嘉暦へという逆転がおこったのである。小川説によって、日本書紀が、編纂者の作為によって製作されたことの「手の内」の一つが、具体的に暴露されたのであった。神武天皇の即位の暦日が作為であるならば、即位自体もまた作為だという見解も、また十分に成り立つであろう。戦前の国家にとって最大の祝祭日であった、神武天皇の即位を祝う紀元節に、学問的な正統性がないことが、小川の研究によって明らかになったのである。

本論は、日本書紀の暦日や小川説を扱うものではない。小川が仮想敵とした渋川春海《しぶかわはるみ》、中根元圭《なかねげんけい》の長暦の研究を検討し、さらに本居宣長、平田篤胤の著述をも視野に入れ、中国暦法が日本に伝来する前に、日本には固有の古暦法があったという渋川春海以降の認識の系譜を扱う。古暦法という認識は、渋川春海が作り上げたものであった。その認識こそが、戦前における紀元節を支え続けた遠因の一つであった。それゆえ小川は、一方で日本書紀の編纂者を相手に戦いながらも、他方で渋川春海、中根元圭ともよく戦ったのであった。

日本の暦の歴史上、画期であった貞享改暦の過程を叙述し、その後に古暦法について検討するという順序で論考をすすめることにしたい。貞享改暦は、暦の歴史上、画期であっただけではなく、思想史上の事件でもあったと考えることもできる。なぜ画期と言えるのであろうか。一つは、八六二年の宣明暦による改暦以降、日本には長期にわたって改暦はなかった。貞享改暦は、実に八二三年ぶりの改暦であった。もう一つは、古代における改暦は中国の暦法を導入したものであった。ところが貞享暦は、元朝の授時暦を参照したものではあったが、渋川春海がみずからの計算と観測を行って作ったものであった。貞享暦以降の近世の暦はすべて、日本人が独自に暦法を制作した点で意義があった。

中国皇帝が、周辺国の王に対して中国暦を授けて、王が中国皇帝に服従することを「正朔を奉じる」と表現する。古代においても中国暦は、百済、新羅、渤海を通じて日本に伝来しており、その後は改暦不在の時代が長く続いたために、日本の王(誰が王であるかという難問はさておき)が中国皇帝に対して「正朔を奉じる」ことはなかった。唯一の例外は、明朝に朝貢した足利義満である。ところが貞享暦ができたことによって、日本の王は中国皇帝に対して「正朔を奉じる」必要性がなくなった。このように考えれば、日本は「正朔を奉じる」ことがなかった時代から、「正朔を奉じる」必要性がなくなった時代へと転換したことになる。この転換点の前後に大差ないようにも感じられるが、対外関係や王権のありかたを考えるうえで、決して小さくはない変化のように思われる。

二　貞享改暦と渋川春海

近世には、貞享改暦、宝暦改暦、寛政改暦、天保改暦と四回の改暦があった。貞享改暦以前に、八二三年の間、改暦がなかったことを考えると、改暦の頻度は急に高まった(表1)。改暦を行い、毎年の暦を作成するには、計算、観測を行う人材が必要である。幕府は、渋川春海を天文方という新しい機関の職につけ、天文方に渋川家の子孫がつくようにした(3)。渋川家の継承に問題点はあったものの、幕府の機関としての天文方設置とその継続が、頻繁に改暦を行うことができた制度的な理由であった。

貞享改暦をのぞくと、三つの改暦は、政治的な三大改革に行われている。宝暦改暦は、実は吉宗の発案であって、享保年間にできていれば、享保改暦になったはずである。おそらく政治改革の時に改暦を行うことによって、為政者の改革の意思が明確に人々に伝わった可能性もあろう。貞享改暦も、そのように考えていくと、三大改革にはあたらないが、ある意味では三大改革よりも重大な幕府政治の改革期であったと見ることもできる。あとの三回改暦は、貞享改暦が突破口を開いたことで、その路線のうえに則ったと形容することができる。その意味で

表1　中国と日本の改暦頻度

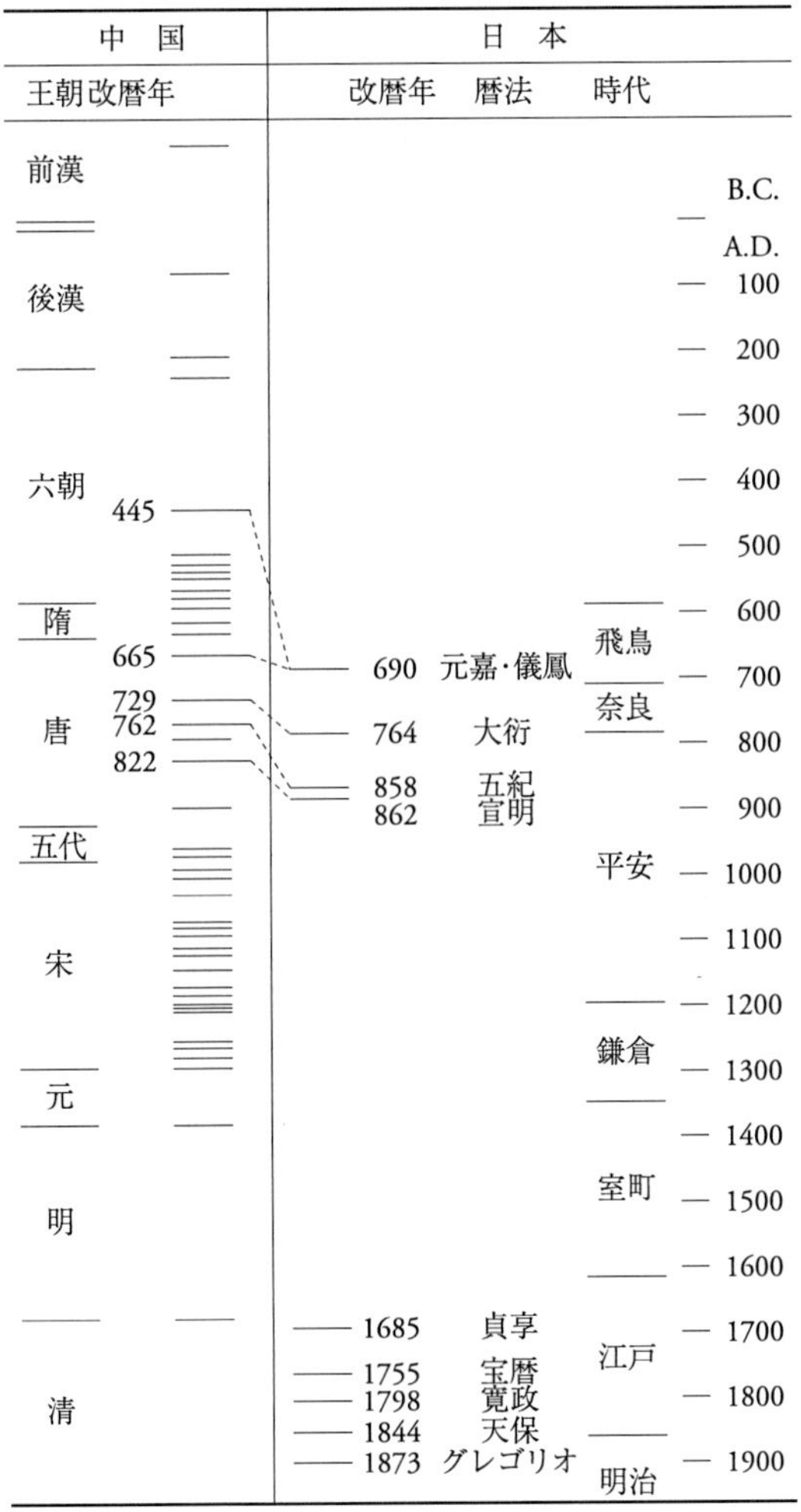

中山茂『日本の天文学』(岩波新書、1972年)を一部改変。

いうと、貞享改暦こそが、それまでにない決断とエネルギーが注がれた歴史的な事業であったと言うべきである。

貞享改暦を行ったのは渋川春海であり、まちがいなく歴史的事業の主人公ではあるが[4]、かれ一人が決断してできる事業ではなかった。幕府の中枢にいる人が、改暦は必要だと認識しない限り、改暦が政治的なテーブルのうえにすえられることはなかったはずである。四代将軍の家綱政権を支えた保科正之、水戸光圀、そして五代将軍の綱吉が、改暦を推進しようとした中心的な人々であった。かれらに付託されて、渋川春海は改暦の実務をすめることができた。かれらは政権の中枢にいて、幕府の政治体制を新しい時代に変えようとした人たちであった。改暦は、政治的な改革の象徴になりえた。

家綱政権は、突然の家光の死去をうけて、一一歳の少年が将軍に就任してはじまった。それまでの家康、秀忠、家光のようにカリスマ的な指導力を期待することはできなくなって、老中を中心にした、いわば集団指導体制が組まれることになる。かれらは、武威・武力を誇示して統治するには限界があって、むしろ儒教、礼儀、文化を利用した統治への転換をはかった[5]。その中心にいたのが、会津藩主の保科正之であった。儒学、神道を好み、垂加神道の創始者である山崎闇斎、神道家の吉川惟足などを招き、みずからも学び、神仏分離、寺院整理などの会津藩の宗教政策を実施したことでも知られている。地誌や神社の調査記録をつくり、儒学の書物を編纂した。また、山崎闇斎に命じて、『玉山講義附録』を編纂させた。綱吉政権で神道方がつくられ、吉川惟足が就任するが、保科正之の路線をついだ政策であった。寛文五年(一六六五)に幕府は諸社禰宜神主法度という神社の基本政策を出すが、これも保科正之という存在を抜きには考えられない。この法度によって諸国の神職が、吉田家の裁許状をうけるようになり、近世の神職身分の基本が定まったのである[6]。

改暦も、保科正之が考えた政策であった。つぎのようなエピソードが残っている。ここに出てくる安井算知は、渋川春海の父である安井算哲の囲碁の高弟で、安井家を継ぎ、渋川春海にとっては後見人にあたる人物であった。ある日、保科正之と安井算知の二人が碁を打っていた時、保科正之が普段と違ってそわそわしている様子であった。安井算知は、それに気が付き、「何か心配の事でもあるのでしょうか」と尋ねた。保科正之はこう答えた。「大事の役を申しつけようと考えているが、こうするか、ああするか決めかねている。それが心に浮かぶのだ」。それを聞いた安井算知は、「囲碁の道で決断を迷うときには、最初に考えた方を採用するのがよいかと存じます」と言うと、保科正之はしばらく考え込んで、「そこで心が決まった。天意があった」と言ったという話である。この続きを現代語に直して引用しよう。

渋川春海は、幼少より天文暦術に志し、囲碁の家業をおろそかにしていたので、安井算知が苦労してきたことを保科正之は聞いていた。世の中で暦算の術をできる人間はおらず、本朝で久しく宣明暦を用いられているのは、推歩の技術のレベルが低いからである。渋川春海に精を入れさせ、研究させたならば、世の為にもなるべし。囲碁の上手は、外にもいるのだから、渋川春海の初心を貫くように出精させるべきだというのが保科正之の考えであった。これによって渋川春海は、ますます天文暦術に精を出し研究し、保科正之は、稲葉美濃守へ春海に改暦を行わせるようにという旨を伝言した(7)。

以上の話は、言い伝えであり、どこまで史実を伝えているかわからないが、保科正之が、改暦を渋川春海に命じ任せたことは、事実である。しかし保科正之の生前には改暦は間にあわなかった。保科正之が亡くなった翌年、渋川春海は、将軍家綱にあてて改暦の上表書を捧げている。ところが予想した日食が外れてしまい、当時実権を握っていた大老の酒井忠清は、改暦無用を決断し、改暦事業は頓挫した。もし酒井忠清が権勢をふるう時代が続いていたら、おそらく改暦はなかったであろう。ところが延宝八年(一六八〇)五月に病弱であった将軍家綱が死去するという急な事態がおこる。家綱には子供がいなかったので、末弟の綱吉が将軍職をつぐ。綱吉は、自らの手で政治の実権をにぎるために、酒井忠清を退けて免職にした。酒井忠清が政務を仕切った時期には、抑えられていた改暦の事業が、ふたたび脚光を浴びることになる。天和三年(一六八三)八月に水戸光圀の命令によって、渋川春海は天球図を作成して、それを将軍綱吉に献上した。この時に綱吉は、水戸光圀あるいは渋川春海から改暦の重要性を聞かされて、改暦を決断したものと筆者は想像する。

幕政の中枢にいて改暦を推進した人たちとは別に、渋川春海のまわりには山崎闇斎をはじめてとして改暦を支援した人たちがいた。なかでも陰陽頭の土御門泰福は、渋川春海とともに貞享改暦を成功させた人物であった(8)。かれがいなくては、改暦の実施はできなかった。渋川春海も土御門泰福も、山崎闇斎の門人であり、垂加神道を学び、ともに天文暦学の勉強仲間でもあった。綱吉による改暦の命が下った後に、渋川春海は、京都に行き、土御門邸で天体の観測を行い、暦法の完成に急いだ。暦法が完成したところで、土御門泰福が陰陽頭の立場から改暦の上奏を行い、それに対して霊元天皇が、土御門泰福に改暦の宣下を出した。朝廷の立場からは、陰陽頭の土御門泰福が改暦を行うという了解であった。渋川春海は、土御門泰福の補助員と目されていた。霊元天皇は、この改暦を朝廷の復興の徴として受けとめたと思われる。改暦の話が進んでいた時期に並行して、天和三年に霊元天皇が土御門泰福に陰陽師支配を認める綸旨を出したが、綱吉は、その綸旨を公認する朱印状を出して、土御門家の陰陽師支配を公認した(9)。この綸旨のことを知った関白の一条兼輝は、幕府が朝廷を重んじ、その復興を願っている証左であると喜んだ。そうであれば、貞享改暦に際し一条兼輝が、土御門泰福のために尽力したことも、改暦もまた朝廷の復興の徴として理解されていたためと思われる。天皇の宣下は、貞享暦以降も、改暦が行われるたびに必要とされて、そのつど土御門家が上奏を行った。改暦は、朝廷にとっても重要な出来事になった。山崎闇斎、土御門泰福などの垂加神道のグループが、渋川春海による改暦事業を応援し、支えたのであった。山崎闇斎の広範な影響力を考慮すると、その門人の多くもまた貞享改暦を注視していたことであろう。渋川春海はみずから土守《つつもり》神道を提唱したが、垂加神道の一つの流派と言ってよいが、朝廷や神社の関係者には、渋川春海を支持し期待する人たちは多くいたと思われる。

幕府の中枢とともに、朝廷にも改暦への支援者がいたことが、貞享改暦が実現した最大の要因であった。幕府と朝廷が協調路線を歩んだ時期だからこそ、渋川春海の改暦は成功をおさめた。渋川春海と土御門泰福との観測や改暦の手続き上の協力は、幕府と朝廷の協調路線の一つの象徴的な例であった。

三　渋川春海『日本長暦』

つぎに、渋川春海の著作『日本長暦』を検討することにしよう。『日本長暦』は、神武天皇の時代から渋川春海の時代までの二三〇〇余年の全月の朔日の干支を計算して、月の大小を確定して一覧表にしたものである。『春海先生実記』には、そのあたりの事情について以下のように記している。

同年庚申先生四十二日本長暦を作る、蓋し我か国上古之暦書伝はらず、歳月支干只国史に載するのみにして、而して上世之月朔日時を詳かに考ふるに拠無し、是を以て先生考ふる所有て、ここにして神武元年よりの暦を造る……殊に往古之時日を推し攷へて、以て伊勢祭奠之定日を革ため、万代不易之法と為す、今禋祠する所之日、是れ先生の定むる所也、闇斎深く此の両事を感歎して謂く、我か国再ひ開闢すと、先生を敬愛すること増々重し也(10)

渋川春海は、神武天皇即位の年からの古暦法を作成した。それによって過去の日時を推考して、伊勢神宮の祭奠の定日を確定できたという。このことを知った山崎闇斎が、「我国再ひ開闢す」と述べて、渋川春海に最大の賛辞を送るのを惜しまなかった。

『日本長暦』は、伊勢の内宮外宮、賀茂、藤森、住吉の各社に奉納されて、梨木民部（下賀茂社人）、松本左衛門（稲荷神主）が筆写し、正親町公通、土御門泰福にも進呈されている(11)。神社関係者、垂加神道の門下であった公家が、長暦に特別な関心を抱いたことがわかる。神武天皇の時代から、日本固有の古暦法がはじまったという見解は、渋川春海の独創であった。さらに神武天皇が古暦法を作ったと渋川春海は考えたようである。『日本長暦』の序を引用してみよう。

我国神代、伊弉諾尊、日之三天を測り、春秋を考し歳時を定めると雖も、其詳なる、得として聞くべからず、

神武天皇、正を建て、始の三陽之月を用ひ、歳時月日を序つ(12)

伊弉諾尊《いざなきのみこと》が日の三天を観測して、暦を作ったが、その詳細は不明で、神武天皇が、正月を建て、三陽の月を用い

表2 『日本長暦』の改暦

神武天皇即位(660 BC)—仁徳天皇10年(AD 322)
仁徳天皇11年(AD 323)—舒明天皇6年(AD 634)
舒明天皇7年(AD 635)—持統天皇3年(AD 689)

て暦を作ったという。渋川春海が取り上げたのは、伊弉諾尊の暦ではなく神武天皇の暦であった。『日本長暦』では、神武天皇即位から古暦法がはじまり、持統天皇三年(六八九)まで続き、その後に儀鳳暦が導入されたことになる。

日本固有の古暦法は、二度の改暦を経て、持統天皇三年(六八九)まで継続した(表2参照)。日本書紀では、垂仁天皇二十三年(紀元前七)十月乙丑朔、履中天皇五年(四〇四)九月乙酉朔、欽明天皇三十一年(五七〇)四月甲申朔に、「閏」字の脱落がある。しかし渋川春海は、そこに脱落があったとは認めない。計算から導いた干支と日本書紀の暦日の干支が合わない場合には、改暦があったと考えるのである。以下のように、日本固有の古暦には二度の改暦があったという。

第一の改暦は、仁徳天皇八十七年(三二三)十月朔を癸未にするために行われたものであったから、仁徳天皇八十七年以前であったならば、いつの年でもよかった。「87年では改暦の年としては老いすぎておもしろくないし、さりとて元年としては細工がみえすぎるおそれがあるので、11年などという思わせぶりな年を改暦年と、春海その人が決めたにすぎない[13]」と小川は辛辣に批評する。第二の改暦は、大化元年(六四五)八月朔を丙申にするためのものであった。

小川が言うように、「彼をとりかこむ周囲の素人の賞賛者達は、おそらく最初から彼の暦学上の知識から、永く埋もれていた日本固有の暦法を発掘したものと信じたろう[14]」。固有の古暦法が、春海によって見出されたという事実は、上代を理想的な社会と思い描いた人たちには嬉しいニュースであったはずだ。さらに古暦法は、神武天皇が作ったものだというのである。神武天皇の時代は中国の周時代にあたることからして、暦は日本の方が中国よりも古くからあったことになる。

日本の文明が中国のそれよりも先んじていたことを表す証拠にもなろう。『日本長暦』は、渋川春海の評判を高め、日本書紀や上代に関心を寄せる人たちに、天文暦学がもつ応用力のすごさを見せることになった。『日本長暦』を継承し発展させたのが、中根元圭の『皇和通暦』であった。

四　中根元圭『皇和通暦』

中根元圭は、寛文二年（一六六二）に近江国浅井郡に医者である中根定秀の次男として生まれ、幼い時より算術の才能を発揮した。[15] 算学、天文暦学の分野で秀でて、多くの門弟が彼のまわりに集まり、京都の白山町に住んでいたことから、「白山先生」と呼ばれた。京都銀座で役人としてつとめていたが、八代将軍の吉宗に呼ばれて、天文や暦についてのアドバイザーになった。

吉宗は、自然科学に並々ならぬ興味を抱き、江戸城で雨量の測定をしたり、天文観測の道具を創意工夫したりする「理系タイプ」の人物であった。吉宗は、自然科学に関するさまざまな疑問に直答できる優秀な人材を探していた。吉宗のブレーンの一人に、和算、天文暦学の第一人者である建部《たけべ》賢弘《かたひろ》がいたが、かれは自分の門弟であった中根元圭を吉宗に紹介している。それによって中根元圭は吉宗に拝謁し、下問に答え、天文や暦の対談の相手になっていた。そのような席で中根元圭が、吉宗に申し願い出たのが禁書の緩和であった。禁書緩和令は、享保五年（一七二〇）のことであるから、中根元圭が吉宗に拝謁したのは、それ以前ということになる。

和算と建部賢弘について一言しておく必要がある。かれは、和算の関孝和の高弟であり、関流和算の後継者であった。じつは関孝和や建部賢弘などの和算学者は、授時暦の第一級の研究者でもあって、幕府が行う改暦に多大な関心を寄せていた。関には、『授時発明』、『授時暦経立成之法』という著書があり、建部にも『授時暦議解』、『授時暦術解』、『授時暦数解』という著書があった。中根元圭にも『授時暦図解発揮』という著書があった。関および関流の和算を継ぐ人が授時暦の研究に打ちこんだのは、改暦をめざしていたからだったと思われる。それゆえに渋川春海による貞享改暦は、関孝和に挫折を味わわせたことは、十分にありえる。建部賢弘、中根元圭は、吉宗のおぼえもよく、かれらが長命であったならば、次期の改暦を担ったことはまちがいない。中根元圭は、みずから授時暦をもとにして「白山暦」という暦法をつくったことで知られていた。二人とも、吉宗より先に亡くなったことに悲劇があった。とはいえ建部賢弘、中根元圭は授時暦の専門家であって、吉宗が期待したような西洋の天文学をふまえた暦法を開発できたかどうかは、はなはだ疑問である(16)。

中根元圭は、建部賢弘の門弟になる前に渋川春海のもとに通っていた。が、二人の関係はよくなかったようである。渋川春海直系の弟子であった谷秦山は、中根元圭のことを語っている。

> 古暦便覧を作る。始に先生に学ぶ。後に其才を自負す。来問を肯らず。近来安家に請う。貞享を学ぶを以て。安家許さず。古暦便覧。交食閏月合わず。此、貞享之法を知らず。方便で之を作る故也(17)。

『古暦便覧』刊行が貞享四年(一六八七)であることを考えると、それ以前に春海に学び、何らかの理由で交際を絶った。暦に関心のあった中根元圭は、勉強を続けるために授時暦の第一人者と目されていた建部賢弘の門弟になったと思われる。中根元圭は授時暦の改良だけで貞享暦を越えることはできないと気づき、西洋天文学を学ぶために、吉宗に禁書解禁を進言したのではなかろうか。

表3 『皇和通暦』の改暦

上古暦	神武天皇東征甲寅(667 BC) ― 仁徳天皇10年(AD 322)
中古暦	仁徳天皇11年(AD 323) ― 皇極天皇元年(AD 642)
晩古暦	皇極天皇2年(AD 643) ― 持統天皇5年(AD 691)

つぎに取り上げるのは、『皇和通暦』(一七一四年)である。この著作は、まだ吉宗に召喚される以前の京都在住時代の著作であった。著述の目的は、渋川春海『日本長暦』を批判することにあった。改暦に成功し、天文方にまで登りつめた渋川春海の著作を批判し、自らの実力の優位を見せつけることであった。『皇和通暦』刊行は、渋川春海が亡くなる一年前であったが、渋川春海がこれを見ていないはずはなかった。

『皇和通暦』は、『日本長暦』の修正版という面があった。多くの点で『日本長暦』を継いでいるからである。たとえば中国暦受容以前に古暦法があり、二回の改暦があったとする点では、『日本長暦』そのままを踏襲している。ただし、以下に見るように改暦の年次が若干異なっている。

中古暦の開始年は、『日本長暦』と同じであるが、晩古暦の開始年は、異なっている。大化元年(六四五)八月朔を丙申にするために、その前には中古暦を改暦しなくてはならないという事情があった。『日本長暦』の開始年と同様でも問題はなかったはずであるが、中根元圭は八年遅くして、あえて皇極天皇二年(六四三)を改暦年にし、渋川春海との違いを打ち出した。

『日本長暦』は、神武天皇即位の元年を重視するが、『皇和通暦』は、年に干支が付けられた神武天皇東征の年からはじまる。『皇和通暦』のほうが自然な対応だと思われるが、渋川春海は、神武天皇即位と元年をことの外重視した。

『皇和通暦』が、『日本長暦』と意識的に異なっているのは、古記録類の記事をつかって月と朔日の干支を改訂している点である。序において中根元圭は、みずからが参照した「徴するところの書物」四三冊の書名をあげる。中根元圭みずから「今特に史籍の支干、朔望のこれ在る所に因て、推て而してこれを求る」[18]と記している。古記録類に記されている、実際に行われた日、干支が確かめられているのである。干支、日が、暦法の計算通りになっていないことも間々あったからである。中根元圭が注目したのは、朔旦冬至《さくたんとうじ》と退潤《たいじゅん》という吉日を求める慣習であった。

朔旦冬至は中国からの慣習で、冬至が一一月朔日にあたった場合、それを吉日として祝うものである。計算上は一九年に一度の割合で、朔旦冬至がおこるはずであった。しかし人為的に冬至が一一月朔日にあたるように暦を工夫し、そして朔旦冬至になった場合、朝廷で吉日として祝うのである。日本では、延暦三年(七八四)桓武天皇の勅によって朔旦冬至の祝賀が行われたのが最初であった。『皇和通暦』では、朔旦冬至が初めて行われた延暦三年を第一章として、第三十七章までを著して、さらに前に七章、後に二十二章を補った。

退潤は、朔旦冬至とも関係がある。朔旦冬至があった年の四年後に、最初の閏月が来るが、八月を避けるという慣習があった。最初にこの慣習が行われたのは、大治四年(一一二九)のことであった。中根元圭が、この退潤の慣習を発見し、「章首の後、閏法もし八月を得れば大小を消息してこれを七月に退く」[19]と書いている。中根元圭が退潤の慣習を発見できたのは、計算よりも、古記録類に書かれた実際に施行された暦日、干支を見ていたからにほかならない。

では中根元圭は、なぜ『皇和通暦』を書いたのか。目的は、『日本長暦』の不備を指摘して、より正確な長暦を作り、それを世に問うことであったと思われる。憶測を重ねると、自分の方が渋川春海より実力は上であり、来るべき改暦の担い手としてふさわしい人材であることを広く認めさせることにあったのではないか。事実、建部賢弘は中根元圭に高い評価をあたえ、吉宗に紹介し、吉宗もまた中根元圭の実力に期待し、改暦の夢を託していた。

五　本居宣長『真暦考』

宣長の天文学に対する関心は、西洋天文学との出会いによって引き起こされたようである。関係する著述をあげてみると、『真暦考』(安永五年〈一七七六〉)、『天文図説』(天明二年〈一七八二〉)、『沙門文雄が九山八海解嘲論の弁』(寛政二年〈一七九〇〉)、『真暦不審考弁《しんれきふしんこうべん》』がある。宣長が、『日本長暦』、『皇和通暦』を見ていないはずはないが、かれによる二書にたいする批評はない。

宣長は、天地のはじめに皇祖神がつくった「天地のおのづからの暦[20]」があって、それが太陽暦であったと論じている。中国で作られ、日本でも実施されてきた太陰太陽暦は、太陽の周期と月の周期を合わせて取り繕った、不自然なものだという批判をくだす。

かの空なる月による月と、年の来経とを、しひてひとつに合すわざなどもなくて、ただ天地のあるがままにてなむ有ける、此二方を、暦に一つに合せたるは、いと宜しきに似たれども、まことは天地のありかたにはあらず[21]

なぜ宣長は、このような見解を持つにいたったのか。当時広く読まれていた西洋天文学の入門書であった『天経或問』を読んでいたことは、本人も認めている。川辺信一との論争を記録した『真暦不審考弁』には、オランダの暦を見た方がよいと川辺に勧めている。宣長が実見したはずのオランダの暦とは、バタビア版の『咬噹吧《からっぱ》暦和《れきわ》解《げ》』であったと推測されている[22]。西洋天文学に関する書物の新知識を仕入れて、世界の認識方法を深めたのは、司馬江漢、本木良永、志筑忠雄などの洋学系の知識人であった。宣長が彼らと異なるのは、太陽暦が、原初の暦であったと説いた点にある。外国の書物だけが、宣長の知見を支えていたわけではなかったと思われる。江戸時代に頒布されていた暦には二十四気が記されており、太陽暦と同じ一年の季節のリズムをしめし、気象の変化や動植物の生態から、季節を知ることはできた。宣長が、二十四気、さらに細分化した七十二候に触発されて、季節の移ろいや自然の変化に合致した太陽暦を賛美したと考えられる。

日本書紀の神武天皇の時代の干支について触れて、「すべて上つ代の事にも、皆年月をしるし、また甲子にうつして、日次までをしるされたるは、いともいとも心得がたし、そもそもこれみな、後の世よりさかさまに推へて、長暦といふものをもて定めたりと、世の人はこともなげに思ふめれど[23]」とあるので、日本書紀の編纂者が、神武天皇以来の年、朔日に干支をつけたことは、「いともいとも心得がた」きことであった。

神武天皇以来、古暦法が続いたという春海の見解に対して、宣長は、直接に言及はしていないが、その古暦法は中国暦法にほかならず、しかも「神武天皇の御代などに、彼国の文字だにしらで、いかでか其暦法を立る事を得む[24]」と否定した。神武天皇の時代に、漢字すら伝わっていないのであるから、暦法があるわけがないという見解である。暦が文明の産物だという発想法じたいが、中国かぶれであって、日本人がその発想法に追従すること自体、宣長には容認できないことであった。

これぞこの天地のはじめの時に、皇祖神《すめろぎのかみ》の造らして、万の国に授けおき給へる、天地のおのづからの暦にして、もろこしの国などのごと、人の巧みて作れるにあらざれば、八百万千万年を経ゆけども、いささかもたがふふしなく、あらたむるいたつきもなき、たふときめでたき真の暦には有ける(25)

宣長によれば、中国の暦法は聖人がつくった人為的なものであって、真暦は皇祖神が作った季節感をともなった太陽暦であるという。民衆が、おのずから季節や自然界の変化を見ながら自然に暦を知悉していて、為政者が上から押し付けられる頒暦のようなものではない。日本書紀の編纂者が、上代に自然に相即した真暦があったにもかかわらず、わざわざ中国暦の模倣をして干支をつけたことが非難されている。西洋天文学から得た新しい知見を、原初的な真暦に結びつけ、中国の太陰太陽暦およびそれを疑いもなく受容してきた日本の天文暦学者を痛烈に批判したところに、宣長の真骨頂があった。

六　平田篤胤『天朝無窮暦』

暦日の専門家である内田正男は、『暦と時の事典』のなかで、「平田篤胤が『天朝無窮暦』なる長暦を天保八年(一八三七)に作っているが、学問的には何らみるべきものはなく、従来からほとんど取上げられていない(26)」と率直な批判を書いている。確かに『天朝無窮暦』を取上げて、内容を細かく読解したり、思想史的な意味を吟味したりする研究は、管見の範囲では皆無のようである。あるとしても、天文学史の概説で書名のみが紹介されている程度である。ここでは『天朝無窮暦』の学問的な水準を考察するのではなく、渋川春海、中根元圭、宣長の諸説にたいして、篤胤がいかなる立場を取ろうとしていたか、彼の『天朝無窮暦』がどのようなヴィジョンをもっていたかを検討してみたい。

序において篤胤は、渋川春海の『日本長暦』、中根元圭の『皇和通暦』には全面的に信服できなかったが、宣長の『真暦考』を心から理解できたと述べている。

真暦考を著されたる。その説に深く心の浸たりし故なり。さてしか真暦考の旨を。心の底ひ信ふものから。また時々はかの渋川翁など。あくまで赤県州《もろこし》の諸暦を知りたる人々の。書紀なる暦日を。彼国のならず。皇国の古暦なりと云へるが心にかかり。その暦日の皇典に昭然なるを見つつ。我が古昔に。決めてその事なしとは誣ひ難く(27)

一見すると、宣長に心酔しているように語っているが、実はそうではなく、古暦法を前提とする渋川春海説を肯定し、古暦法はなかったとした宣長の説を退けている。宣長が、神功皇后以前には漢字が導入されていないのだから、暦法はあるはずもないと指摘したことに反対し、宣長説のままでは、神功皇后以前の日本書紀の記事が「覚束なく浮たる事(28)」になると篤胤は述べる。宣長のような見解では、かえって外国の学問にかぶれた人たちが日本の上代を蔑視する傾向を助長し、宣長が確立した「帝道惟一なる皇典の学び(29)」の汚濁となると論じている。篤胤は、古暦法の実在を認める点で渋川春海の立場に近く、宣長説を表だって批判はしないが、確実に一線を引く。そして篤胤は、両者の説を統合することを提唱する。篤胤は、伊弉諾尊が「日之三天」を測量し、暦を作ったという渋川春海の発言を引用し、つぎにように自説を展開している。

その意は下にあぐる師説に。真暦の起りを。皇祖神のなし行ひ給ふ事と。為られたると同意の説なり。(30)
即ち、渋川春海の説と、宣長の説は「同意」なのである。ここで二人の説を統合して、渋川春海が不詳であるとしてきた、伊弉諾尊が作った暦を解明しようとする。長年この問題に取り組み、悩んできた篤胤は、ある時に突然に啓示をうけたと告白している。

天保八年といふ年の六月に至り。其の惑ひ忽に啓ける。実にも書紀なる暦日はも。皇国に固より有つる暦にして。伊邪那岐大神の立創めまし。大国主神の。謂ゆる合朔に調へ給ひしを。大朝廷に用ひさせ給ひ。其よりして赤県州《もろこし》を始め。あだし戎国々へも及ひし。祖暦なる事を悟り得たり。(31)

伊弉諾尊が作成し、大国主尊が整えた暦である天朝無窮暦は、朝廷で用いられた後に、中国をはじめとして外国の国々へ伝わったという経緯が想定される。渋川春海では、伊弉諾尊が作った暦は不詳だとして棚上げして、神武天皇から古暦法の時代がはじまると考え、その後に中国暦受容の時代到来を描く。宣長『真暦考』には、伊弉諾尊が原初的な真暦を世界中に与えたとは書いてはあるが、そのことは宣長によって掘り下げられていない。篤胤の独自性は、日本で伊弉諾尊によって作られた暦が中国に伝わり、中国の最古の暦とされる太昊古暦になったと述べるところにある。

其はまづ渋川春海翁。中根璋など。書紀なる暦日を。皇国固有の暦と為たるは卓見なれど。諸越《もろこし》歴代の諸暦と合ざれは。元より彼邦になき暦法なりと謂へるは。此太昊暦を知ざる故の事にこそ有れ。[32]

篤胤によれば、それまでの長暦は日本固有の暦を前提にしていたが、実は中国の暦とも連動していたのである。天朝無窮暦は二つに分かれて、孝安天皇の時代まで用いられたものが先天暦で中国などにも伝わってあり、その後のものを後天暦といい、日本にのみ伝えられたという。

『天朝無窮暦』が、篤胤の江戸退去に関わるのかどうかという問題は、専門研究者のあいだでも決着はついていないようである。[33] ここでは、渋川春海が、伊弉諾尊が暦を作ったが不詳だとして放置した問題を、篤胤が拾い上げて回答をあたえたことを確かめて、宣長→篤胤ではなく、むしろ渋川春海→篤胤という思想上の系譜のラインがあったことを論じてみた。

七　暦と文明

四人の知識人による長暦に関する著作をたどってきたが、そこから得た知見を、近世思想史に接続させることはできるであろうか。渋川春海の『日本長暦』は、神武天皇の時代から江戸時代までをつなげ、古暦法によって日本国のはじまりの時を意識させた点に効果をもった。『皇和通暦』を見ると、中根元圭の興味は上代よりも古記録類のある時代に、計算よりも実際にあった暦の慣習にあったことがわかる。宣長、篤胤は、天文暦学者ではなかったにもかかわらず、暦に並々ならぬ関心を寄せた。こうした関心は、渋川春海が上代における古暦法の実在を語りだしたことに由来する。国学者は、長暦そのものよりも、原初的な暦に関心を集中させた。宣長は、上代から暦法が実在したとする渋川の見解を否定し、最古の時代からある自然暦を措定した。さらに宣長は、太陰太陽暦の不自然さをも批判して、西洋天文学の知識を念頭におきながら、太陽暦こそが原初的で普遍的であると説いた。篤胤は、渋川春海の長暦研究と宣長説を統合させて、気宇壮大なスケールで『天朝無窮暦』を叙述した。これによって、日本が暦法の発祥地となり、日本から中国などに伝来したという日本中心的な世界像が提示された。宣長、そして篤胤が「本来の暦」を主張すればするほど、幕府の天文方が日常的な業務として作成していた頒暦は「本来の暦」ではないという体制批判として読み直される可能性もあった。

中国の文明のもとにあった近世日本の知識人が、西洋の文明をたぐり寄せながら、中国の文明と西洋の文明の狭間を利用して、たくみに日本の文明性を表象しようと努めた。暦を論じることで、文明のヴィジョンを語ることができる時期が、近世には確実にあったことを想起しておきたい。

（1）斉藤国治「小川清彦略伝」（斉藤国治編『小川清彦著作集　古天文・暦日の研究――天文学で解く歴史の謎』皓星社、一九九七年）。
（2）小川清彦「日本書紀の暦日の正体」（注1と同じ、二八五頁）。
（3）天文方の系譜については、林淳『天文方と陰陽道』（山川出版社、二〇〇六年）。
（4）渋川春海の年譜としては、和田光俊・林淳「渋川春海年譜」（『神道宗教』第一八四・一八五号、二〇〇二年）。
（5）高埜利彦は、綱吉政権の時に価値観の大転換があったことを指摘している。高埜「元禄の社会と文化」（高埜編『日本の時代史15　元禄の社会と文化』吉川弘文館、二〇〇三年）。
（6）井上智勝『近世の神社と朝廷権威』（吉川弘文館、二〇〇七年）は、吉田家の神職編成がもった歴史的な全体像に迫った研究である。
（7）『千載之松』（『岩磐史料叢書上巻』岩磐史料刊行会編、一九一六年）四五頁。
（8）土御門家の陰陽師編成についての近年の研究としては、林淳『近世陰陽道の研究』（吉川弘文館、二〇〇五年）、梅田千尋『近世陰陽道組織の研究』（吉川弘文館、二〇〇九年）。
（9）高埜利彦『近世日本の国家権力と宗教』（東京大学出版会、一九八九年）。
（10）『春海先生実記』（国会図書館所蔵、請求番号 289.1-Si226Ss）。
（11）同上。
（12）『日本長暦』（内閣文庫所蔵、請求番号 194-0123）の序。
（13）小川清彦「日本書紀の暦日の正体」（注1と同じ、三〇四頁）。
（14）小川清彦「日本書紀の暦日の正体」（注1と同じ、二八五―六頁）。
（15）和田光俊「享保期における改暦の試みと西洋天文学の導入」（笠谷和比古編『一八世紀日本の文化状況と国際環境』思文閣出版、二〇一一年）。
（16）西洋天文学を摂取した上での暦法の開発は、寛政改暦の時にはじめて可能になったことを思えば、中根元圭の時期では西洋天文学にもとづく改暦は難しかったであろう。
（17）「壬癸録」三（『秦山集』三五、谷干城、一九一〇年）。
（18）『皇和通暦』（『近世歴史資料集成　第III期第X巻　日本科学技術古典籍資料　天文学篇【3】』霞ヶ関出版株式会社、二〇〇一年、九六一頁）。
（19）同上、九六二頁。
（20）『真暦考』（『本居宣長全集　第八集』筑摩書房、一九七二年）二一四頁。
（21）同上、二一三頁。
（22）桃裕行「本居宣長の『真暦考』について」（『桃裕行著作集　第8巻　暦法の研究（下）』思文閣出版、一九九〇年）。

(23) 注20と同じ、二一八頁。
(24) 『真暦不審考弁』(『本居宣長全集　第八集』)二三四頁。
(25) 注20と同じ、二一四頁。
(26) 内田正男『暦と時の事典』(雄山閣、一九八六年)一八六頁。
(27) 『天朝無窮暦』(『平田篤胤全集　第一三巻』名著出版、一九七七年)一〇一頁。
(28) 同上。
(29) 同上。
(30) 注27と同じ、一〇三頁。
(31) 注27と同じ、一〇二頁。
(32) 注27と同じ、一一四頁。
(33) 近年の成果としては、中川和明「平田篤胤の国学思想と江戸退去」(『神道史研究』第五二巻第一号、二〇〇四年)、吉田麻子『知の共鳴――平田篤胤をめぐる書物の社会史』ぺりかん社、二〇一二年)がある。中川は、従来の諸説をふまえて、「断定的なことをいうことは困難である」としながらも、『天朝無窮暦』が問題となって、江戸退去の処分になったと述べている。吉田は、むしろ『大扶桑国考』の絶版が退去命令の直接の要因になったという指摘をしている。

須弥山と地球説

西村　玲

一　日本人の宇宙論

ヨーロッパの一七世紀に始まった科学革命は、キリスト教と科学の正面衝突から起こっている。ヨーロッパ近代における宗教と科学の関係は、ガリレオ・ガリレイ(一五六四―一六四二)が地動説を主張したことによって、宗教裁判にかけられキリスト教の異端とされたことに象徴されるだろう。それに対して、一六世紀からの東アジア諸国における西洋科学の受容は、まず鉄砲と暦に始まって、欧米による植民地化の脅威を伴いつつ進んでいったものであり、常に政治的な問題でもあった。

歴史的に見れば、宗教と科学の相克は近代化に伴う不可避のものであるが、東アジア地域にヨーロッパのパターンをそのままあてはめることはできない。もとより東アジアの宗教は、空を説く仏教をはじめとして多種多様であり、唯一神の世界創造をかかげるキリスト教とは根本的に異なる。それぞれの宗教と歴史に即して、その展開と意義を考えることが肝要であろう。ここでは、東アジアにおける宗教と科学の問題として、仏教宇宙論である須弥山《しゅみせん》世界をめぐる日本仏教と西洋科学との論争を取り上げ、仏教思想近代化の一側面について明らかにしたい。

須弥山世界とは仏教の宇宙論の一つであり、星の学としての狭義の天文学とは異なる。その詳細は後に述べる。日本をはじめとしてタイやスリランカなどアジアの仏教国では、一七世紀以後に仏僧とキリスト教宣教師の間で須弥山世界についての論争がおこっており、それらは仏教思想が近代化してゆく道程の一つだった。[1] なかでも日本の須弥山論争は、地球説の受容によって始まったものであり、[2] 期間においても規模においても、もっとも大きなものだった。それは一七世紀から一九世紀にまで続いて、他国に見られるような専門家による論争の域を越えて、儒者や国学者などの世俗的知識人をまきこんで展開し、ついには庶民まで須弥山世界を知るに至った。なぜ日本では、須弥山論争がこれほど大きく広がったのか。日本近世の人々は、地球説を否定する須弥山世界に何を見たのだろうか。

まず日本人にとって、須弥山世界とは何だったのかを確認しておこう。荒川紘は、日本人の宇宙観が古代・近世・近代と、大きく三回変容したことを明らかにした。[3] 仏教と儒教が入ってくる以前の日本人の世界観は、この世(葦原中津国《あしはらのなかつくに》)を中心として、神々の高天原《たかまのはら》と死後の黄泉国《よみのくに》からなる素朴なものであったようだ。[4] それに加えて、六世紀末には仏教と儒教の輸入と共に、それぞれの宇宙観が入ってきた。仏教の宇宙観は、須弥山世界をはじめとするインド由来のものであり、斉明朝(五九四―六六一)につくられた須弥山を模した噴水のしかけ(須弥山像)が現存し、法隆寺の玉虫厨子や東大寺の盧遮那仏の蓮弁にも、須弥山図が刻まれている。儒教の宇宙像は、円形の天と方形の大地からなるもので、七世紀末の高松塚古墳に描かれている。[5] こうして日本・インド・中国をルーツとする三種の世界像が形成されて、その後も永く併存する。中世の知識人の間では、これらについての知識が常識となっていたと思われる。

近世初頭の一六世紀半ばには、イエズス会宣教師が西洋科学を持ち込んで、地球説などの西洋天文学と、伝統的な三種世界像との競合が始まった。一八世紀以後には、西洋地球説は知識人のあいだで広く知られるようになり、仏僧との間で須弥山論争が本格化する。平田篤胤（一七七六―一八四三）などの国学者は、自説に西洋天文学を援用した。近代に入ってからは、ニュートン（一六四二―一七二七）の力学とアインシュタイン（一八七九―一九五五）の相対性理論が、二〇世紀初頭に輸入されて普及し、古代以来の三種世界像は、完全に神話となって現代に至る。

古代に輸入された須弥山世界は、同時期の儒教や日本の世界像に比べると、仏教思想を前提として体系的に完成された、形而上的な宇宙論であった。「宇宙」の語は、もともと『淮南子』（前二世紀）に見えており、「宇」は空間を意味し、「宙」は時間を意味する。(6) 宇宙論とは、目に見えて手で触れ得る生活次元の自然を越える領域、すなわち空間と時間という抽象概念とその秩序についての考察である。平たく言えば、「無限の空間と永遠の時間はどのような形でありうるか」という問いと答えでもあり、その時代と文明の知的な創造力の結晶であると言えよう。その意味で、須弥山世界は日本人が持ち得た最初の宇宙論であった。古代インド宇宙論としての須弥山世界の完結度の高さが、西洋天文学に対して独自の価値観と世界像を提示することを可能にし、人々を惹きつけることに成功した思想的な理由と思われる。中国においても、須弥山世界は西洋地球説に拮抗し得る東洋唯一の宇宙観であった。(7) その須弥山世界とは、どのようなものか。

二　須弥山世界

定方晟《さだかたあきら》は、インド宇宙論を論じる中で、仏教の宇宙論を発展史によって三種に分けている。(8) まずは小乗仏教が

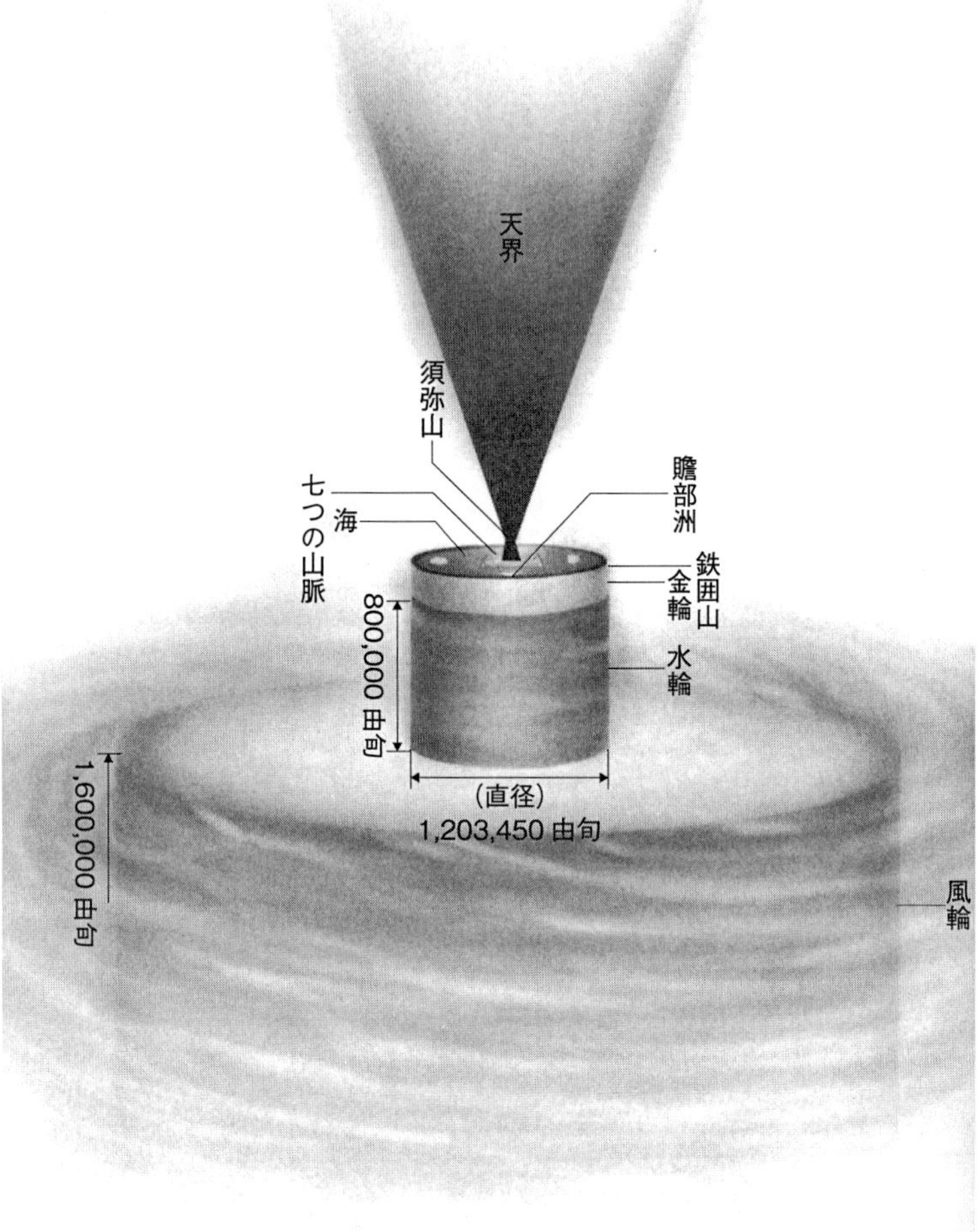

図 1　須弥山世界（定方晟「須弥山世界と蓮華蔵世界」、岩田慶治・杉浦康平編『アジアの宇宙観』講談社、1989 年、131 頁）

説く須弥山世界(9)(図1)、次に大乗仏教の蓮華蔵世界《れんげぞう》(瞑想のなかで宇宙大に拡大・変容された蓮華)(10)など、最後は密教のマンダラ世界である。時代を下るにつれて、俗なる現実世界から聖なる仏の世界の性格を強めていき、世俗性を失っていった。いずれにせよ、仏教の宇宙論は自己との関わりで存在する宗教的世界像であって(11)、人に関わりなく存在しうる現代の科学的宇宙論とは本質的に異なっている。

須弥山世界は、この世の現実である俗世であり、衆生の業と共に生滅する円還的な時間と空間からなる。日本人の知る須弥山世界は、主として『倶舎論《くしゃろん》』(世親著、五世紀頃成立)によっている(12)。『倶舎論』から、須弥山世界を紹介しておこう。

まず虚空の中に、生物の業の力によって巨大な風輪《ふうりん》が生まれる。ダイヤモンドよりも堅く、緊密に渦巻く風の輪である。風輪の上には車軸のような雨が雪のように降り積もり、巨大な水輪《すいりん》となる。さらなる風が水輪に吹きつけてきて、熱い牛乳の表面にできる薄皮のように、水が凝結して金の輪となる。

金輪《こんりん》の上には海と大地があり、その中心には、上部がより大きな四角い砂時計に似た異様な形をした須弥山がそびえ立つ。巨大な須弥山の中腹には、山を廻る浮き輪のように風の輪が回っており、太陽と月と星はこの風の輪に乗って巡っている。太陽の下部は火珠であるからよく熱し、月の下部は水珠であるからよく冷やす。

四角い須弥山の周りには、正方形状に七つの山脈と七つの海が交互に取り囲む。七山七海の外には外海が広がり、外海の東西南北には四つの大陸がある。私たちは四大陸の一つ、南にある三角状の贍部洲《せんぶしゅう》に住んでいる。東の大陸(勝身州《しょうしんしゅう》)は半月型、西(牛貨州《ごけしゅう》)は円形、北(倶盧州《くるしゅう》)は方形である(13)。四大陸のそれぞれの空は、須弥山四方の山壁——北の金、東の銀、南のラピスラズリ、西の水晶——によっており、私たちの南贍部洲の空は、ラピスラズリの青をうつしている。

日月の廻る風の道より上は、神々の住処であって、須弥山の中腹には四方を守る四天王がおり、山頂には帝釈天ら三十三神が天宮の楽園に住む。神々の一日は、人間界の一〇〇年にあたる。これらはまだ欲望にとらわれている神々(六欲天)であるが、その上には瞑想の深まりによって、欲望から解放されていく十七天[14]があり、欲望は超えているものの、いまだ肉体は残る瞑想の段階(色界)である。これより上には、さらなる瞑想の進展によって肉体も超越し、色も形もない四つの段階(無色界)がある。

須弥山の麓、我々人間と畜生が住む南贍部洲の地下には餓鬼がおり、さらにその下には無間地獄に至るまで、八層の炎熱地獄が重なっている。地獄には炎熱の他にも八寒地獄もあって複雑な構造をしているが、深くなればなるほど、その苦しみは大きくなっていく。ここでは、地獄の苦しみの一つをあげておこう。

邪淫の罪を犯した男は、地獄では剃刀の葉の林に置かれる。林の樹上に着飾った美しい女を見るや、かつての自分の女と思いこんで、剃刀の葉に肉筋骨髄を切り裂かれながら、樹に登り始める。ようやく樹上に着くと、いつのまにか女は地面に降りており、そこから「欲の媚びたる眼」で樹上の男を見つめ、美しい声で「あなたを想うから降りてきたのに、どうして近くに来てくれないのか」、「なぜ抱いてくれないの」と男を呼ぶ。男は樹を下り始めて、体はまた切り裂かれ、炎の嘴を持った鷲に目玉を啄まれ、耳や舌や鼻も八つ裂きになる。地面に下りると、女は再び樹上にいて、男を呼ぶ。この上り下りを、ほぼ永遠に繰り返す[15]。このような地獄の下は、先に述べた金輪である。生物は悟らない限り、自らの行いに応じて六道(天・人・阿修羅[16]・畜生・餓鬼・地獄)を生まれ変わり死に変わって、地下の地獄から山上の天界までを永遠に輪廻している。

宇宙には、このような須弥山世界が無数にある。まず須弥山世界一つを小世界と呼び、小世界が千個集まると小千世界となる。小千世界が千個集まって中千世界となり、中千世界が千個集まって大千世界となる。大千世界は十億個の須弥山世界であり、これを三千大千世界と呼ぶ。普遍の虚空の中で、風を土台とする須弥山世界は、時が来ると火・水・風による六四回の大災によって崩壊し、長い時を経て微風から再生する、という生滅のサイクル（生成・持続・生滅・空の四段階）[17]を、永遠に繰り返す。今、宇宙における星々が誕生し死滅しているように、暗闇の中で信号が複雑に点滅するように、無数の須弥山世界はそれぞれのリズムにしたがって生滅し、果てしなく輪廻している。

須弥山世界が持続している間（住劫）には、人の寿命は十歳から八万歳まで増減することが二〇回繰り返される。[18]仏教における人の始まり、いわば創世記を紹介しておこう。この部分は、明治時代に進化論などと関わって論じられた。

最初の人々は、神々の住処である上界から、自らの意志で生まれてくる。人々は美しい肢体から光明を放って自在に空を飛行し、喜と楽を食として無量の寿命を保ち、もとより男女や尊卑の別はない。ある時、地面によい香りのする蜂蜜のような甘い「地味《じみ》」というものが生じる。ある者がその香りに誘われて地味を食べ、他の者も食べることを知った。物を食べるようになった体は、堅く重くなった。人は空を飛べなくなり、体から光が失われて暗闇が生まれ、太陽と月と星が現れた。その後、地面から生まれる食物が「香稲《こうとう》」に変わった。これは粗雑な食物であるために体内からは排泄物が生じ、肉体に排出器官が作られて男女の別となり、性欲が生まれて性交するに至った。さらに怠け者が香稲を蓄えることを考えだして、人々が食物を貯蓄するようになると、もはや地面から自然に食物が生じることはなくなり、農耕と労働が生まれた。これを治める王が必要となって、盗みと戦いが生まれ、罪人と刑罰が生まれたという。

須弥山世界は、ヒマラヤ山脈を北に持つ三角状のインド亜大陸からイメージされたものであるが、インドの伝統である瞑想の世界と一体化しており、山上の神々と聖者の世界は瞑想の深まりに対応している。近代を経た今から見れば、須弥山世界は人の内界と外界が未だ分離していなかった神話の時代、人類がいまだまどろみの中にあった古代の精神的遺産の一つであると言えよう。精密で不可思議な須弥山世界は、人がいまだ空を飛んでいた遥かな太古から、夢のように響いてくる魔術的な力の残滓であり、異世界の美しい奇妙な三次元の細密画として、私たちを魅了する。古代の神話的宇宙論である須弥山世界は、無限の時間と空間を表象する精神のオブジェである。須弥山論争は、この力ある古代神話から魔力を奪い、脱神秘化していった。

三　須弥山のインド主義

日本の須弥山論争(19)は、キリスト教の布教と共に持ち込まれた地球説からの批判によって始まった。この論争を近世全体で見ると、ほぼ百年単位で全三期に分けられる。第一期(一七世紀)には、須弥山世界と西洋地理・地球説との融合が試みられた。徳川吉宗(一六八四—一七五一)による洋書禁書令緩和以後の第二期(一八世紀)は、知識人の間で須弥山世界の否定による排仏論が目立つようになる。第三期(一九世紀)は、後述する梵暦運動によって須弥山世界が庶民に知られるようになった。明治時代に入ってからは、太陽暦が施行されて、須弥山論争は終わりを告げる。

一六世紀半ばにやってきたフランシスコ・ザビエル(一五〇六—一五五二)は、日本人が日蝕などの天体論に強い興味を示したことを述べている(20)。文禄二年(一五九三)にはイエズス会の教科書として、アリストテレス哲学による『天球論』が著された。当時、イエズス会士だった不干斎ハビアン(一五六五—一六二一?)は、その著書『妙貞問答』(慶長一〇年〈一六〇五〉成立か)において、須弥山説批判の一節[21]を設けている。

ハビアンは、天球論によって月の満ち欠けと日蝕・月蝕を説明した後に、「(日・月・星が)風に乗じて廻るなどと申す事は、沙汰の限りの事」として、「(須弥山世界は)何《いず》れも皆、此の類《たぐ》いばかりなり」と結論する。ハビアンにとって、須弥山世界の非合理な神秘性は仏教全体の特質を示すものであり、須弥山批判は排仏のための格好の手段となった。その後のキリシタン禁止と鎖国に伴って、寛永七年(一六三〇)に漢訳されたキリシタン書籍は輸入が禁止され、西洋天文学の流入はいったん中断する。

この間の一七世紀には、仏教の本末制度と寺檀制度が全国的にほぼ行きわたった。これらを経済的・社会的基盤として、仏教各宗は僧侶育成のために学問所(檀林・学林などという)をつくり、一七世紀半ば頃から職業的な学僧が生まれた。延宝六年(一六七八)には、黄檗宗の僧侶鉄眼《てつげん》(一六三〇―一六八二)によって、仏教書の全集である大蔵経(全六七七一巻、版木六万枚)が完成し、近世を通じて全国の寺院などに配布された。民間からの寄付によってなされた鉄眼の明版大蔵経は、泰平の御代に華ひらいた文化の質の高さと、それを支えた経済的な豊かさを示している。基礎文献となる大蔵経を得たことにより、仏教研究は飛躍的に進んで、元禄年間(一六八八―一七〇四)には隆盛を迎えた。

こうした時代の勢いに乗って、学僧は須弥山世界と西洋地球説との融合を試みる。[22]その口火を切った宗覚《そうかく》(一六三九―一七二〇)は、真言律僧であった。須弥山論において、律僧は思想的に重要な役割を担っているため、ここで紹介しておきたい。

近世を通じて、本末制度と学林によって統制される仏教各宗派の教団体制から、自らの意志で離脱した捨世僧が常に存在する。彼らは教団離脱後に諸国を遍歴して、山林やさまざまな宗派の寺院で修行や学問を行うのが通

図2　宗覚の地球儀（海野一隆『日本人の大地像――西洋地球説の受容をめぐって』大修館書店、2006年、157頁、図43）

例だった。なかには時代思潮に敏感で、新しい思想を積極的に取り入れようとする学僧も多かった。律僧とは、捨世僧の中でも特にインドの釈迦仏直伝とされる小乗戒（具足戒）を受けて守る僧を指す[23]。律僧の思想はさまざまであるが、全般的な傾向としては、仏教全体の基礎として戒律を重視するために、宗派的な傾向が比較的に薄い。さらに一八世紀初め頃からは、釈迦仏を行動の原理とするインド主義が次第に強くなっていき、その一部は近代仏教学へと受け継がれていった。その端的な例が、釈尊復古を掲げる普寂（一七〇七―一七八一）や慈雲飲光（一七一八―一八〇四）である。

　宗覚は、槙尾の律僧が清雅に歩行する様を見て「ああ、真の僧宝なるかな[24]」と感じ、自ら律僧となった。真言僧として加持祈禱にすぐれ、怨霊退治なども行っている。空海将来の両界曼荼羅を模写して東寺に納め（元禄六年〈一六九三〉）、自ら再興した久修園院（現在の大阪枚方市、伝行基創建）のために愛染明王像を彫る（延宝七年〈一六七九〉）など、多彩な活動を行った。天文地理にも造詣が深かった彼は、渋川春海の作品を模した天球儀（直径一メートル・銅製）に加えて、地球儀（直径二〇センチ、元禄一五年〈一七〇二〉）を作成した（図2）。須弥山世界を基準として、アジアを南贍部洲とみなしてインド中心に変形し、ヨーロッパ・アフリカ・アメリカなども形を変えて、これらを地球面に配置している。北極の部分には、須弥山を模した水晶の柱がはめこまれた。さらに宗覚は、この地球儀と東寺所蔵の「五天竺図」などをもとに、新しくヨーロッパやアメリカを入れて、西洋世界地図と須弥界の南贍部洲を一体化した大型の平面地図「南贍部洲図」をつくった。

これをもとに、学僧の鳳潭《ほうたん》(一六五九―一七三八)が、インドを中心とする世界地図「南贍部洲万国掌菓之図《しょうか》」を出版して、世の人気を博した。一八世紀半ばには、この通俗版も出されて、世界地図として幕末まで版を重ねている。若年時にインドへの渡航を企てた鳳潭は、中国から伝来して当時最新の流行となっていた黄檗宗に入って鉄眼の弟子となり、後に華厳宗を起こした。鳳潭は律僧ではないが、既存の教団体制とは一線を画しており、各宗の学僧と激しい論争を行った。宗覚と鳳潭において、すでに須弥山宇宙像は地理上のインド中心主義に形を変えて、現実世界との整合性が主要な関心事となっている。

享保五年(一七二〇)の洋書禁書令緩和を受けて、享保一五年(一七三〇)に清の遊藝《ゆうげい》による天文書『天経或問《てんけいわくもん》』の訓点本が、幕府天文方の西川正休《まさやす》(一六九三―一七五六)によって出版された。多くの図版によって西洋天文学が分かりやすく紹介され、地球説は知識人に広く知られるようになった。(25) 当時の革新的な世俗的知識人にとって、須弥山説は時代遅れの世界像というだけではなく、仏教の反時代性・反社会性の好例として受け止められた。近世後半に高まっていく排仏と国学勃興の潮流の中で、須弥山批判は誰にでも分かる有効な排仏論となった。そうした批判者の一人が、大坂の懐徳堂で学んだ富永仲基(一七一五―一七四六)である。

仲基は延享二年(一七四五)に出版した『出定後語《しゅつじょうこうご》』において、「須弥山説は古来梵志(古代インドのバラモン)の説であって、釈迦は民にあわせて須弥山を仮に説いたものの、渾天説を是としていた。釈迦の本意は民の救済にあり、須弥山説は民を導く仮の手だてである」という。さらに「須弥山世界から大乗仏教の蓮華蔵世界まで、すべて幻を好むインドの梵志（バラモン）の心理にすぎない」として、「（須弥山説は）所謂る方便なり」[26]と、須弥山方便説を提示した。

仏教側で、最初に須弥山護法論を唱えたのは、浄土宗学僧であった無相文雄《もんのう》（一七〇〇―一七六三）である。宝暦四年（一七五四）に『非天経或問』と『九山八海解嘲論《くせんはっかいげちょうろん》』を著して、地球説に反論した。文雄は、「須弥山世界は釈尊が見た真理であって、凡人には見ることができない」としながら、日常の経験知によって須弥山説を実証しようとした。

続いて、浄土律僧の普寂は、仏僧の立場から須弥山方便説を言う。普寂は、律僧として生涯にわたって釈迦仏復古を実行し、近代仏教学へつながるインド主義の潮流を生み出した一人である。彼は、安永五年（一七七七）に、初学者のための護法書『天文弁惑』を書いた。まず、西洋天文学はインドの天文学に中国の天学を加えて工夫したものと言い、それが精密な技術を持つ有用な学問であることを評価する。次に、「現実の事象はいわば原子の集合離散であり、本質的に空である」として、現世を解体する仏教の基本的立場を示す。その上で「須弥山世界や蓮華蔵世界は、インド聖者の瞑想中の影像である」と述べて、「天文学は極めて精巧な学問であるけれども、悟りを開くという仏教の目標から見れば、地球説も須弥山説も無意味である」と結論した。

仲基と普寂は、須弥山の有無というレベルを越えて、須弥山世界は仏の真意とは無縁の方便と位置づける。瞑想中の影像として須弥山説の精神化を果たし、いわゆる近代的な意味での宗教と科学を区別することにより、時代からぬきんでた。近世中期、普寂と仲基という聖界と俗界の知識人において、仏教の内なる近代化は誕生しつつあった。[27]次世代の普門円通（一七五四―一八三四）に至って、彼らの須弥山論は奇妙にねじれて「須弥山はインドの行者が瞑想中に見た影像」という言が、後述するインド天眼説と結びつけられて通俗化し、キリスト教におびえる幕末仏教の危機意識と一体化して流布していった。その主意であった方便説は、むしろ世俗的知識人の取るところとなった。

その後、本居宣長（一七三〇―一八〇一）をはじめとして、国学者からの須弥山批判による排仏論が続いた。さらに、司馬江漢（一七四七―一八一八）の『和蘭天説』（寛政八年〈一七九六〉）によって、コペルニクスの地動説が本格的に紹介された。地球説は伝統的な世界像と併存するに至り、近世後半には民衆の間でも常識となっていた。(28)

四　梵暦運動

一九世紀には、天台宗の安楽律僧であった普門円通による梵暦運動が広まった。梵暦とは、円通が『立世阿毘曇論《りっせいあびどんろん》』や『倶舎論』などを根拠に、須弥山世界と一体化したインドの暦として提唱したものである。梵暦運動は、須弥山世界の実在を証明するための実験や天文学的な計算、地球儀に対抗する須弥山儀の作成など、疑似科学的な方法を特徴としており、これによって須弥山世界の知識が一般社会にも広まった。井上智勝は、近世後期から維新期にかけての国学や後期水戸学と同じく、梵暦運動は伝統社会の危機意識のあらわれであったと位置づける。梵暦運動は、西洋宇宙論と一体と考えられたキリスト教に対抗する排耶論ともなった。また攘夷論とも結びついて、明治時代の佐田介石（一八一八―一八八二）による舶来品排斥運動につながったともいう。(29)

まず円通について、紹介しておこう。(30)円通は、因幡の鳥取藩医の息子に生まれ、七歳の時に日蓮宗で出家した。一五歳で『天経或問』を読んで仏教に疑問を抱き、捨世僧となり諸国を遍歴して、比叡山や五山禅林などで修学する。真言律僧の慈雲飲光にも会い、京都では天文暦学やオランダ語を学んだ。二八歳で浄土観法を修している時に悟り、「（禅）定に入って終《つい》に真を見た」[31]という。光格天皇と親しかった天台宗安楽律の豪潮律師（一七四九―一八三五）に師事して、小乗戒を受けて律僧となった。

仏典から漢訳・和訳の西洋科学書までを広く渉猟して、寛政年間（一七八八―一八〇〇）に、梵暦を広める結社（梵暦社）をつくる。五七歳（文化七年〈一八一〇〉）、独自の梵暦総説書『仏国暦象編《ぶっこくれきしょうへん》』五巻五冊を出版し、広い反響を呼んだ。十数点の著作を著し、諸国を講説して梵暦を広め、文政元年（一八一八）には、梵暦を門人らへ授与することを認める官許を幕府から得た。[32]運動にかかる多額の費用は、大坂と堺の米問屋二軒に毎年の稲の作柄の予測を知らせて、当たれば三百両、外れても百両を得ていたという。[33]文政六年（一八二三）、七〇歳で浄土宗増上寺の恵照律院に入った。「梵暦開祖」と仰がれて八一歳で亡くなった時には、門人が千人を越えていたという。円通が宗派の枠を越えて自由に活動できた理由の一つは、彼が律僧だったことにあろう。

その主著である『仏国暦象編』は、彼の提唱する梵暦の起源から、天文に関する数値や図解、その根拠となる天眼を説いた梵暦概論である。[34]その基本的立場は、「梵暦は釈迦以前からインドにあったものであり、回回《ふいふい》（イスラーム）天文学や西洋天文学、中国暦などのすべての天文学と暦の起源である」（巻一）という、インド主義である。円通は、仏教を包含するインド自体を原理としており、仏教以外のインド思想に対して、賤称である「外道」という言葉を使わず、常に「印度聖賢」などの尊称を使う。

円通が、須弥山世界の絶対性を言う根拠を見てみよう。曰く「（須弥山世界の形状は）数に任せて測るべきものに非ず、理を推して以て闚《うかが》うべきものにも非ず」として、須弥山は数理を越えていると言う。須弥山世界こそ、「支那の聖人、欠いて言わざる所にして、印度の聖賢よくこれを言う」ものである。なぜインドの聖賢だけが言えるかと言えば、「彼の土の聖者は、禅定力に依ってよく天眼通（眼の神通力）を起こす」からである。「太古の聖人、仏出世の前、已《すで》に教を垂るるに以て五通（五感の神通力）を取る法を以てす。天眼は即ちその一なり」（以上巻二）と。須弥山世界は、釈迦仏以前の太古からインドに連綿と伝わった禅定によって得た神通力、つまり天眼によって見られた世界であるから、「須弥器界（須弥山世界）に於いては毫も疑わず」（巻二）と断言する。禅定で獲得できる天眼とは、「壁や山にも妨げられず、遠い対象を徹視する力であり、低レベルの天眼でも千里万里を見ることができる。高レベルの天眼だと、無限の遠くまで見ることができる」（巻二）という。

図 3　須弥山儀（展象儀）

図 4　須弥山儀（縮象儀）
（ともに、龍谷大学大宮図書館編『龍谷大学大宮図書館 2009 年度特別展観　仏教の宇宙観』龍谷大学大宮図書館、2009 年、15–16 頁）

さらに、「天眼は肉眼とは別のものではない」（巻二・巻五）と強調する。「人は皆、天眼等の六神通の性を固より有する」（巻五）ものであり、「今のような末世であっても、禅定を修習すること至誠ならば、禅定を修めることによって、だんだんと深い禅定に達する」（巻五）と。しかし、最終的に悟った時にも「十方森羅の万象は、自己の心中に現れて浮光の如く幻影に斉しく明らかになり、釈迦一代の教えは一心にある」（巻五）と言うだけであって、禅定を修行することによって須弥山世界を見られるとは言わない[35]。円通の結論は、「凡人に須弥山世界は見えない」というものであった。「凡人の肉眼で見える現実世界は、聖者の天眼だけに見える須弥山世界の一部にすぎない」とする。

その天眼と肉眼の二重構造となる世界像を示した模型が、彼の考案した須弥山儀である。須弥山儀は、天眼で見える須弥山世界の全体像（展象儀。図3）と、その一部である肉眼に見える世界（縮象儀。図4）の二つから成り立つ。現存する展象儀は五基、縮象儀は一基が確認されている[36]。当時「からくり儀右衛門」と言われた田中儀右衛門久重（一七九九―一八八一。東芝の創業者）は、円通の弟子である臨済宗僧侶の環中（一七九〇―一八五九）の依頼により、展象・縮象の二儀からなる須弥山儀を、嘉永三年（一八五〇）前後に完成させた（現在は龍谷大学図書館所蔵）[37]。展象儀は、螺鈿の猫足を持つ黒火鉢状の円い台上に、四色に塗り分けられた須弥山と海がある。須弥山の中腹には、針金が円く二列にめぐっており、風で廻る日月の運行を示している。縮象儀は、同じく三角状の台に金属の円盤が置かれ、その上を半円の金属環が何本も回っている。須弥山儀は、田中久重の商品「須弥山時計」として売り出された[38]。

『仏国暦象編』は、一般書として読まれて広がったために、出版直後から多くの批判を浴びた。伊能忠敬（一七四五―一八一八）は、『仏国暦象編斥妄』（文化一四年〈一八一七〉か）を出版した。懐徳堂知識人であった山片蟠桃（一七四八―一八二二)は、その主著『夢の代』で、「仏説に陥りて覚らざる人々」である「無益の仏を信ぜし」庶民のあいだに、須弥山世界が広がっていくことを批判した。蟠桃は、「(須弥山世界は)みな出次第の方便なれば、真顔を以て弁ずるに足ざれども」、「唯その憎むべきは、天眼通・神通力にあり」[39]と怒っている。

円通没後に梵暦社中は分裂するが[40]、梵暦運動は広範囲に拡がって、門人には俗人も多かった。浄土真宗の僧侶が多かったようで、天保年間(一八三〇―一八四三)には、東西本願寺の学林で梵暦の講座がおかれている[41]。梵暦社

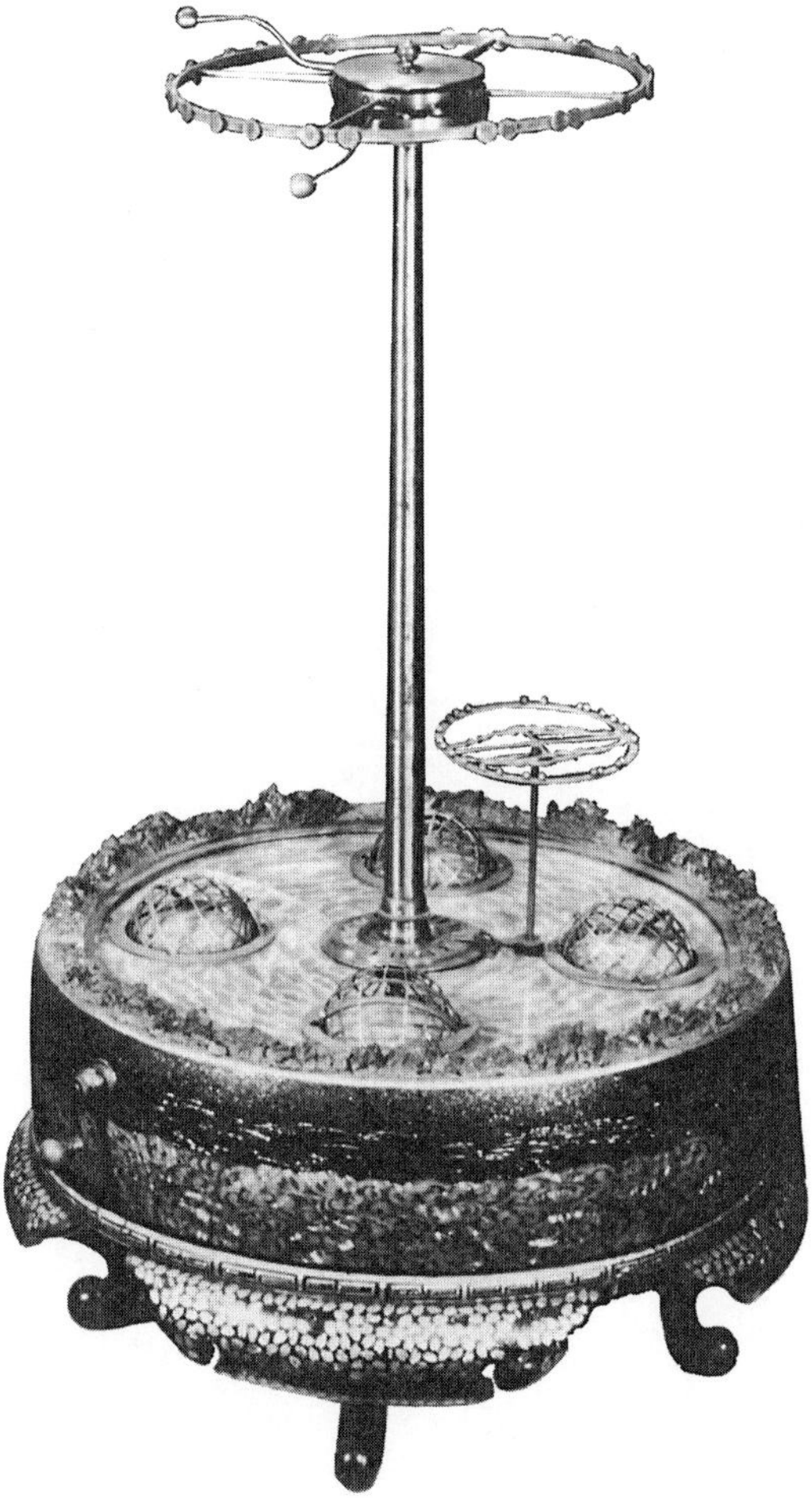

図5　現実等象儀(海野一隆「日本において須弥山はいかに消滅したか」、岩田慶治・杉浦康平編『アジアの宇宙観』講談社、1989年、368頁)

中の僧侶は、その地域で講義や関連書の会読を繰り返して、近隣寺院の僧侶や庄屋クラスの有力農民に支持を広げていった。[42] 社会に受け入れられた梵暦運動の僧たちは、インド医学にもとづいて梵医方の売薬や処方も行った。[43]

浄土真宗西本願寺派の僧侶であった佐田介石（一八一八―一八八二）は、幕末から熱心に須弥山世界を鼓吹し、明治時代に入って一八七二年に太陽暦が施行された後も、活動を続けている。[44] 介石は「等象斎」と号して、須弥山儀と縮象儀を合成した「現実等象儀」という天文模型を田中久重に作らせて、東京上野の第一回内国勧業博覧会（明治一〇年〈一八七七〉）に出品している。現実等象儀（図5）では、須弥山はもはや一本の金属棒と化しており、単なる天動地平説になっている。[45] ここにおいて、須弥山世界の脱魔術化は完了したと言えるだろう。

近世後期から幕末にかけて、欧米列強の植民地化などに対する危機意識が醸成されていく中で、人々は西洋から独立した原理と独自の価値観を必死に模索した。たとえばその一つが、国学における日本主義であるだろう。そのような中で、律僧であった円通は、近世半ばから仏教内部で顕著になってきたインド主義の潮流に乗って、須弥山の宇宙論に託してインド（梵）という原理を提示した。その源は、彼の言葉で言えば「天眼通・神通力」というインド古代の魔術であり、言い換えれば、それは須弥山世界を生み出した古代インドの抽象性と創造力を近代化する試みであった。すなわち、梵暦運動は近世仏教におけるインド主義が世俗化した一形態である。須弥山の宇宙はインドという原理から生まれたものであり、その原理は人々の魂と生活を支えてきた仏教を包含するものでもあった。それが、人々を須弥山世界に惹きつけ、幕末に梵暦運動が流行した思想的理由と思われる。

おわりに

古代に仏教に伴って輸入された須弥山世界は、日本人の持ち得た最初の宇宙論であった。近代以前のアジア仏教国における須弥山論争は、キリスト教の布教と共に持ち込まれた地球説からの批判によって始まる。その中で日本の須弥山論争の特徴は、一七世紀という早い時期に始まったことと、一九世紀には庶民にまで拡がったことである。形而上的な宇宙論である須弥山世界が、三百年にわたって知識人から庶民のあいだに至るまで議論された事実は、日本近世の豊かさを示すと共に、近代以前において仏教が担っていた形而上学的な役割の一端を示すものであるだろう。

近世前期には、鎖国と泰平の御代がもたらした安寧と繁栄の中で、学僧らは須弥山世界と西洋地理・地球説の融合を試みた。インドを中心とする地球儀と南贍部洲図をつくった宗覚は、釈迦仏直伝の小乗戒を守る真言律僧であった。須弥山世界を説く宗覚や鳳潭などの仏者らはインドを世界の中心としており、一八世紀初頭にはインド主義の萌芽が見られる。

近世中期には、洋書禁書令が緩和されて西洋科学の知識が流入し、須弥山世界と地球説の間で、互いに論難が応酬されることになった。その中で、世俗的知識人の富永仲基と浄土律僧の普寂は、須弥山世界はインドの行者が瞑想中に見た影像であるとして須弥山方便論を提示し、悟りと救いを目的とする仏教と切り離して理解する。彼らは近代的な意味で宗教と科学を区別した点で、近代の先駆けと言えよう。

近世後期の一九世紀には、天台安楽律僧の円通が始めた梵暦運動によって、一部の知識人のものであった須弥山世界は社会に広まった。円通は、「この現実世界は須弥山世界のごく一部にすぎない」として、須弥山世界をひろめることに成功した。社会に受け入れられた梵暦運動は、仏教におけるインド主義が世俗化した一形態である。円通の門弟らによって須弥山儀が作成されて、浄土真宗の両本願寺で梵暦の講座が設けられるに至り、梵暦運動は浄土真宗の信者を中心にひろがったことが推測される。近世仏教におけるインド主義は、仏教思想の近代化において重要な思想的役割を果たしたと言えよう。

最後に、宇宙論として須弥山論争を見た場合に、重要となる時間の問題について触れておきたい。ハビアンや宗覚が問題とするのは天文学的な日月蝕や地理上の矛盾などであり、すでに最初から須弥山世界は空間的な問題としてのみ論じられる。その後も佐田介石に至るまで、須弥山世界の持つ円還的な時間については、ほとんど問題にならない。円通は、その注釈書『羽翼原人論』では、先述した『倶舎論』における人間の起源について「これはあくまでも小乗仏教の話であって、大乗仏教では無始無終である」[46]と述べている。日本の近世から近代において、はたして時間という形式はどのように認識されていたのだろうか。それは、日本人が空間と時間を認識する枠組みの近代的変容の問題ともなろう。

（1）Donald S. Lopez Jr., 2008, *Buddhism and Science*, The University of Chicago Press, London, Chapter 1. によって、日本以外のアジア仏教国の須弥山論争の大略を紹介しておく。一七世紀末のタイでは、仏僧とイエズス会士が、地球説について議論している。一九世紀末のスリランカでは、仏僧グナーナンダ（一八二三―一八九〇）とキリスト教宣教師が、須弥山世界についての議論を含む論争を行った。この論争については、中村元監修・釈悟震訳注『改訂　キリスト教か仏教か』（山喜房仏書林、二〇〇九年）に詳しい。二〇世紀には、中国近代仏教の改革者である太虚（一八八九―一九四七）が、須弥山世界と太陽系を比べて、両者の調和を図っている。チベットでは、仏教近代化に尽力した学僧のゲンドゥン・チョペル（一九〇三―一九五一）が、須弥山説を否定して地球説を紹介した。

（2）近世全体にわたる地球説の受容については、海野一隆『日本人の大地像』（大修館書店、二〇〇六年）を参照されたい。

（3）荒川紘『日本人の宇宙観』紀伊國屋書店、二〇〇一年。
（4）本居宣長『古事記伝』三之巻・神代一之巻、六之巻・神代四之巻など。
（5）主流であった蓋天説は、円盤状の天と方形の大地からなる。蓋天説では説明のつかない天体の運行を説明するために、渾天説が考え出された。渾天説では、球面の天が水上に浮かぶ方形の大地の周りを回転するとされる。両説は、近世においても論じられた。
（6）「往古来今謂之宙、四方上下謂之宇」、『淮南子』巻十一、斉俗篇。
（7）同時期の朝鮮では、地球説への反論はなかったという。海野前掲書、二六五頁。
（8）定方晟『インド宇宙論大全』（春秋社、二〇一一年）など。
（9）近世仏者も、あくまでも小乗仏教の宇宙論として須弥山を論じる。
（10）大乗仏教の宇宙観については、定方前掲書『インド宇宙論大全』による。日本での例をあげると、東大寺の大仏像は『梵網経』にもとづいており、『華厳経』の蓮華蔵世界が発展したものである。また他力本願の阿弥陀仏信仰は、自業自得の自力を旨とするインド仏教から大きく逸脱する。そのために、極楽浄土は須弥山世界や蓮華蔵世界などの伝統的な仏教宇宙像の中に存在せず、独立している。極楽浄土の起源については、インドやギリシア、エジプトなどの諸説がある。
（11）「世界」はもともと仏教語であり、「世」は時間、「界」は空間である。中国で重視された中国選述経典の『楞厳経』でも、「云何名為衆生世界。世為遷流、界為方位。汝今当知東・西・南・北・東南・西南・東北・西北・上・下為界。過去・未来・現在為世。方位有十、流数有三」（大正蔵巻一九・一二二下）という。必ずしも人の存在を含まない「宇宙」に対して、「世界」は人をはじめとする生物の業によって生滅するものであり、人間を不可分の存在として含む。詳しくは、定方晟「須弥山世界と蓮華蔵世界」（岩田慶治・杉浦康平編『アジアの宇宙観』講談社、一九八九年）。
（12）『阿毘達磨倶舎論』巻十一・十二、分別世品第三之四―五、大正蔵巻二九・五七上―六七上。
（13）明代から清代にかけて完成した『西遊記』の舞台は、四大陸でもある。たとえば『西遊記』（一）第八回（岩波文庫、一九七七年）には、四大陸の気性の違いが述べられる。

（14）十七天は、欲望から離れる段階から苦楽の超越までの四段階（初禅・二禅・三禅・四禅）に分けられる。

（15）『正法念処経』巻五、地獄品第三之一、大正蔵巻一七・三二上─中。

（16）六道の内、闘争を好む阿修羅は後に加わったものであり、地下や海底に住むとされる。

（17）この四段階は、成・住・壊・空と呼ばれる。それぞれ二〇劫の長さであり、一サイクル全体で八〇劫となる。劫とはインドの時間の単位で、たとえば四〇里四方の大岩を、百年に一度だけ柔らかい衣で触れることにより岩が摩滅して無くなっても、一劫はまだ続いている、というきわめて長い時間である。

（18）百年に一年の割合で、寿命が増減する。住劫の初劫には、無量の寿命から十歳まで減じた後に八万歳まで増える。その後は十歳と八万歳の間を一九回減増する。今の我々は第九劫前半の減少過程にあって、寿命は百歳ほどという。

（19）須弥山論争の大概は、先学によって明らかにされている。概ね近代主義史観から論じられて、須弥山護法論の意義は否定されてきた。主なもののみあげると、伊東多三郎「近世に於ける科学的宇宙観の発達に対する反動に就いて」（『宗教研究』新一一─二、一九三四年）、板沢武雄「江戸時代に於ける地動説の展開と其の反動」（『史学雑誌』五二─一、一九四一年）、柏原祐泉「近世の排仏思想」「護法思想と庶民教化」（日本思想大系五七『近世仏教の思想』岩波書店、一九七三年）など。科学史からは、吉田忠「近世における仏教と西洋自然観の出会い」（安丸良夫編『近代化と伝統』春秋社、一九八六年）、吉田忠「明治の須弥山説論争」（『東洋文化』七五、一九九五年）などがある。二〇〇〇年代に入ってから近代主義の見直しの進展に伴い、須弥山護法論に意義を見いだす研究が出てきた。井上智勝「幕末維新期の仏教天文学と社会・地域」（『明治維新と文化』吉川弘文館、二〇〇五年）、西村玲「現世の解体」（西村『近世仏教思想の独創』トランスビュー、二〇〇八年）、Lopez 前掲書（二〇〇八年）、岡田正彦『忘れられた仏教天文学』（ブイツーソリューション、二〇一〇年）など。

（20）イエズス会の布教戦略における宇宙論の有効性は、平岡隆二「イエズス会の日本布教戦略と宇宙論」、『長崎歴史文化博物館研究紀要』三号、二〇〇八年。

(21)『妙貞問答』「仏説三界建立ノ沙汰之事」(『キリシタン教理書』教文館、一九九三年)。ハビアンと林羅山(一五八三―一六五七)は、地球説をめぐって論争している。
(22)この時期には、水戸藩儒者の森尚謙(一六五三―一七二一)も仏教・儒教・道教・神道の宇宙観を融合して、大陸を球面に配置している。『護法資治論』巻二「天地正体円形図」(宝永四年〈一七〇七〉に完成。『日本闘諍史料』第二巻、一九七〇年、名著刊行会)。
(23)日本の仏教教団では、一般に大乗戒を受けて正式の僧侶となるが、律僧は精神的な大乗戒に加えて具体的な細則である小乗戒を自ら受けて、いわゆる良心的な僧侶とみなされた。このような律僧モデルは日本特有であり、中世南都の叡尊(一二〇一―一二九〇)らを嚆矢とする(西村玲「釈迦信仰の思想史的展開」、『東方』二六号、二〇一一年)。近世には真言律から天台安楽律と浄土律が生まれて、他宗にも影響を及ぼした。詳細は、西村玲「教学の進展と仏教改革運動」、『新アジア仏教史一三　日本Ⅲ　民衆仏教の定着』(佼成出版社、二〇一〇年)、西村前掲書『近世仏教思想の独創』。
(24)木南卓一「宗覚律師伝」、『帝塚山大学紀要』一九号、一九八二年、五頁。
(25)吉田忠「『天経或問』の受容」、『科学史研究』一五六、一九八五年。
(26)『出定後語』上「須弥諸天世界」(日本思想大系四三『富永仲基・山片蟠桃』岩波書店、一九七三年)など。仲基の須弥山説については、西村玲「聖俗の反転」(西村前掲書『近世仏教思想の独創』)、清水光明「須弥山をめぐる冒険」(『年報地域文化研究』〈東京大学大学院総合文化研究科地域文化研究専攻〉第一五号、二〇一一年)を参照されたい。
(27)西村前掲書、Lopez も仲基を同様に評価する。Lopez 前掲書、pp. 46-47.
(28)海野前掲書、二〇二頁。中世と程度の差はあれども、近世を通じてさまざまな世界像はある程度併存していたと思われる。日本人の世界像が、西洋科学説に完全に一本化するのは近代に入ってからであり、時間と空間の一元化は近代の特徴の一つではないだろうか。
(29)井上前掲論文、三―七頁。
(30)円通の伝記については、小出長十郎『普門律師之伝』(写本)、「江戸三縁山沙門円通伝」(『浄土宗全書』一八)がある。

また工藤康海撰「普門円通律師略伝」(「普門律師の梵暦運動と師の略伝」末尾所収、『財団法人明治聖徳記念学会紀要』五六巻、一九四一年)。工藤康海については、岡田正彦「工藤康海と梵暦運動」(松本郁代編集『横浜市立大学木調書資料集成I　仏教天文学』横浜市立大学、二〇一二年)。

(31) 前掲の工藤康海撰「普門円通律師略伝」、三九頁。

(32) 暦を司る土御門家と梵暦僧との軋轢については、井上前掲論文。

(33) 海野前掲書、二〇六頁。円通の資金調達については、『普門律師之伝』に詳しい。

(34) 詳細は、岡田正彦『忘れられた仏教天文学』ブイツーソリューション、二〇一〇年。

(35) 円通が、実際にはどの程度に禅定を修行していたのかは不分明だが、注釈書では禅定の重要性を述べている。唐代の宗密(七八〇—八四一)による『原人論《げんにんろん》』は、三教一致の性格を持つために、近世で仏教入門書として好まれた。円通は、『羽翼《うよく》原人論』(文政七年〈一八二四〉)という注釈書を書いており、序に「排仏論を唱える富永仲基らへの反論でもある」という。大正時代まで『原人論』の入門書として広く読まれ、円通の数ある著書の中でももっとも普及した。この末尾に、中世南都の法相学僧であり、遁世して律僧となった良遍(一一九四—一二五二)作とされていた禅定の入門書『自行思惟』(実際には貞慶作)を校訂して付した。良遍の生涯を紹介する形で、良遍が白毫《びゃくごう》念仏を修して、禅の著作を書いたことを賞賛する。円通は「『自行思惟』を付けたのは、予が微志なり」(序)と言っており、インド由来の正統的な禅定の方法を模索していたのかもしれない。

(36) 海野前掲書、二一五頁。

(37) 龍谷大学大宮図書館・二〇〇九年度特別展観『仏教の宇宙観』龍谷大学大宮図書館、二〇〇九年、一五—一六頁。

(38) 海野前掲書、二一五—二一七頁。

(39) 『夢の代』、前掲書『富永仲基・山片蟠桃』一九六頁。

(40) 須弥山世界の四大陸の季節と昼夜が同じか(円通とその弟子である浄土真宗仏光寺派僧侶の信暁による「異四時説」)、四大陸で異なるか(環中による「同四時説」)という相違などによる。詳細は岡田前掲書、一八二—一八八頁。

(41) 東本願寺学寮での梵暦講義の様子については、木場明志「幕末~明治初期の梵暦研究について」、『真宗研究』二七、一九八三年、三一四頁。
(42) 近世後期の庶民への広がりについては、井上前掲論文、一七―二一頁。
(43) 岡田前掲書、二三頁。
(44) 佐田介石の天文説は、梅林誠爾「佐田介石仏教天文地理説の葛藤」、『熊本県立大学文学部紀要』第一三巻、二〇〇七年。
(45) 海野前掲書、二二一頁。同じく海野「日本において須弥山はいかに消滅したか」、前掲書『アジアの宇宙観』、三六八―三七一頁。
(46) 時間について、たとえば一七世紀初頭中国の仏教とキリスト教の論争では、イエズス会宣教師が「神の世界創造は有始無終」と主張するのに対して、禅僧は「無始無終の大道」と反論する(西村玲「虚空と天主」、『宗教研究』三六六号、二〇一〇年)。ハビアンと羅山も同様に論じる。

付記　小出長十郎『普門律師之伝』(写本)は、所蔵する日本学士院から複写をいただいた。『横浜市立大学木調書資料集成Ⅰ　仏教天文学』は、松本郁代氏(横浜市立大学准教授)からご恵贈いただいた。記して、心より感謝申し上げる。

「文明開化」と「進化論」

菅原　光

はじめに

明治期の思想界を回顧した竹越与三郎は、J・S・ミル(John Stuart Mill)の存在感について「向ふ所殆ど敵なく、『最大衆民の最大幸福』『実利主義』等の文字は恰かも是れ一個の経典の如くして之に敵するは殆ど無神経の徒なるが如く思はれ、弟子ミルの名は、其師ベンタムの名よりも囂しかりき(1)」と述べている。中村正直『自由之理』や西周『利学』など、複数の翻訳本が刊行された他、福澤諭吉や西周らの論考によって、ミルの名とその思想はかなり詳細に伝えられていた(2)。同時期に紹介されていた他の思想家と比べ、ミルへの関心の高さが群を抜いていたことは間違いない。しかし、竹越は同時に「一旦ミルを謳歌せるもの、靡然として相率いてスペンセルに赴けり(3)」とも述べ、ミルへの関心は明治一〇年前後から次第に薄れ始め、明治一四年を画期として、ミルに取って代わるかのように、そしてしかも、それに輪をかけた形で「社会進化論」の思想家として知られるH・スペンサー(Herbert Spencer)ブームが巻き起こったという。これは、翻訳書の刊行時期、翻訳点数といった観点からも、ある程度実証することができる。ミルの翻訳の中で最も読まれた『自由之理』が刊行されたのが明治五年であるのに対し、スペンサーの翻訳の中で最も読まれた『社会平権論』の刊行が始まったのは明治一四年のことであったし、明治期におけるスペンサーの邦訳書数はミルの二倍以上にのぼっているからである。

少なく見積もっても価値中立的に捉えられていたミルからスペンサー、あるいはスペンサーを代表とする「社会進化論」の時代へという流れは、今日ではしかし、ネガティブな歴史として理解されることが一般的である。ミルが流行していた明治初年代、つまり「文明開化」期が「自由」や「平等」「個人」あるいは「天賦人権」のような思想や概念が初めて紹介され、その実現に向けた努力が為され始めた希望の時代であったとするならば、「文明開化」が向かっていたはずの方向を外れ、強兵富国を目指して邁進する方向（「国家主義」「帝国主義」「超国家主義」）へと歩み始めた分岐点が、明治一四年前後の時期であり、そして「社会進化論」であった。「社会進化論」は「文明開化」期の日本が持っていた可能性を潰えさせる方向へとシフトせしめた要因であった。図式的に言うならば、天地の公道に基づき、智識を世界に求める（『五箇条之誓文』）ことを目指していた「文明開化」期の日本には健全な発展を遂げる可能性があったのに、「社会進化論」の〈悪影響〉によって歪みが生じた、というストーリーである。[4]「文明開化と進化論」というテーマで想定されるのも、通常、このようなストーリーであろう。

スペンサーや「社会進化論」に対するこのようなネガティブな見方の成立に影響を与え、大きく後押ししたのは加藤弘之の、いわゆる「転向」である。明治前半期までは「天賦人権」や「立憲政体」といった西洋由来の新しい概念の紹介と普及に努めるなど、「文明開化」期を代表する思想家として活躍していた加藤はしかし、明治一四年一一月、それぞれ明治三年と明治七年に刊行していた『真政大意』『国体新論』を自ら絶版にする届出を出し、翌、明治一五年には『人権新説』を著してダーウィン（Charles Robert Darwin）やスペンサーらに基づいて「社会進化論」の立場に立つことを宣言、かつての自らの主張をも含めた「天賦人権論」を口を極めて批判し出すようになったからである。「天賦人権論」から「社会進化論」に基づく国家主義者への「転向」と言われてきた事柄である。二著を絶版にした際、加藤はわざわざ、両著が「後進に甚だ害ある」「謬見妄説往々少からざる」といった自己批判、「天賦人権論」批判を交えた両著絶版の広告を『郵便報知新聞』(明治一四年一一月二〇日)に掲載するという念の入れようだったし、後年に至っても、「ダルウィンならびにスペンセル等の進化主義の書を読むにおよび、……天賦人権なるものの存すべき道理なきゆえんをますます明瞭に知了して、ここに旧著のはなはだしき謬見に属するを悟りしかば、さらに書を著して旧著の謬見と新著の真理とを公示せんと欲し(5)」とか「余の主義の一変したと言ふのは、抑々如何なる訳である乎といふに、……ダーヰンの進化論や、スペンサーやヘッケル其の他の進化哲学の類を読むこととなって、宇宙観、人生観が全く変化したためである(6)」などと、ことあるごとに回顧、強調し、強い印象を与え続けてきた。

このような加藤の「転向」は、明治以降の歴史の中に国家主義とか帝国主義とかの流れを読み込み、反省的に回顧しようとする機運が高まった戦後以降になると、否定されるべき最も典型的なケースとして捉えられるようになった。例えば松本三之介は、加藤の「転向」を次のように要約した上で、「加藤弘之の進化主義」は、「文字どおりのフィジカルな権力の肯定に居直る」ものであり、「優勝劣敗といい強者の権利といい、いずれも当時における優者であり強者である藩閥政府、すでに権力の座を占めた絶対主義官僚の支配と権力とを正当化する理論以外の何ものでもない」といった批判を展開している(7)。

明治初年いらい天賦人権論を唱えて新しい時代のオピニオン・リーダーとなった加藤弘之は、一八八一年(明治一四年)、公然、天賦人権論をすてて進化論をとり、自由民権論にはげしい攻撃の砲火を浴びせた。すべての人は生まれながらにして独立自由の権利をもつというのは、何ら根拠のない妄想にすぎない。優勝劣敗は政治の世界をも貫く法則であって、権利とは権力に応じて社会の最強者により与えられるものにすぎない。権利もまた進化の産物である。これが加藤の権利にかんする新しい見解であった。彼の新著『人権新説』(明治一五年刊)は、そうした立場で書かれたものである。(8)

「時流」や「勢い」、何らかの「歴史法則」に追従するのではなく、それに対して主体性を発揮したかどうかということが思想や思想家を評価する時の、重要な指標になってきたことが反映された解釈である。しかしこのような指標が形成されたこと自体、加藤の「転向」に対する否定的な見方と無縁ではないという転倒した関係が見られる部分もある。そしてまた、明治以降の歴史自体も、国家権力に先立つものとして個人の人権の重要性を主張し擁護しようとする「天賦人権論」や自由民権運動が衰退していくという形で「文明開化」期が終焉を迎え、代わって国家主義的な動きが強まっていったというストーリーに基づいて捉えられてきた。つまり、加藤弘之の「転向」は、加藤個人の「転向」としてだけではなく、しばしば時代そのものの転換を捉えようとする際にも重ね合わせて理解され、加藤によって象徴される(ものとして捉えられた)時代の転換、加藤の「転向」に影響を与えたとされる「社会進化論」、スペンサーまでもが、同じ評価軸によってネガティブに捉えられてきたのである。(9)竹越によって表現された「ミルからスペンサーへ」という明治期における思想史上の転換もまた、同様であった。ミルの流行に代表される「天賦人権論」の時期からスペンサーに代表される「社会進化論」へと「転向」した加藤の例を踏まえれば、「ミルからスペンサーへ」という移行は、「天賦人権論から社会進化論へ」という表現と互換可能なものとして捉えられ得るからである。

そしてその「転向」に大きな影響を与えたのも「社会進化論」なら、日本の軍国主義化、植民地主義などを後押ししたのも「社会進化論」だったというわけである。しかも、加藤が「転向」したとされる時期は、ミルに代わってスペンサーが流行し出すのと同時期だっただけではなく、明治政治史上最大の転換点とも言い得る明治十四年政変とも同年であった。大隈重信、並びに小野梓を初めとするその一派の官僚たちが政権中枢から追放されたことで葬られることになった大隈の憲法案は、イギリスをモデルとした議院内閣制を主軸とするものであった。大隈の憲法案や初期の自由民権運動に日本近代が歩み得たはずのポジティブな方向性を読み取るならば、大日本帝国憲法へと結実するプロイセンをモデルとした憲法制定への方向性が固まった明治十四年政変は、より自由な社会が成立する可能性が潰え、国家主義的な体制が成立する方向性が固まった瞬間でもあった。「ミルからスペンサーへ」と表現するにせよ、「天賦人権論から社会進化論へ」と表現するにせよ、明治一四年を画期とする明治思想史上の転換の存在は当然視され、そしてそれは明らかにネガティブな転換として捉えられてきたのである。

一 「天賦人権論」と「社会進化論」

1 「転向」再考

しかし、加藤の「転向」それ自体は、本人による自己宣伝に影響されたバイアスのかかった捉え方であるという指摘が、先学によって為されている。「文明開化」期の加藤の議論を詳細に検討してみると、それは一般に言われているような「天賦人権論」と呼べるようなものではないことは明らかであり、従って初期の加藤が「天賦人権論」者であるという、そもそもの前提自体が成り立たないというのである。(10)「『天賦人権論』からの転換」という表現は、加藤自身の思想を振り返る上でさえ不正確な、加藤自身の戦略的意図に基づいた主張に引きずられた見方として捉える必要があるし、時代分析として捉えることにはさらに大きな問題がある。例えば、最大の主唱者であったはずの福澤諭吉は「社会進化論」の時代を待たずに「天賦人権論」の主唱者であることをやめていたし、オランダ留学中にライデン大学のフィッセリング(Simon Vissering)教授から性法(自然法)講義を受け、当時において最も深く自然法や天賦人権(自然権)という概念、歴史を学んだ思想家のうちの一人である西周が、現実的な政策論においては、かなり早い時期から法実証主義的立場に立っていたことなどを考えても、明治前半期において既に無批判な「天賦人権論」受容があったわけではないことが分かる。(11)そしてまた、「文明開化」期に熱心に学び取られた西洋思想の代表例が、例えばベンサム(Jeremy Bentham)やミルらの思想であったことを考えても、「文明開化」期を「天賦人権論」の時代と総称するのは、素朴過ぎる理解だと言わなければならない。ベンサムやミル自身は、決して「天賦人権論」者ではなく、むしろその強力な批判者であり、彼らに「天賦人権論」を代表させるというのは、誤読でしかあり得ないからである。外山正一による加藤批判にもあるように、(12)「天賦人権論」批判は、スペンサーを待つまでもなく、ミルにおいて、あるいはその前世代にあたるベンサムにおいて既に、より一層強く打ち出されていた。福澤や西ら、明治前期に活躍した多くの思想家達は、ベンサムやミルらによる「天賦人権」批判と同時進行で「天賦人権」という概念を、そのフィクション性ということまで含めて把握し、その意義をも理解していたのである。(13)

加藤の「転向」をスペンサー受容の影響として捉えることにも、あるいは「スペンサーへの転向」として捉えることにも注意が必要である。山下重一が述べるように、加藤は「進化論」に関係する書物をいくつか読みはしたものの、「スペンサーの独訳を第七章の半ばまで読んで中断」するなど、熱心に読み影響を受けたというよりは、あらかじめ持っていた自説の補強材料としてスペンサーや「進化論」を利用しただけであり、加藤の「転向」は「スペンサーとは無縁であった」からである。[14] 加藤の「転向」を中心に据えて「天賦人権論から社会進化論へ」あるいは「J・S・ミルからH・スペンサーへ」の転換として明治思想を捉えるのは、加藤による自己宣伝に影響され過ぎた理解であり、無批判に踏襲することはできない。

2 「社会進化論」ブーム再考

明治一四年頃からスペンサーの思想が流行し、社会現象と呼び得るほどの大きな影響を与えたことは事実である。しかしそれは、国家主義への転換と総称すべき現象ではなく、むしろそれとは正反対の現象であった。スペンサーを熱狂的に迎え入れていたのは、加藤のような国家主義的傾向を持つ者達だけではなく、それ以上に自由民権論者達だったからである。自由民権論者の間では、確かにスペンサーは熱狂的に迎えられていた。夥しい数のスペンサーの著書が訳され、広範な読者を獲得し、そしてそれは自由民権運動に大きな影響を与えていた。『社会平権論』(H. Spencer, 1851, *Social Statics* の翻訳、松島剛訳『社会平権論』(明治一四年))はその代表的な例である。『社会平権論』の反響は「発兌元へは諸方から注文が夥しく、注文状が文字通り山積した。いくら刷っても足らず、市内の本屋連中は、わざわざ詰め切りで製本の出来上りを待つという勢いで、大変な売れ行きであった。……稿料なども約束の二十五円がだんだんにせり上げられて、とうとう全部で二千五六百円も貰ったという」[15] ほどで、訳者である松島自身の予想だにしないものだったという。国籍離脱の届書を提出し懲役百日が申し付けられた自由党過激派の宮地茂平がこの行動に出た理由も『社会平権論』の「国家を無視する権理」という章に触発されたということならば、加波山事件に加担した臼井六郎もまた、この書に感動したことを一党への参加理由として法廷で陳述している。[16]訳書が読まれただけではなく、馬場辰猪や、坂本直寛ら、熱心にスペンサーを読み、それが自らの思想形成時に血肉と化した例もあった。[17]

しかし、このようなスペンサーブームは、決して「社会進化論」ブームとして捉えるべき現象ではなかった。彼らが影響を受けたのは、スペンサーの「社会進化論」ではなく、「社会平権」「自由放任」といったキーワードで表現されるような事柄であり、「進化論」という括りで見るべき必然性はないからである。自由民権論者のケースで見る限り、そのスペンサー受容は「進化論」と結びつくものではなく、それを足掛かりにして「国家主義」、「国家有機体説」などへと至るようなものでもなかった。むしろ、スペンサー自身が極端な「自由放任」論者であったことを考えれば、それは「強兵富国」や「帝国主義」、「国家主義」とは結びつきにくいと考える方が自然であり、彼らの受け取り方は、スペンサー理解としては決して不思議なものではなかった。しかし、「社会平権」や「自由放任」というキーワードで見る限り、それはスペンサー特有の発想として見る必要もないということにはなるだろう。スペンサーが主張し、多くの民権論者が共鳴した事柄の多くは、例えば、ミルやフィッセリングも同じように主張していたことだったからである。[18]津田真道が明治二〇年代後半という時代遅れの頃になってスペンサーを賞賛し出し、その名を頻繁に挙げながら自説を展開しているのも、オランダ留学中の指導教員であったフィッセリングを通じて既に受容していた実証主義や自由放任の流れでスペンサーを理解し、それを追認したという意味合いが強い。[19]とするならば、「社会進化論」は本当に流行したのだろうか。少なくとも、明治一四年以後の思想史上の「転換」を「社会進化論への」と表現するのは正確性を欠いており、敢えて言えば「スペンサーへの」と表現すべきなのかもしれない。しかもまた、それは決して「天賦人権論からの転換」ではあり得ない。加藤以上に深くスペンサーを読み、その影響を受けた自由民権論者達においてはむしろ、「天賦人権論」

はスペンサーによって、なお一層強化されていたからである。

二　誤解される「進化論」

もちろん、「進化論」自体に関心を抱き、影響を受けた人々もいた。加藤弘之のほか、フェノロサ、外山正一、あるいは彼らの教え子であった有賀長雄ら、いわば東京大学に所属する学者達である。[20] 彼らは、「自由放任論」、「最小国家論」ではなく、「社会有機体説」や「社会進化論」にこそ関心を持ってスペンサーを熱心に読み祖述していた。もちろん、彼らのスペンサー受容とその祖述は、自由民権論者達におけるそれと比べ、「明治十年頃エヴオリエーシヨンの語が伝はつた、スペンサーの書を通してダーウヰンの書に及んだのであるが、知つた者は大学内の数名に限られた、了解したかせぬかといふ様な所である」[21]と言われるほど、東京大学での講義という非常に狭い範囲内のものでもあり、時代の転換を表すものとして捉えるのは、大袈裟過ぎると言わざるを得ない。しかしその後、「進化の語は翼を生じて飛び、新知識に心懸ける者は頻に進化を口にし、進化とさへ云へば問題は解決せらるゝ」[22]と思われたというほどに、彼らによる「社会進化論」の紹介とスペンサーブームとによって、確かに「進化」という語自体は流通するようになっていった。ただし、一般に理解されるようになった「進化」という語は、「進化論」の誤解の上に成り立っていたと言わなければならない側面があることには注意が必要である。[23]

ダーウィニズムにおける「進化」という概念は、それぞれの個体の変化を表すような概念ではなく、あくまでも種を念頭に置いて用いられる概念である。オタマジャクシがカエルになったとしても、それは「進化」ではなく「変態」であるのと同じように、ある社会が別の社会の制度や思想を受容することによって大きな変容を遂げたとしても、それは決して「進化」ではなく、特定の価値観に基づいて「進歩」と呼び得るに過ぎない。少なくともそれを「進化」と呼ぶのは、ダーウィニズムにおける「進化」概念に基づいた表現ではあり得ない。また、ダーウィニズムにおける「進化」という概念には価値評価が含まれておらず、「進化」と「退化」との区別はない。つまり、「進化」は「進歩」とは異なる次元の概念として捉えられなければならないのである。このことは、明治の「進化論」受容においては、必ずしも理解されていなかったようである。(24)

例えば、〈高い木の上にある葉を食べるためにキリンの首が長くなった〉というラマルク(Jean Baptiste de Monet, chevalier de Lamarck)的な説明(ラマルキズム)においては、「進化」は個体の努力によって生じるものとして考えられているが、それとは異なり、ダーウィニズムは〈高い木ばかりがある環境において、高い木の上にある葉を食べられた個体群は、生き残りやすかった〉とする発想である。(25) 仮に地面すれすれに生えている植物ばかりしかない環境にいたならば、首の長いキリンこそが淘汰され、首や足の短いキリンこそが生存し子孫を残しやすいということになる。ある環境における「進化」は、ある環境においては、淘汰される指標ともなり得るし、淘汰されないように固体が努力するというような次元の議論ではないのである。

進化生物学者の細将貴は、二〇一〇年一〇月に *Nature Communications* に掲載された論文、"A speciation gene for left-right reversal in snails results in anti-predator adaptation" などにおいて、殻の巻き方向が逆転し左巻きとなったカタツムリの種分化を、捕食者であるイワサキセダカヘビから逃れるための適応進化として説明している。多くのカタツムリは右巻きであり、左巻きで生まれてしまったカタツムリは淘汰されてしまうというのが普通である。カタツムリは、体をねじり気味に交差させるようにして交尾するため、右巻きは右巻き同士、左巻きは左巻き同士でしか交尾することができず、個体数の少ない左巻きの個体は、交尾相手とめぐり合う確率が著しく少なく、子孫を残せない可能性が高いからである。しかし、沖縄の西表島においては、このような法則に例外が生じているという。西表島に生息するカタツムリの捕食者、イワサキセダカヘビは、下顎の使い方において右利きであり、歯の大きさと数とが左右非対称となっているなど、個体数の多い右巻きのカタツムリを捕食しやすいように「進化」しており、左巻きのカタツムリを殻から引き摺り出すことができず、従って捕食できないからである。このような環境下においては、左巻きのカタツムリはたとえ交尾できないリスクがあったとしても、捕食されるリスクは少なく、生き残り、子孫を残す可能性が高まる。右巻きのカタツムリを捕食しやすいように「進化」したヘビがいる環境下においては、左巻きのカタツムリこそが「選択」されたと言える側面があるのである。しかし、そのような捕食者がいない環境においては、もちろん、左巻きは「淘汰」の対象でしかない(26)。

ある限定された地域の環境において「進化」と言える事柄が、別の環境においては「淘汰」の対象となり得る。逆に、ある地域において「淘汰」の対象でしかなかった事柄が、別の環境下では「選択」されることもあり得る。つまり「進化」という概念は、諸々の環境を度外視した普遍的な尺度として用いることができるようなものではないということである。「進化」とは普遍的な位相の中で成立し得る概念ではなく、あくまでも特定の環境下ということを当然の前提とした概念であった。確かに、西表島において、左巻きのカタツムリが選択されていると言える側面はあるものの「左巻きこそがカタツムリの進化した最終形態だ」などと言うことはできない。西表島における左巻きのカタツムリの生存傾向に有意なプラスが見られるのは、右巻きのカタツムリを補食するように特化した身体を有しているイワサキセダカヘビという捕食者が存在する環境という条件を抜きにしては考えられないからである。仮に西洋において生き残り繁栄している制度や思想、組織があったとしても、それを環境の異なる日本にそのまま導入することが好ましいとは限らないということになる。

　このような、「進歩」とは区別されたダーウィニズムにおける「進化」という概念は、明治期の「進化論」受容においてほぼ等閑視され「進化」は「進歩」と互換可能な概念として使われていた。そしてまた、従来の明治思想史研究には、この点の理解に問題があるものも少なくなかった。今日では一般に「社会進化論」は Social Darwinism の訳語として用いられているが、加藤弘之のケースにおいて典型的なように、当時においてはダーウィン以前の「進化論」の社会への適用をもって「社会進化論」と称するケースも多々見られたにも拘わらず、この点の差異を踏まえていない研究も多く見られるからである。実際に、明治時代に流行したと言えるのは、「進化論」ではなく、あくまでもスペンサーであったし、そしてそのスペンサーが紹介した「進化論」は、ダーウィニズムではなく、それ以前のラマルキズムに基づく類のものであった[27]。その影響を受けて形成されたスペンサーブームは、「社会進化論」と言うよりは、敢えて言えば〈社会進歩論〉とでも呼ぶべきものであったと言えるだろう。

三　「文明開化」――「世相としての『文明開化』」

　しかし、〈進歩論〉の流行という範疇で考えるならば、それは決して「文明開化」期からの転換ではあり得ない。「〈進歩〉の理念が、もっぱらこの進化論を通して供給された[28]」中国とは異なり、日本では、「進化論」導入以前の「文明開化」期から、もっと言えば、江戸時代において既に「進歩」という観念はお馴染みのものになっていたからである。

「文明開化」とはそもそも、福澤諭吉が『西洋事情外篇』(慶応三年)において、civilization の訳語として、伝来の「文明」と「開化」という語をつなぎ合わせて造り出した新造語であったと言われている。この語は「たちまち普及して、明治初頭の百事御一新的風潮のなかで、時代の進歩をあらわし、また、これを象徴する合言葉のようにな」った[29]。「民衆が時代の前途に明るい期待をもっていた」からである[30]。しかし、そのような肯定的な理解だけが為されてきたわけではない。例えば成島柳北は、「世は開化に進みし歟、曰く然り。世は文明に進みし歟、曰く否」と述べている[31]。「汽車」「電信」などの新しい技術の開発、運用を指して「開化」と捉える一方で、「其邦の文運隆盛にして士君子各其品行を整粛にし、その言辞を高雅にし、所謂郁々乎たるの景況を称して謂へるもの[32]」として「文明」を捉え、両者を区別し得ない「文明開化」という語を批判的に捉えていたのである。「文明開化」の実態が「開化」に偏り過ぎていると見ていた鳥尾小弥太は、「文明開化てふ風の吹廻はしにより、天下一般に騒ぎ立て、無二無三に西洋流と称し、一時に俗を破り風を変じ、人心転た浮薄に流れ……[33]」と述べているし、西郷隆盛もまた「文明とは道の普く行はるるを、賛称せる言にして、宮室の荘厳、衣服の美麗、外観の浮華を言ふにはあらず。世人の唱ふるところ、何が文明やら何が野蛮やら些《ち》とも分からぬぞ[34]」と述べ、「文明開化」の流行に眉をひそめていた[35]。「文明開化」を、浮ついた西洋の物真似に過ぎず、それによって世の道徳が乱れてしまっているといったネガティブな捉え方がされることもまた、ありふれた現実だったのである。「文明」と「開化」という本来異なる語をつなぎ合わせられた語である以上、どちらの語に力点を置いて「文明開化」を理解するかによって、語の印象は変わってくるし、話者の発想や状況に応じて、様々な現実や思想が「文明開化」という語に込められて用いられていたからである。

大久保利謙によれば、「文明開化」はその内容によって、(一)時期的範疇としての「文明開化」、(二)思想としての「文明開化」、(三)開明政策、開化政策とも呼ばれる政府の政策としての「文明開化」、(四)世相としての「文明開化」という四種類に分類できるという。[36]「文明開化」とは、様々な現実と思惑とが混在した中で成立した多様な顔を持つ現象だったのである。

しかし、政府主導の政策は、むしろ「文明開化」が目指した思想的方向性を阻害するものとして理解されることもあるし、「学制」や「徴兵令」の制定、海外留学の支援奨励といった政府主導の開明政策のことを「文明開化」という範疇で理解するという捉え方も、少なくとも今日では一般的ではない。西洋由来の文物があふれ出す状況は「文明開化」の本質部分を形作るものとして扱われることもなかった。成島や鳥尾に即して言うならば、「世相としての「文明開化」」などは、「開化」に過ぎないもの、西洋の猿真似に過ぎないものだったからである。「文明開化」という用語で表現すべきものは、もっと他にあるということだったのだろう。このような発想に立てば、「文明開化」を振り返る時に重要なのは、何よりもまず「思想としての」という側面だということになる。しかし、「文明開化」の思想などと総称できるものがあるかどうかは、実は微妙である。大久保において既にそうであったように、「内容的には啓蒙思想 Enlightenment. Aufkläрung として捉えられよう[37]」などとして、「文明開化」の思想は、粗雑に「啓蒙思想」と総称されることもあったが、これは明らかな誤りである。[38]ベンサムやミルに代表されるように、「文明開化」期に流行した思想は、むしろヴォルテール(Voltaire)やディドロ(Denis Diderot)、ルソー(Jean-Jacques Rousseau)らの時代に形成された「啓蒙思想」を徹底的に批判し乗り越えようとする中で成立した一九世紀の思想だったからであり、「文明開化」期の思想家達の自己認識としても、自ら「啓蒙思想」家を自認したこともなかったからである。[39]「文明開化」期の思想という総称は可能だとしても、その時期に展開された諸思想の間に共通点を見出すことは困難である。同時代において「文明開化」の実態として明らかに意識されていたのは、「世相としての「文明開化」」であり、「文明開化」は明らかに「開化」に偏向した形で認識され、謳歌されていた。そのような客観的状況が存在していたからこそ、成島や鳥尾、西郷らは嘆かざるを得なかったのである。(40)

もちろん、洋服、洋館、洋食といった、「洋」の字がつく語を思い浮かべれば分かるように、法律や制度、思想などをも含め、「文明開化」期に導入された新しい文物はほぼ全て、西洋化、欧化という要素を抜きにしては考えられない。「文明開化」などは、所詮、欧化であり、西洋の猿真似に過ぎないという批判が為されるゆえんである。しかし、それが西洋由来のものであったかどうかということは、少なくとも第一義的に重要な要素ではない。何にせよ、昔よりは今、今よりは未来へと進歩していく、世の中が便利になっていくものだという素朴な信頼感、世の中は常に「開けていく」ものだという感覚は江戸時代以来、ほぼ共有されるようになってきた感覚だったからであり、この感覚こそが「文明開化」の出発点に位置づけられるものだからである。(41)西洋化、欧化は目的ではなく、「開けていく」ことに対する好意的な感覚がもたらした結果として捉えるべきであろう。そのような感覚の延長線上に、それを促進する要素として西洋由来の文物が導入されたのであり、西洋の「進歩」観が導入されたことによってはじめて西洋由来の文物が持て囃され得たのではなかった。成島らの嘆きにもかかわらず、多くの人々が、見知らぬものを恐れたり忌避するのではなく、新奇な文物を大きな興味を持って好意的に迎え入れていたのには、そのような歴史的背景があったのである。

つまり、「開けていく」ということ、「進歩」に対する好意的なメンタリティーが既に存在している中で、「文明開化」期における新しい文物がいち早く、好意的に受容されていった。当時の人々にとっての「文明開化」とは、まず第一に、鉄道やガス灯といった、それまで知らなかった新たな技術が導入され、新聞、雑誌が創刊されることによって情報の流通も促進されるといった事態を捉える語だったのであり、そのことによって生活が便利になっていくという、厳然たる好ましい現実を表現する言葉だったのである。「品行を整粛にし、その言辞を高雅に」するとか「自由」や「権利」「個人」「社会」などといった西洋由来の訳語が導入され普及していき自由民権運動の土台を作ったなどといった高尚な方面にばかり注目したのでは、この側面を見落とす危険がある。そしてこのような感覚は、明治一四年以降においてもなお、つまり「文明開化」という語が、思想を表現する言葉としては廃れていく時代になっても、共有され続けていった感覚であった。(42) スペンサーブームの時期に流行したのが〈社会進歩論〉だったとしても、それは「進化論」との出会いによって初めて可能になった発想ではなく、「文明開化」期からの転換という位相で捉えることはできないのである。

むすび

「文明開化」期における欧化という問題を考える上で注意したいのは、西洋由来の文物がそっくりそのまま「輸入」されたわけではなかったということである。例えば、かつてなかった牛肉食という文化が西洋からもたらされたが、(43) 料理方法や食べ方までもが模倣されたわけではなかった。「文明開化」期を代表する料理である牛鍋は、牛肉という新奇な食材を前にして、牡丹鍋という食文化がベースとなって生み出された新たな料理であった。(44) 野菜や豆腐などと共に猪肉を味噌仕立てのスープで煮込みながら食べるという、従来からあった牡丹鍋の料理法が転用され、牛肉の味に合うようアレンジされて初めて、牛鍋は発明された。食材と料理法、全てが輸入されたのではなかったのである。

あるいはまた、馬車という西洋由来の乗り物が紹介されると、それに発想を得て人力車が発明された。当時の日本に、馬車が普及する素地はなかった。馬車を運用するためには、馬の維持、管理が必要だからであり、それは導入と普及にとって大きなネックとなる要素だった。その条件を所与とした上で、馬の維持、管理をする必要がなく、簡易で安価な人力車が発明された。それは、西洋由来の馬車の発想と伝来の駕籠の発想とを組み合わせたものであった。(45)

「文明開化」期に行われた欧化、西洋化とは、制度、文物の完全なる直輸入だったのではなく、文物や制度を生み出す要因となった発想を学び、伝統的な発想や技術、文物と組み合わせることで、日本の現実という条件に合うようにアレンジされ、独自に造り出されたものだったのである。

思想史の分野に目を転じてみても、西洋の文物や発想を完全に輸入するのではなく、土着の環境に合わせてアレンジしなければならないという感覚は、「文明開化」期の思想家にかなり共有されていた。そしてまた、彼らが学んだ西洋の思想家達が、日本の思想家達に意識するよう強く求めていた感覚でもあった。例えば、津田真道、西周の両名に西洋の政治、法律制度やそのよって立つ思想を教授したフィッセリングは、同時に「立憲政体等各種の法論は、我欧洲諸国今日の形成上より論じて是とする所なり、然れども直に之を貴国に適用せんと欲するは則非なり、貴国は正に貴国に相当する所の法律制度あるべし(46)」と両名にアドヴァイスしてもいた。このようなフィッセリングの発想の背景には歴史法学があったが、その泰斗たるサヴィニー(Friedrich Karl von Savigny)のベルリン大学における講座後継者であるグナイスト(H. Rudolf von Gneist)が、憲法調査に訪れた伊藤博文に同趣旨のアドヴァイスをしていたことは有名である。(47)スペンサーもまた、このような発想を共有していた部分があったようである。スペンサーは、駐米公使だった時代の森有礼や明治憲法の起草に参画した金子堅太郎に対し、かねてからの専制的支配に慣れてきた日本人が即座に立憲政治を行うことは不可能であり、自分たちの進歩に余り先んじ過ぎないようにといった「保守的な忠告」をしていた。(48) 社会や文化の状況を考慮しない急進的改革への戒めである。スペンサー自身は、「進化」した先の制度や思想をそのまま輸入しさえすれば、いかなる国であっても、そのまま同じように「進化」できるなどとは考えておらず、ある地域で新しく唱えられ始めた学説をいち早く導入することを是とするような感覚も持ち合わせてはいなかったのである。当初は「頗る惑ふ所あり」(49) と感じた部分もあったにせよ、総じて、アドヴァイスを受けた帰国後の彼らが実際に行ったのは、決して西洋の制度や思想を直に導入し適用するようなものではなかった。最先端を行くと思われた西洋の思想や制度を、そしてそれを支える精神を、まずは正確に理解しようと努力した明治の思想家、政治家達は、さらに、それをいかにして日本の現実に合わせて導入するかというところまで、突き詰めて考察していたのである。このような感覚の持ち主達にとって、ヨーロッパにおいて「進化論」が自然法論よりも新しくできた学説であるからという理由だけで、それを「進化」した学説と捉えることはあり得なかった。

しかし、先進国において廃れたものをネガティブに捉え、先進国における最先端の思想や文物に、彼の地において最先端であるというだけの理由で価値を見出すような感覚が、「社会進化論」の時代以後に蔓延しだしたのは事実である。ある理論を、「ヨーロッパ(あるいはアメリカ)でももう古い」という論理で批判する批判様式は、その頃から定番のやり方になっていき、現代に至るまで「「伝統的」に用いられる」ようになってきた。(50) 思想の価値をその内容によってではなく、彼の地における発祥の新旧によって判定するという態度、暗黙の前提である。かつて、三代(尭、舜、禹が治めた夏、殷、周の三王朝)にこそ理想を求めてきた儒者達や、国学者達も含め、多くの思想家達にとって、古いということそれ自体が、マイナスの価値を持つことはなかった。制度や思想の新旧は、その価値を判定する基準ではなかったのである。その意味では、「ヨーロッパ(あるいはアメリカ)でももう古い」という批判様式が「伝統的に用いられる」ようになったというのは、明治一四年前後頃から生じた変化であり、新しい「伝統」である。しかしそれは、スペンサーによってではなく、むしろスペンサーにも拘わらず生じた変化であったし、「進化論」による変化ではなく、「進化論」の誤解によって生じた変化であった。

(1) 竹越与三郎『新日本史』中巻、『明治史論集I』(明治文学全集)、筑摩書房、一九六五年、一六三頁。
(2)『自由之理』は、明治期を代表するベストセラーとなった、J. S. Mill, 1859, *On Liberty* の中村正直による翻訳、『利学』は J. S. Mill, 1863, *Utilitarianism* の西周による翻訳である。福澤によるミル思想の紹介は、例えば『文明論之概略』(一八七五年)、西によるそれは『明六雑誌』で連載された「人世三宝説」(一八七四年)などが有名である。ただし、福澤や西のような例外を除いては、「功利主義」的発想については一貫してネガティブな眼差しが向けられ続けていた。J・S・ミルブームは、あくまでも『自由論』の著者としてのミルに対する評価であり、それは決して「功利主義」ブームではなかった。この点については、拙稿「Confucian Utilitarianism」『季刊日本思想史』第七九号、二〇一二年参照。
(3) 竹越前掲、一六二頁。
(4)『広辞苑』や『大辞林』のような代表的な国語辞典類において、『自由之理』は項目として取り上げられている一方で、同時代における影響力においてはるかにまさっていた『社会平権論』の掲載はないという、明治期に刊行された二冊のベストセラー訳書の著しい扱い方の違いも、このような見方が暗に反映された結果であろう。
(5) 加藤弘之「経歴談」『西周　加藤弘之』(日本の名著)、中央公論社、一九八四年、四八八頁。
(6) 加藤弘之『加藤弘之自叙伝』大空社、一九九一年、四七頁。

（7）松本三之介『近代日本の政治と人間』創文社、一九六六年、五三頁。

（8）同上、五一頁。

（9）このような理解に基づく加藤批判、加藤批判に基づく「社会進化論」批判は枚挙にいとまが無いほど数多く存在する。例えば中園嘉巳は「加藤弘之と社会進化論」『青山スタンダード論集』第七号において、「ご都合主義によって生み出された『加藤の社会進化論』」は「国権主義者にとっては都合が良く、民衆にとって耳心地の良」いものだったため「さらに持て囃されて大流行」したとした上で（一七九―一八〇頁）、それは、「不都合なものは、社会にとって不正な存在として排除されていく。強者＝官は勝制し、弱者＝民は敗服して正しく社会は進歩する」という発想だったと要約し、そのような「社会進化論が我が国の国是となっていった」と述べている（一八二頁）。加藤の「社会進化論」が「大流行し」、さらには「我が国の国是となっていった」というのは誇張が過ぎるが、加藤のみならず加藤に象徴される時代の転換をも批判的に捉えようとする際には、このような誇張は避けられないようである。川瀬八洲は「H・スペンサーの教育思想――我国における受容の諸問題を中心として」（『東京家政大学研究紀要』第八号）において、「我国民主義の発展に歴史的遺産を残すこととなった自由民権思想への多大な影響を」与えたスペンサーをポジティブに捉える一方で、加藤の説く「優勝劣敗適者生存の原理を基とした社会ダーウィニズム」を念頭に置き、「また逆に民権思想弾圧の理論的武器となる社会ダーウィニズム、家族国家論の理論づけに重要な武器となった社会有機体論の成立にその理論的根拠を与えることになった社会思想、政治思想に大きな影響を与えた」（一五〇頁）とも述べている。「社会ダーウィニズム」の影響を受けて「転向」したとされてきたはずの加藤の議論が、「社会ダーウィニズム」の成立に大きな影響を与えたものとして言及されるなど、文言上は議論の混乱があるようにも見えるが、それはスペンサーやヘッケルらによる（西洋の）「社会ダーウィニズム」は、加藤の「転向」後の思想形成に影響を与えるものであったが、同時に、明治期に流行した（日本の）「社会ダーウィニズム」は加藤（ら）によって形成されたものとして捉えられているからであろう。前者の「社会進化論」と後者のそれとは腑分けして理解する必要があるが、しかし一般に、この点は必ずしもクリアに認識されてきたとは思えない。加藤の「転向」ないし「転向」後の加藤の思想を批判する眼差しが、加藤に影響を与えた「社会ダーウィニズム」にも投影され、それがどのような思想であるのか、それがどの程度流行したのかという点についての具体的な検討を欠いたまま、「社会ダーウィニズム」もまた、批判的に捉えられることが当然視されてきたようである。

(10) 中村雄二郎「加藤弘之の制度観と自然観(一)―(三)」『中村雄二郎著作集　第二期　X』岩波書店、二〇〇〇年、山下重一『スペンサーと日本近代』御茶の水書房、一九八三年、安西敏三『福沢諭吉と西欧思想――自然法・功利主義・進化論』名古屋大学出版会、一九九五年など。

(11) しかもまた、S・フィッセリングの自然法講義は自然法の概念史を教えるものではあったが、フィッセリング自身は自然法論者ではなかった。むしろ彼は歴史法学的立場に立つ学者であり、彼の個人指導を受けた西周、津田真道らも、そのことをよく理解していた。それはつまり、自然権や自然法といった概念を、実態的な概念としてではなく、あくまでもフィクションとして構築された概念として正確に捉え得ていたということでもある。フィッセリングの自然法講義と、それが西、津田に与えた影響については、大久保健晴『近代日本の政治構想とオランダ』東京大学出版会、二〇一〇年参照。

(12) 外山正一「人権新説の著者に質し併せて新聞記者の無学を賀す」『明治文化全集』第二巻、日本評論社、一九二七年。

(13) 加藤弘之は、「社会進化論」やイエリング『権利のための闘争』(Rudolf von Jhering, 1872, *Der Kampf um's Recht*)などに基づいて、「権利」という概念を競争に勝った優者が獲得したものとして捉え、「権利」の根拠を「天」に求める「天賦人権論」を実証性の欠如という点で批判したが、これは「天賦人権論」のフィクション性を理解し得ていなかったことを示している。また、イエリング自身は、一八九一年の序文において、「みずから虫けらになる者は、あとで踏みつけられても文句は言えない」「自分の権利を他人の足の下に投げ棄てることは、自分自身に対する人間の義務に違反すること」であるといった『徳論の形而上学的基礎づけ』におけるカントの言葉を引きながら、「「われわれ自身の内にある人間の尊厳にかかわる義務」から、カントは、「汝《なんじ》の権利を踏みにじった他人をして、処罰を免《まぬが》れて恬然《てんぜん》たらしむることなかれ」という格律《かくりつ》を導き出している」とし、「これはまさしく、私がこの本で詳しく述べた考えと同じものである」と述べている(村上淳一訳『権利のための闘争』一九八二年、一三頁)。現存の権利や権力を競争に勝った優者が獲得したものとして捉え正当化するといった発想ではなく、諸個人に対し、自らの権利を主張し、自らの権利を確保せよとするメッセージであった。加藤のような理解の仕方は、「社会進化論」理解としてだけではなく、イエリング理解としても問題がある。

(14) 前掲『スペンサーと日本近代』、一六〇頁。

(15) 柳田泉『明治初期の翻訳文学』松柏館書店、一九三五年、四四〇頁。

(16) 同上。

(17) 馬場や坂本によるスペンサー受容については、前掲『スペンサーと日本近代』、前掲『福沢諭吉と西欧思想』など参照。

(18) そもそも、ミルの思想それ自体とスペンサーの思想それ自体との間には、転換と呼び得るほどに差異があるとは到底言えない。ミルとスペンサーとの間で時に論争があったのは事実だが、それは基本的な立場の共通性に基づいた論争であったし、ミルは常にスペンサーの良き協力者でもあった。そしてもちろん、論争し合うことができたということは、同時代を生きた思想家同士ということでもあり、転換という表現がふさわしいほどの時代的な差異はなかったということでもある。

(19) 津田真道とスペンサーとの関係については、大久保利謙「津田真道の著作とその時代」(大久保利謙編『津田真道——研究と伝説』みすず書房、一九九七年)参照。

(20) 前掲『スペンサーと日本近代』、第三章。

(21) 三宅雪嶺『明治思想小史』丙午出版社、一九一三年、一〇九頁。

(22) 同上、一一〇頁。

(23) Charles Darwin, 1859, *On the Origin of Species by Means of Natural Selection, or the Presentation of Favoured Race in the Struggle for Life* が日本で翻訳出版されたのは、一八九六年(明治二九)の立花銑三郎『生物始源』まで待たなければならず、ス

ペンサーの諸著書と比べて格段に遅く、「進化」という語は、主にスペンサーを通じて理解されざるを得なかった。

(24)「進化」と「進歩」との区別が曖昧だとする指摘は、しばしばスペンサー自身に対しても為されるものでもる。その意味では、明治期の「社会進化論」理解において、この点の理解が不十分だったのもやむを得ないことだったとは言えるかもしれない。

(25) ダーウィン以降、個体の努力によって獲得した形質は、子孫には遺伝しないことが分かり、獲得形質が遺伝すると考えるラマルキズムの誤りは明らかになっている。例えば何十年にわたる必死な素振り練習の結果、私の手がごつごつとしたマメだらけの手になったとしても、娘の手までもがマメだらけになるわけではないし、仮に〈高い木の上にある葉を食べるために首が長くなった〉キリンがいたとしても、その首の長さは子孫には遺伝しないということである。

(26) 細将貴『右利きのヘビ仮説』東海大学出版会、二〇一二年。

(27) スペンサーの思想はダーウィンの理論を社会現象に適用したものとして誤解されることも多いが、実際にはスペンサーの理論は『種の起源』の出版以前に、ほぼ完成しており、スペンサーの思想形成におけるダーウィニズムの影響は決して大きくない。ダーウィン自身も、スペンサーの著作を決して真面目に受け取らず、黙殺していたと言われている(Janet Browne, 2006, *Darwin's Origin of Species: A biography*, Atlantic Books, London)。その意味では、明治の「進化論」理解は、スペンサー受容としては誤解ではなかったとは言えるかもしれない。また、一八八〇年代頃のアメリカでもスペンサーは非常に大きなブームになっているが、ブームの主体が、立身出世、経済競争での勝利を目指す実業家達であったことにも現れているように、そこでは、ダーウィニズムは比喩的にのみ用いられ、社会的成功を"survival of the fittest"(適者生存)というスペンサーが考案した用語で説明しようとする類のものであった。ダーウィニズムが誤解されて流布していったのは、日本だけではなかったようである。スペンサーの理論が彼らの活動を正当化するように思えたからこそのブームだったのであり、必ずしも、ダーウィニズムが受け入れられたということを意味するわけではなかった(David Duncan, 1908, *The Life and Letters of Herbert Spencer*, Methuen, London. Richard Hofstadter, 1944, *Social Darwinism In American Thought*, Beacon Press, Boston. Mike Hawkins, 1997, *Social Darwinism in European and American Thought: 1860–*

1945, Cambridge University Press, Cambridge)。ただし日本においては、スペンサーの理論は社会的成功を正当化するために用いられたわけではなかったようである。加藤でさえ劣者が淘汰されるままにしておくことが正しいことだとは考えてはおらず、むしろ「最大優者」としての国家がその治下の「優勝劣敗」を正しく制御すべきだとさえ考えていた。だからこそ、加藤における「社会進化論」は、自由放任と結びつかなかったのである。

(28) 佐藤慎一「〈文明〉と〈万国公法〉――近代中国における国際法受容の一側面」祖川武夫編『国際政治思想と対外意識』創文社、一九七七年、二七八頁。

(29) 大久保利謙『大久保利謙歴史著作集』第六巻、吉川弘文館、一九八八年、一〇七頁。

(30) 同上、一〇八頁。

(31) 成島柳北「文辞ノ弊を論ズ」『柳北遺稿』第一巻、一八九〇年、一一頁。

(32) 同上、一二頁。

(33) 鳥尾小弥太『時事談』中正社、一八九一年、九八頁。

(34) 山田済斎編『西郷南洲遺訓　附手抄言志録及遺文』岩波文庫、一九三九年、八頁。

(35) 西郷は、軽佻浮薄なものとして「文明開化」の時代を批判的に捉えていたが、「外国の盛大を羨み財力を省みず漫に事を起こしなば、ついに本体を疲らし立ち行くべからざるに至らん。此涯、蒸気仕掛けの大業鉄道作の類、一切廃止し根本を固くし、兵勢を充実する道を勧むべし」(「西郷吉之助建白書」明治四年)と述べるなど、「文明」を実現するための手段として、「鉄道」などに代表される「開化」政策をやめ、「兵勢」こそを充実させるべきだと考えていた。「兵勢」を充実させる、まさにそのための手段として、「鉄道」が欠かせない時代になっていることを、西郷は全く理解できていなかったのである。「文明」の立場から「開化」を批判するという議論には、この類の認識不足が反映されていることが多い。

(36) 前掲『大久保利謙歴史著作集』第六巻、一〇九頁。

(37) 同上。

(38)明治前期の思想傾向を「啓蒙」と表現することの問題については、河野有理『明六雑誌の政治思想』東京大学出版会、二〇一一年、拙著『西周の政治思想』ぺりかん社、二〇〇九年など参照。

(39)"Enlightenment" "Aufklärung" ではあり得ないものの、教え諭すという伝来の漢語の意味で、「文明開化」期の思想を「啓蒙」と総称することは、なお可能かもしれない。確かに、「文明開化」期に活躍した思想家達に、読者を啓発しようとするモチベーションがあったことは間違いないからである。しかし、教え諭す、読者を啓発するという要素が全くない思想というものを想定することは、実は容易な作業ではない。もしもその意味で「啓蒙」を捉えるとするならば、「文明開化」期の到来を待たず、江戸時代に展開された思想のほとんど全てが、既に「啓蒙思想」であったし、本講座の執筆者は全て「啓蒙思想」家であろう。

(40)「思想としての「文明開化」」は、先述した通り、総体として捉え分析することは容易ではないが、「文明開化」期に展開されたそれぞれの思想の実態、意義については、既に膨大な研究の蓄積がある。「思想としての「文明開化」」については、それらにゆずりたい。

(41)渡辺浩「『進歩』と『中華』」『東アジアの王権と思想』東京大学出版会、一九九七年。

(42)手沢本や覚書の綿密な調査を通じ、福澤諭吉におけるスペンサー受容の実態を検討した安西敏三は、福澤は確かにスペンサーを熱心に読んだ時期があり、部分的に影響された側面もあるものの、「進化というよりもやはり「進歩」の思想の持ち主であったと断言できる」(前掲『福沢諭吉と西欧思想』、二二五頁)と述べている。福澤のケースで言うならば、元々あった「進歩」への確信が、スペンサーを読解する中で、なお一層強められたということになるだろう。しかし、それは決して、西洋由来の「社会進化論」の導入によってはじめて可能になった発想ではなく、進歩への素朴な信頼感、「開けていく」という江戸時代以来の感覚の延長上に捉えることができる。

(43)実際には「文明開化」期を待たず、江戸時代後期には既に、一部では牛肉食は行われるようになっていた。近江彦根の井伊家では例年牛肉の味噌漬を将軍に献上していたし、『福翁自伝』によると、一八五七(安政四)年には既に、難波橋の南詰と新町遊郭のそばとに牛鍋屋があったという。

(44) 石井研堂『明治事物起源』第八巻、ちくま学芸文庫、一九九七年、六五頁。
(45) 石井研堂『明治事物起源』第五巻、ちくま学芸文庫、一九九七年、七八頁。
(46) 大久保利謙編『津田真道全集』下巻、みすず書房、二〇〇一年、四一一頁。
(47) フィッセリングにおける歴史法学的発想は、サヴィニーの影響を強く受けていた、大学時代の指導教官であったトルベッケを通じてフィッセリングに入り込んでいた。この点に関しては、前掲『近代日本の政治構想とオランダ』参照。
(48) Duncan, op. cit. 前掲『スペンサーと日本近代』など参照。
(49) フィッセリングからのアドヴァイスを受けた際の、津田の心情である。前掲『津田真道全集』下巻、四一一頁。
(50) 丸山眞男「日本の思想」杉田敦編『丸山眞男セレクション』平凡社、二〇一〇年、二九九頁。

＊ 本研究は、ＪＳＰＳ２４７３０１２５の助成を受けた研究成果の一部である。

Ⅲ　自然のいとなみ／人のいとなみ

農業の思想

若尾政希

はじめに――人類にとって農業とは何であったのか

農業とは何か。人類にとって農業とは何であったのか。この問題を人類史の始原から考えてみたい。いうまでもないことであるが、人類は最初から農業を行っていたわけではない。本巻のタイトルは〈自然〉と〈人為〉であるが、農業は〈自然〉か〈人為〉かと問われれば、〈人為〉となる。人類は、農業を開始する前の、狩猟採集に依存する〈自然〉段階から、〈人為〉的に農業生産を行う段階へと、大きく転換して今日に至っていることになる。近年、自然に優しい農業ということがスローガンとしてよく言われるが、もともと農業は〈人為〉であって、〈自然〉に働きかけ、ストレスをかける行為にほかならない。

人類は農業をめぐってどのような思索を積み上げてきたのであろうか。日本列島に住んできた人びとは、どのような農業観を抱いてきたのか。こうしたことが分かれば、おもしろいのであるが、これは極めて難しい課題である。とりわけ、この列島では、文字が使用されない時代(無文字社会)が長く続いた。漢字が導入され独自に仮名が作られるようになっても、文字を駆使できる人々は農業をしない人たちであったため、農業について文字で書かれることは少なかった。人びとの農業に対する意識・思想を読み取ることができるような史料がほとんど無い時代が続いたのである。

こうした状況が一変するのは、近世である。一七世紀、この列島で初めて商業出版が成立・発展し、刊行された書物（版本）と、書写された書物（写本）とが列島の各地に流通し読まれるようになった。日本近世史を専門とする塚本学は次のようにいう(1)。

書物が知恵や情報を伝えるものとして世に普及していったのは、十六世紀末以来の大きな変革であったが、それでも日常の心身の安定のための知識は、これを耳から得ようとするひとが多く、書物はかれらに口頭で教えるひとびとの用に供される面が強かったであろう、村役人になっていくような有力百姓の家や寺などで、家伝薬の配布を伝えたり医書を持つ例がしばしばあるのは、このような家が文字からの知識の集積者だったことを思わせる。

塚本によれば、知恵や情報の媒体として書物が世に普及していったのは、「十六世紀末以来の大きな変革」であった。そして、本来は書物とはかかわらなかった口誦による知（知恵・知識）、村落指導者層が担うオーラルな知も、書物による知を受けたものへと変質していったという。同じく近世史研究者の横田冬彦は、近世の通史『天下泰平』(2)で、大坂冬の陣の講和から一か月もたたない時期に刊行された、大坂冬の陣を描いた軍書『大坂物語』を取り上げ、「江戸時代は、その初発から〈書物の時代〉、情報と知が大衆化されてゆく時代であることが予告された」と述べている。くわえて、横田によれば、『大坂物語』では、家康の治政を「一天平らかにして、国富み民やすらかなる事、伝聞《つたへきく》堯舜の御代、延喜天暦の聖代も、是には過ぎじとぞ覚えし」と富国・安民が実現されたものと絶賛し、直訴を奨励した郷村法令を引いている。すなわち法令でさえ書物を介して伝えられる時代が到来したと言えるのである。さらに、横田は、宮崎安貞の『農業全書』を取り上げ、かつては「経験的に父から子へ、あるいは村の古老の知恵として伝えられてきたものであったから、それを〈書物の知〉として学ぶというのは、農業史の上でも大きな転機をなすものであった」と、農業技術を〈書物の知〉として学ぶことの、画期性を指摘している。すなわち書物の登場とその普及は、一七世紀から現代までを「書物の時代」と、一つの時代として括ることができるほどの、まさしく大きな変革だったのである。

このような書物の時代において、農業が文字を使って書かれるようになった。農書の時代の始まりである。近世においていかに多くの農書が書かれたのかについては、『日本農書全集』のシリーズを紐解くだけでも分かる。(3)そこには三〇〇点余の農書が収録されているが、もちろんそれは近世の農書のすべてではなく、一部であることを思うとき、いかに多くの農書が作られたのかが分かる。『農業全書』以前にも、『百姓伝記』等、いくつかの農書が作られてはいるが、大量の農書のほとんどは、日本最初の刊行農書である『農業全書』(元禄一〇年〈一六九七〉刊行)の刺激を受けて述作されたものである。

本稿では、ひとまず『農業全書』に焦点をあわせることによって、農業とは何か、日本列島に住んできた人びとにとって農業とは何であったのか、考えてみたい(なお、『農業全書』に焦点を合わせたために、本稿では日本列島の南(琉球諸島)と北(蝦夷地・北海道)の農業は考察の対象から外さざるを得なかった。御寛恕願いたい)。

一　『農業全書』はいかにして作られたのか

『農業全書』には、どのような思想が込められており、いかなる歴史的意義を持つのか。この課題に取り組むためには、まず『農業全書』がどのようにして執筆されたのかを解明する必要がある。そのためには『農業全書』の一言一句にこだわり、作者がいかにしてその知識や情報を得たのかを明らかにしなければならない。作者が依拠した書物や人物——作者の思想的基盤とでもいうべきもの——が分かれば、作者の思索の跡をたどることができ、ひいては思想形成過程を解明することができるであろう。(4)

『農業全書』の作者は、宮崎安貞（元和九年〈一六二三〉―元禄一〇年〈一六九七〉）である。安貞は広島藩士の子として生まれ、二五歳のときに福岡藩に仕えたが五年ほどで致仕、筑後国糸島郡周船寺村女原字小松原で終生、農業を行ったという。(5) 安貞は、元禄九年（一六九六）一一月の「農業全書自序」において次のようにいう。

我村里に住する事すでに四十年。ミづから心力を尽し、手足を労して、農事をいとなミ、試ミ知る事多し。こゝを以て常に農民の稼穡の方にうとき事を歎き、我愚蒙を忘れて、種植の書をあらハして、民と共に是によらん事をおもひ、唐《もろこし》の農書を考へ、本邦の土宜にしたがひ、農功の助となるへき事を撰び、或《あるいハ》畿内諸国に遊観し、広く老圃老農に詢謀《とひはかり》、草稿を集めて十巻とし、農業全書と名付侍へる。されど本より著作の才なければ、たゞ魯魚の誤り鄙俚の言多きのミかハ、其義理も亦鹵莽にして疎謬多からん事を恐る。こゝにおゐて我が故人貝原楽軒翁に、此書の改正せん事をこふ。（下略）

農民が農業技術に疎いことを歎いて、民とともに依るべき書物として『農業全書』を著したという。続けて安貞は、執筆のプロセスに言及する。まず、①中国の農書を参考にして、②そのうち日本の風土に適い農功の助けとなるべき事を撰んだ。それに加えて、③四〇年間の農業体験で試みたことと、畿内・諸国を経巡って老農に尋ねたことをとりまとめた。その上で、④旧友の貝原楽軒に懇願して粗野な文辞を改めてもらったという。

まず、①参考にした中国の農書とは何か。いうまでもなく、古島敏雄が『日本農学史』で指摘したように、徐光啓撰『農政全書』(一六三九年刊行)である。(6)『農業全書』には、『農政全書』からの引用・抜粋が多い。しかしながら、「農政全書に見えたるハ」(巻六「麻苧」)等と典拠を示すことは少なく、なんの断りもなく引いている場合がほとんどである。よって『農業全書』を読むだけでは、どこまでが『農政全書』の文章で、どこからが『農業全書』独自の文章かわからない。『農政全書』と詳細に比較しないと、『農業全書』を読みこなすことはできないのである。しかも、作物によって、かなりの部分を引用・抜粋ですましているものがある一方で、まったく引用していないものもある。たとえば、『農業全書』の「竹」(巻九)の項は、全一一条のうち、最後の一条を除く一〇条が『農政全書』からの抜粋である。それに対し、「糸瓜《へちま》」(『農業全書』巻三)は二条からなるが、『農政全書』の引用・抜粋ではないといった具合である。(7)

④の旧友貝原楽軒(寛永二年〈一六二五〉—元禄一五年〈一七〇二〉)とは、福岡藩士で、益軒の兄にして、好古(好古は「農業全書後序」を執筆)の父である。益軒や好古にくらべると知名度はないが、安貞によれば、「たゞ聖学をたノしミ、道義を楽むを以てわざとする」(「農業全書自序」)学者であったという。『農業全書』を見ると、「蚕豆《そらまめ》」の項で、「楽軒云、上方の国々にそら豆を多く蒔事ハ、其利麦とひとしき故なりと思へり。しかるに去年より洛陽に

寓居し、今丑の春摂州有馬に往来し、路次にて農人の語を聞て、そら豆を多く作るゆへをしれり」（巻二）といい、続けて蚕豆についての、かなり長い、楽軒による聞き書きを載せている。また、農業・農政論を展開した『農業全書』「附録」（巻一一）にも楽軒の署名があり、楽軒は、文章表現の改訂だけでなく、『農業全書』の内容にも深く関わっていたといえよう。安貞は、『農業全書』の「凡例」の末尾を、「抑《そもそも》此書ハ本邦農書の権輿なり。是偏に愚翁と楽軒子が、老を忘れて世をうれへ、農を憐む誠より出たり。然れば、後代の君子かならず此志を賞し、二翁が労を長く来世に伝へて、其功を空しくせざらん事、是又仁者百行の一ならんかし」と結んでいる。すなわち『農業全書』を、愚翁（安貞自身）と楽軒翁、「二翁」の功労と位置づけている。これに従えば、『農業全書』は二人の共著というべきかも知れない。今日では忘れられその功績を語られることはまったくないが、『農業全書』作成に果たした楽軒の役割は、非常に大きなものだったと言えるだろう。

では、弟の貝原益軒（寛永七年〈一六三〇〉―正徳四年〈一七一四〉）の関与はどのようなものだったのか。注目したいのは、『農業全書』と益軒の著作である『菜譜』・『大和本草』との関連である。たとえば、「糸瓜《へちま》」について、『農業全書』と『菜譜』はそれぞれ次のように述べている。

糸瓜、わかき時ハ料理にして食す。同《おなじく》漬物にして極めてよき物なり。老て皮厚く堅くなりたるを、干して其後水に漬置バ肉くさり上皮のきて、其筋あらき布のごとく成たるを、もミ洗ひ乾し置、是にて器物あらへバ、たとひぬりたる物にても、引めも付ず、物のあかを能とり、又湯手に用て甚よし。

（『農業全書』巻三「糸瓜」）

其実老て皮を去、あみの如くなるを取て日にほし、其後水にひたしおけば、皮肉くさるをもみ洗ひ、かはかし置て、釜を洗ひ、器物をあらふべし。引目つかず、物のあかを取によし。又湯あみする時、身を洗ふによし。嫩時《わかき》、皮を去て食すべし。

（『菜譜』中巻「糸瓜」）

両者を読み比べればわかるように、ほぼ同じ内容である。

また、「蒜《にんにく》」について、『農業全書』で「源氏物語帚木の巻に、ごくねちのさうやくをふくすとあるも、蒜の事也。是暑を解《げ》する物なる故の詞なるべし」（巻四）と『源氏物語』を引く。『菜譜』でも、「源氏物語帚木に、こくねちのさうやくを服す、とあるも蒜の事也、暑を解する故なるべし」（上巻）と、ほぼ同文を載せる。実は『大和本草』では、「今案ニ源氏物語ニ極熱ノ草薬ヲ服ストイヘルハ此故也」（『大和本草』巻五「蒜」）とあり、これが益軒自身の考証によるものであることがわかる。

もちろん、『菜譜』（宝永元年〈一七〇四〉序）、『大和本草』（宝永五年〈一七〇八〉自序）の完成は『農業全書』刊行の後であり、両書の影響を受けたということはできない。だが、益軒が口誦で教えたことは確実であろう。益軒と安貞の交流は寛文元年（一六六一）から始まり、徐光啓の『農政全書』に書かれた知識が、益軒から安貞に授けられたであろうという推測が先学によりなされているが、まちがいないであろう。(8)『菜譜』や『大和本草』にみえる益軒の知識が、『農業全書』にふんだんに盛り込まれていることは、それを裏付けるのである。さらに、『農業全書』が益軒の本をいくつも出版している柳枝軒（小川多左衛門）から出版されており、その出版にあたっても益軒が大きな役割を果たしたのである。(9)

二　『農業全書』における畜産の位置

徐光啓の『農政全書』（全六〇巻）は、巻四一の一巻まるごとを「牧養」にあてている。清代の道光二三年（一八四三）刊行の版本(10)から項目を示すと、次のようになる（全四五丁）。

六畜	馬	牛	羊	豬	狗	猫	鴨	鶏	魚	蜜蜂
1オ～	2オ～	17ウ～	24オ～	31オ～	32ウ～	33オ～	34オ～	36オ～	38オ～	43ウ～45オ

（『農政全書』）

こんにちの我々にもおなじみの家畜が並んでおり、解説の必要はないであろう。なお、豬とは豚のことである。それに対し『農業全書』で家畜の飼育方を述べた箇所を探すと、巻一〇の一部、版本の丁数にしてわずか一〇丁に過ぎない（「生類養法」）。参考までに項目を挙げよう。

五牸《じ》を畜法《かふはふ》	鶏	家鴨	水畜
1オ～	2ウ～	4オ～	5オ～10ウ

（『農業全書』）

『農政全書』と比較すると、いかに貧弱であるかがわかる。まず「五牸を畜法」では、冒頭で『農政全書』を引いて「陶朱公曰、速かに富んとならバ、五牸《じ》をかふへしと。五牸ハ、牛馬猪羊驢是なり。此色々の児を飼生立《かいそだつ》るなり」といい、続けて独自に「驢馬《ろば》と云物ハ、此国にハもとよりなし。今の耕馬乃類ひ是に当るべし。又家猪《ぶた》ハ近来《ちかごろ》長崎近き所にてハ、畜置《かいをき》て唐人にうると見えたり」と述べ、牛と馬の飼い方を少しだけ（一丁程の分量で）説明している（羊にはまったく言及していない）。その末尾の、「惣じて耕作ハ牛馬と下人のよきを持ずしてハ、いか程肥良乃田地をおほく持ても、作りこなす事ならず（下略）」という記述からわかるように、『農業全書』の著者は、牛馬を農耕用の役畜としてしか見ていない。これは、家畜の食用乳用としての側面を詳述している『農政全書』との大きな違いである。

次の「鶏」の項では、食用と卵用に言及している。「にハ鳥ハ人家に必なくては叶ハぬ物なり。鶏犬乃二色ハ田舎《たみのいへ》に殊に畜置べし」という。「田舎」に飼育すべきものとして鶏と犬をあげており、おもしろい。雛も卵も「甚利を得る物」ではあるが、多くの鶏を飼育するには広い庭と餌の穀物が必要であり、養鶏で生計をたてるのは難しく、しかるべき才覚が必要だという。ちなみに近世後期の事例であるが、中台芳昌の絵巻物農書『老農夜話』（関東の農書）の米搗き・飯炊きの場面には、庭先でこぼれた米をついばむ一つがいの鶏と、その側に座っている犬が描かれている。(11) おそらくこういう飼い方がふつうだったのであろう。

ところが、次の「家鴨」の項では、一転して家鴨の飼育が利潤をうむとして、それを奨励している。「年中の玉子ハ利分となるへし。一鴨一年に百五六十の卵ハ産物《うむ》なれば、百雌鴨の卵、凡一万五六千、此価《あたい》やすくとも、一貫目余ハあるべし。三分一ハ、飼料万《よろつ》の費となりても、過分の利潤なり」と述べる。興味深いのは、「手足の不具なる者、農事乃あらく強き働きなりかぬる者」に池沢の家鴨を「守り飼すべし」。そうすることによって「其者の困苦を助け慈仁ともなるへし」と言っていることである。これが実際に行われていたのか分からないが、前近代における身障者救済のありようを考えることができる。

最後の、「水畜」とは鯉・鮒である。家畜の飼育方（「生類養法」）の半分にあたる五丁を魚の飼育にあてているところに、『農業全書』の特徴がよく出ているといえよう。中国の『農政全書』で説く農業は、農耕（農作物生産）と畜産を組み合わせているのに対し、『農業全書』には農耕のみで、畜産に言及していないのである。これは、たとえば、文明開化期の福沢諭吉（天保五年〈一八三四〉－明治三四年〈一九〇一〉）の、次の発言とも重なってこよう。

天地の間に生るゝ動物は肉食のものと肉を喰はざるものとあり。獅子、虎、犬、猫の如きは肉類を以て食物と為し、牛、馬、羊の如きは五穀草木を喰ふ。皆其天然の性なり。人は万物の霊にして五穀草木鳥魚獣肉尽く皆喰はざるものなし。此亦人の天性なれば、若し此性に戻り肉類のみを喰ひ或は五穀草木のみを喰ふときは必ず身心虚弱に陥り、不意の病に罹て斃るゝ歟、亦は短命ならざるも生て甲斐なき病身にて、生涯の楽なかるべし。古来我日本国は農業をつとめ、人の常食五穀を用ひ肉類を喰ふことまれにして、人身の栄養一方に偏り自から病弱の者多ければ、今より大に牧牛羊の法を開き、其肉を用ひ其乳汁を飲み滋養の欠を補ふべき筈なれども、数千百年の久しき、一国の風俗を成し、肉食を穢たるものゝ如く云ひなし、妄に之を嫌ふ者多し。(12)

明治三年（一八七〇）に福沢諭吉が書いた「肉食之説」の冒頭である。五穀草木と肉類をバランスよく摂取しなさいと福沢は主張している。バランスのとれた食事のすすめ、これは現代の我々からみれば、当然のことである。ところが、福沢によれば、古来から「日本国は農業をつとめ」、人々は五穀を常食し肉類を食べることがまれであった。だから栄養のバランスがくずれて、病弱のものが多くなった。福沢はこのように現状を認識し、これからは畜産を開始し、その肉を食べその乳を飲んで栄養をつけなければならないと主張している。

この「肉食之説」は、築地牛馬会社という牛乳製造会社の広告文である。この年の五月、福沢は腸チフスを患い死ぬか生きるか、生死の淵をさまよう大病にかかっている。八月にようやくにして全快した福沢は、自分が助かったのは牛乳を飲んで「生力の元」を養っていたからだと考えた。(13) 幕末維新期にアメリカやヨーロッパを訪問していた福沢は、「欧米人が心の活発なる、其筋骨の太く逞しくして脊力の強大なる、我輩日本人が常に羨望して止まざる所(14)」と劣等感を持っていた。両者の「差異」の「原因の大部分を占めるものは日本人と欧米人」との食物の違いにあると考えた福沢は、この広告文を書き、牛乳・肉食奨励の論陣を張ったのである。

「肉食之説」で福沢は、日本にいるすべての人が肉を食べ乳を飲んで栄養をつけるべきなのに、「数千百年の久しき」あいだ、肉食を穢れとして忌避することが日本の「風俗」となっていたと嘆く。福沢は、肉食の流布を妨げるこの風俗を徹底的に批判し、「願くば我国人も今より活眼を開き、牛乳の用法に心を用ることあらば、不治の病を治し不老の寿を保ち、身体健康精心活発、始て日本人の名を辱しめざるを得べし」と、この文章を締めくくっている。ここで福沢が「古来我日本国は農業をつとめ」と言うときの農業には、『農業全書』と同じく、畜産は入っていない。はたして本当に、日本列島に住んできた人びとは畜産をせず、肉食をしなかったのであろうか。数千百年の久しい間、肉食が忌避されてきたのであろうか。

三　非畜産農業の成立と展開

ここでまず考えてみたいのは、家畜という不思議な存在についてである。家畜とは何か。家畜はいったいいつから家畜なのか[15]。

「家畜とは人間の生活に役だてるために、野生動物から遺伝的に改良した動物である」という『平凡社世界大百科事典[16]』の定義が一番しっくりくる。人類は野生動物を遺伝的(もちろん遺伝学の知識はなかったのであるが)に改良して家畜を作ったのであるが、この家畜化の歴史的意義に着目したのが、安良城盛昭であった。安良城は、「人類史の始源から人間を他の動物と区別する決定的ポイント[17]」として、家畜を持ったことをあげている。「①人間とは所有する動物のことであって、所有を知らない他の動物と本質的異なる。②人間自らが動物でありながら主人となって、有用と思われる他の動物を家来＝家畜として所有・支配する点でも他の動物と全く異なる。百獣の王ライオンといえども家来＝家畜をもたない」という安良城の発言は、ユーモラスでありながら核心を衝いたものである。不世出の考古学者であった佐原真も、『日本人の誕生[18]』において、家畜化のプロセスの人類史上の意義について、熱く語っている。佐原によれば、世界最古の家畜は犬であり、三万年前のネアンデルタール人が飼っていたことが発掘された骨からわかる。佐原は、「犬の家畜化の文化史的意義」として、①狩猟の方法を一新したこととともに、犬の家畜化によって自信を得た人類が、②他の動物の家畜化を試み成功したことをあげている。犬に次いで、西アジアで九〇〇〇年前に家畜化されたのが羊・山羊であり[19]、その後、六〇〇〇年前から四五〇〇年前にかけて牛、豚、ラクダ、馬、猫が家畜化された。食用・衣料用・軍事用・耕作用・運搬用・愛玩用として家畜が人間に果した貢献ははかりしれない。安良城も指摘しているように、人は野生動物を家畜化し、家畜を使役することによって、はじめて他の動物たちと区別される人になった——動物から人間になった——のである。あわせて注目されるのは、同じ時期にイネ・コムギ・オオムギ等の野生植物の栽培化が行われたことである。人類は家畜化と同様の試みを野生植物を対象に行って、植物を遺伝的に改良して農作物を作りだした(ちなみに「家畜化」の英語 domestication は、植物に対しても用いられ、「栽培化」「作物化」と訳される[20]。近年、遺伝子研究の進展により、その栽培化のプロセスが明らかになってきている。たとえば、もともとの野生イネの種子は、熟するとすぐに穂から脱落・飛散し食用に供することができるのはわずかであった。人類は、種子が落ちにくい突然変異体を選ぶという作業を繰り返して、ついに穂が閉じて種子が落ちにくい栽培イネを作りだすことに成功したという[21]。また、人類は、背(草丈)の低い倒れにくいイネを選抜して育種し続けることによって、ジャポニカ(japonica 日本型イネ品種群)と呼ばれる品種群を作ってきたことも分かっている[22]。これは、中国北部・朝鮮半島、そして日本で栽培されている品種群であり、SD1(Semi-dwarf1、この変異体の草丈は低くなる)という遺伝子をもっているという。このSD1は、一九四〇―六〇年代のイネやコムギの品種改良に活用され、インディカ(indica インド型イネ品種群)を改良した新品種を生みだし収穫量の飛躍的増加(緑の革命)をもたらした遺伝子である。ジャポニカがもともとこの遺伝子を有していることから、ジャポニカの成立の過程で、人類は草丈の低いイネ(結果的にSD1遺伝子をもつ個体)を選抜し栽培していったと推測できるという。こうして人類は、畜産と農耕(農作物生産)とを組み合わせた農業を開始したのである。

その後、人類は、家畜と農作物の品種改良を不断に続け、今日に至っているのであるが、ここで考えてみたいのは、日本列島の農業のありようである。佐原が指摘していることであるが、日本列島では大型ほ乳類の家畜化は行われず、それらはいずれも外部からこの列島に持ち込まれた。最初に登場するのは犬であり、神奈川県横須賀の夏島貝塚で九二〇〇年前の骨が見つかっている。縄文時代の犬(縄文犬)は柴犬に似た小型犬で狩猟に使われ、埋葬例があることが知られている。弥生時代に入ると稲作が導入されたが、まだ牛も馬もいなかった。農耕をしながら畜産は行わない、世界でも特異な非畜産農業がこの時期に成立したと佐原は述べている。

馬が日本列島に大量に持ち込まれたのは四世紀末から五世紀頃であり、牛は少し遅れて、六世紀頃にこの列島に持ち込まれた。馬は合戦のやり方を根本的に変え、騎馬戦は統一国家樹立に大きな役割を果たした。牛は牛乳と乳製品が当時の支配層に注目され、大宝律令（七〇一年制定）では、典薬寮という医療を司る役所に五〇戸の乳戸（乳牛の飼育と乳搾りをする家）が置かれ牛乳を天皇に献上することが定められている。牛を飼うための牧は東国まで置かれたが、律令制の崩壊とともに廃され、牛乳・乳製品はまったく忘れ去られてしまったのである。

ところで、牛馬が食べられていたことは、天武四年（六七五）に天武天皇（?～朱雀元年〈六八六〉）が出した、「牛馬犬猿鶏の完《しし》を食ふこと莫れ」という肉食禁止令からわかる。また養老四年（七二〇）成立の『日本書紀』巻第一の一書（第一一）に、死んだ保食神《うけもちのかみ》の頭から牛馬が、額から粟が、眉の上には蚕が、眼中から稗が、腹の中から稲が、陰部には麦と大豆・小豆が生まれ、それが庶民が「食ひて活くべきもの」となったという話が載せられている。この神話から牛馬が食用にもされていたことがわかる。天平一三年（七四一）に聖武天皇（大宝元年〈七〇一〉―天平勝宝八年〈七五六〉）は詔勅を出し、「馬・牛は人に代わりて、勤しみ労めて人を養」（『続日本紀』）ってくれるものであるから屠殺するなと命じている。

天武から聖武に至る政権が、殺生禁断・肉食禁止令を出したのはなぜか。天武は即位直後から大干魃・大飢饉に襲われているが、律令制とともに日本に入ってきた中国の天の思想によれば、これは天武の政治が良くないことに対して天が下した譴責であり、政権の危機である[23]。天武はこの危機を回避するかのように、仏教を採用していく。『金光明経《こんこうみょうきょう》』では、天変地異の原因について、国王がこの経典を流布させず信仰しないからと説明している。仏典・仏教を国内に普及すれば天変地異は起きないと説いているのである。天武は、各地に僧侶を派遣し、この『金光明経』の読経をさせる。六七五年には、前述の記録上日本で最初の肉食禁止令・殺生禁断令を出し、また放生会《ほうじょうえ》(虫・魚・動物等の生き物を山野池沼に解き放って自由にすること)を行なっている。このように天武は、国家仏教体制を志向していったのだが、これをさらに拡充した(都に東大寺をつくり、諸国に国分寺・国分尼寺を建てた)のが聖武なのである。(24)

こうした権力による肉食禁止・殺生禁断が大きな影響を与えたことは確かであろう。しかし、実はそれ以前の問題として、この列島の住人は、大陸において一般的であった去勢技術はおろか搾乳の技法も知らず、牧夫による放牧的管理の技法を欠いた粗放な牛馬飼養を行うに止まったことに注意する必要があろう。(25)たとえば軍馬の去勢が行われたのは日露戦争が最初であったという。実に二〇世紀の初めまで去勢を行わなかったのである。去勢技術を駆使し品種改良を行い乳牛や肉牛を作りだし、大量生産を行ってきた大陸諸地域とは異なって、日本列島では牛馬を飼うことはあっても運搬用・耕作用として少数飼育する段階に止まり、弥生時代以来の非畜産農業が近代まで維持されたのである。『農業全書』が畜産に言及しないのは、そのような実態を反映しているといえるのである。(26)

四　家畜化と栽培化——品種改良の思想

以上のように、この列島の住人は家畜の扱い方は未熟であったが、その一方で、農作物については種を選びよりよい品種(品種改良)を作りだしてきた。『農業全書』にも、巻一「農事総論」の第二に「種子《たね》」という項を設け、「五穀のかぎらず、万づの物、たねをゑらぶ事肝要なり」として種の選び方を述べる。具体的には、「作り物の過《すぎ》もせずよき程に出来て、虫気の痛もなく、色よくうるハしきを、常のかりしほより猶よく熟して刈取」、「にハ

（庭）にてゑ（選）り、分量より余計を貯へ置へし」と、ほどほどの収量のもので虫がつかず色がよくて麗しいものをよく熟してから刈り取り、さらに庭で選び、種とするのだという。「名物」として賞翫する種であっても、「土地」「寒温」「南北」の違いにより、合わないことがあるので「相応不相応」を勘案するようにと述べる。『農業全書』から、さまざまな種類の農作物の品種改良が行われていることを、うかがうことができるのである。

農作物だけではない(27)。たとえば一九世紀初めの江戸や大坂でアサガオの品種改良が盛んに行われ、変わりアサガオを作り出したり、幕末に、オオシマザクラとエドヒガンの雑種としてソメイヨシノが作られたり、花や植木の品種改良が行われた。動物でも、江戸時代を通じて鯉や金魚の品種改良が行われ、さまざまな色彩の個体が作り出された。蚕については、専門の蚕種家が日本各地に現れ優秀な品種を作りだし(28)、明治初年にはヨーロッパに輸出されている。他に、犬、鶏、ウズラ、コマネズミ、猫等についても、新たな品種が作りだされている。実は、『農業全書』をよく読むと、「牛馬の生れつきよく、性《しょう》もよきをゑらび、牝牡《めを》を三月に入て、共に野にはなちつるませて、五月になりてハ又別々にしてをくべし」（「五牸を畜法」）と牛馬の品種改良にも言及していた。去勢技術は知らなかったが、生まれつきのよく性質の良いものを選び交尾させるという作業を続けることによって、品種改良を営々と積み重ねてきた。明治以降に日本在来の牛と外国種を交配させて、こんにち肉用種のブランドとして知られる和牛が作られたのであるが、その前史として、少しずつ品種改良を続けてきた先人の努力があったといえるであろう。

農業という営みは、自然に働きかけ、自然にはないものをつくり出し（家畜化・栽培化）、用途に即した品種に改良していくプロセスである。日本列島の住人がそのプロセスにかかわったのは近世が最初ではない。古代史研究者の平川南によれば、古代、八世紀の奈良時代において、日本列島の各地で多くの品種のイネが栽培されていることが、遺跡から発掘された「種子札《たねふだ》」から確認できるという。(29) しかも、それぞれの品種に早稲・中稲・晩稲が存在しており、土地や気候に相応した多くの品種が作られていたといえるのである。

五　多品種複合農業の成立

子どもだった頃、農家の我が家では田んぼにはイネを作り、畦には枝豆を植えていた。畑には菜っ葉と呼ばれる(現在では種類がわからない)葉物野菜が年中生え、ネギ・タマネギ・ジャガイモ・サツマイモ、等々のさまざまな野菜が栽培されていた。竈や風呂焚きに焼べる薪《たきぎ》は、子どもでも裏山にあがれば容易に集められた。萱葺の家の周りには、柿や桃、栗、ナツメ、グミ、イチジク等が植えられ、裏山からは筍、自然薯、さまざまな山菜が収穫できた。田んぼの裏作には、ムギが植えられ、また田んぼに水を張って鯉の稚魚を飼っていたこともあった。副業として豆腐を作り、近所の人たちが買いに来てくれたが、それをやめたあとはしばらく養鶏をして卵を売って現金収入を得ていた。豚や山羊といった家畜も、数頭程度であるが、飼っていたこともある。贅沢さえ言わなければ、食料を自給できるような世界が確かにあった。それが、いつしか(一九六〇年代半ば過ぎだったと思うが)、裏作も副業もやめて米単作農家となって、現在にいたっている。

『農業全書』を読んだときに、子どものときに私が住んでいた世界が確かにそこにあると感じた。『農業全書』には、五穀・菜・山野菜・三草・四木・菓木・諸木・園に作る薬種までの、多様な品種の栽培法が説かれている。従来の研究では、一部の品種が商品(特産物)化されて利益を生むという側面(すなわち商品作物)だけが注目されてきた。確かに『農業全書』には各地の特産物について記述している。しかし、より重要なのは、農家を維持していくためにさまざまな品種の作物を栽培していく、多品種複合農業とでもいうべき農業が、『農業全書』の中に描かれていることである。そして、これは近世の農業の実態を踏まえたものであったと推定される。さらに木村茂光が指摘するように、古代以来、この列島の住人は多品種複合農業を行ってきたのであり、米だけを作ってきたわけではない(30)。

先に我が家の歴史として叙述したことは、実は一九五〇年代から六〇年代の高度経済成長期に、日本全国に見られたことである。我が家のような小農が米単作農家となったり、離農したりしたのである。それが、今になって、米単作農業から脱却して畑作物や野菜を組み合わせ、安定的な多品種複合農業を確立することが大事であると言われるようになってきている。『農業全書』の農業から学ぶべきことは大きいといえよう。

むすびにかえて

まだ論じたいことはいくつもあるが、残念ながら与えられた紙数が尽きようとしている。そこで、今後考えるべき論点をいくつか問題提起的に指摘して、むすびにかえたい。

第一に、近世という時代に、『農業全書』をはじめとした農書が出現したことの歴史的意味を考えていく必要がある。すでに本稿の冒頭で、商業出版の開始と出版文化の出現によって、知のあり方と伝わり方が変容したことを指摘したが、それとは別に、中世社会との関係という観点から黒田日出男がきわめておもしろい論点を提示している(31)。黒田は、農書が中世にはなく近世に入って作られたことに着目する。近世において農業技術が農書を通して伝えられていくのに対し、中世でそれを伝える役割を果したのは「田遊び」であったという。田遊びは田打ちから刈り入れまでの一年間の耕作の所作を演じ技術を子孫に伝えるものであったが、同時にそれは予祝（豊作祈願）行事でもあった。つまり中世においては、技術と呪術が未分離であったのに対し、近世では両者が分離し技術が独立して農書にまとめられたというのである。この議論は、田遊びの時代である中世から、農書の時代である近世へと社会が大きく転換したことを（すなわち両社会の質の違いを）鮮やかに描いてみせた好論である。確かに中世社会における呪術の重みは今日では想像を絶するほどの大きなものであったろう。しかしながら、『農業全書』をはじめとした農書において、日和見の方法に多くの頁を割いているが、そこでは呪術的な占候によって天気を予報しているのを見ることができる。また『農業全書』では、「耕作種芸の事ハ、直に天道の福を専いのる事」が大切だと述べる。そして農業に励み、実りを収穫できることは、「災もなく刈取るハ誠に大きなる幸、此上もなき事なれバ、祝悦びて土神に手向祭る」べきだという。このように近世においても農業は神仏への祈り・感謝と切り離されておらず、呪術が占める位置は少なくなかったことがわかる。むしろ近世に特徴的なのは、たとえば日和見の占候を説いた『大雑書』『東方朔秘伝置文』が出版されたことが示すように、呪術的なことが書物のなかに書き込まれ、書写されたり出版されたりして広まったことである。呪術・秘儀が公開されることの意味を考えてみる必要があろう。

第二に、中世から近世にかけての大開発の時代のあとに、農書が出現したことの意味を問う必要があろう。一六世紀末から一八世紀初めの百年ほどで、耕地面積は一・五倍、人口は二・五倍に急増したという[32]。大規模な耕地開発は、自然に大きなストレスをかけることとなった。一七世紀後半には、熊沢蕃山（元和五年〈一六一九〉―元禄四年〈一六九一〉）が「山川は国の本なり」（『大学或問』）と述べ、過度な開発が大洪水を引き起こすと警告を発するほどに、乱開発による大災害の勃発が現前のものとなっていた[33]。幕府は寛文六年（一六六六）に、下流域の治水保全を目的にして上流の森林開発を制限した諸国山川掟を出したが、それほどまでに国土が疲弊していたといえるのである。(34) 宮崎安貞が農書を執筆したのは、そのような時であった。なぜ今、農書が必要なのか、安貞は『農業全書』「自序」で次のように述べている。

近世に至りて、農ハ古の農にして、是を費すものハ十倍せり。是則、衣食の足がたきゆへなり。然れば今世の民ハ、農術をよくしりて、力田に功を用る事あつきにあらずんバ、いかでか飢寒のうれへをまぬかれんや。

人口の急増により衣食が不足し飢寒の憂いを免れ得ない危機的状況を打開するためには、単位面積あたりの収量を増やす農業技術が必要だという認識を持ち、そのような技術を教えるために『農業全書』を執筆したという。中国史を専門とする山田賢は、東アジアにおける農書の歴史的位置を探るという視角から、集約的農業の時代にこそ農書が出現すると的確に指摘しているが、(35) この問題もさらに深く考えていかねばならない。

第三に、『農業全書』が一七世紀末に作られ出版されたことの歴史的意味を考察していく必要がある。元号でいうと元禄末から享保初めの時期は、疫病が流行し、八代将軍徳川吉宗はその状況に対応すべく享保の医薬政策を進めたという。(36) そのような政策が可能であったのは、その基盤として、本草学の進展があった。とりわけ貝原益軒の『大和本草』が果たした役割は大きいのであるが、五穀・菜・山野菜・三草・四木・菓木・諸木、そして園に作る薬種までの多様な品種の栽培法を論じる『農業全書』も、それと並ぶぐらい大きな意義をもったと推定されるのである。

第四に、『農業全書』がいかに受容されたのか、解明する必要がある。さまざまな人たちが『農業全書』に呼応したのであるが、呼応の仕方によって二つのパターンを指摘できる。まずは、民、村人の上に立っているのだという治者意識を持って民をいかに治めるのかという関心から、①農政のあり方を学ぶために『農業全書』を受容した人びとである。貝原楽軒が執筆した附録(巻一一)は、まさに農政論として読むことができるし、実際そのように読まれた。階層で言えば、上は「民は国の本」「農は国の本」という使命感から農政を重視する領主層から、直接民に接する代官・郡奉行あるいはその部下の役人たち、さらには村役人ら農村の上層にも、そのような意識を持つものが出てきた(37)。

たとえば一八世紀初頭の川崎宿名主の田中休愚《きゅうぐ》(丘隅とも、寛文二年〈一六六二〉—享保一四年〈一七二九〉)は、『民間省要』を書き徳川吉宗に献策し、吉宗により代官に抜擢されることになった人物である。休愚は『民間省要』で次のようにいう。『農業全書』で宮崎安貞が「国家を治ルは民間の事を以根本とす」と述べているが、私はこの安貞の志を「継テ」『民間省要』を述作したのだ、と。また、一八世紀半ばの一関藩藩医建部清庵(正徳二年〈一七一二〉—天明二年〈一七八二〉)が藩主への上書として執筆した『民間備荒録』は、のちに出版され救荒書として広く読まれることになるのだが、この書物も内容のかなりの部分を『農業全書』に負っている(38)。このように『農業全書』は農政に志す人びとによって読み継がれていったのである。

もう一つは、『農業全書』に書き込まれた農業技術・知識に強い関心を持ち、『農業全書』の影響下で、②地方農書を作る人びとである。地方農書の作者は、ときに藩の地方役人である場合もあるが、村役人を務めるような上層農民であることが多い。『農業全書』がありながら、なぜ農書を作ったのか。それは、日本列島が東西に細長くて気候が違い、くわえて海辺の低地から高山の麓や盆地まで多様で気候の変化が激しく、同一の基準で農作物を育てることができないからである。『農業全書』の読者はすぐにこれに気づいたようで、地方農書の冒頭には、『農業全書』は優れているが、残念ながら我が地方の風土にはそのままでは通用しないので、新たに農書を作ったのだ」等と主張するのが常である。日本各地の「風土」の違いに気づいた者たちにより、地方の農書が編まれていったのである[39]。

最後に、『農業全書』が、農業という営みと、それにたずさわる農民を、どのように見ているのか、考えてみたい。『農業全書』巻之一「農事総論」の冒頭で次のようにいう。

> それ農人耕作の事、其理り至て深し。稼《いね》を生ずる物ハ天也。是を養ふものハ地なり。人ハ中にゐて、天の気により、土地の宜きに順ひ、時を以て耕作をつとむ。もし其勤なくハ、天地の生養も遂ぐべからず。

農産物を生じ養うという天地の働きも、人が天と地の中に居て、天地の気にしたがって耕作をしなければ、成し遂げられないという。このように「天地の生養」に参画する営みとして農業を意義づけている。これは中国の『農政全書』には見られない、『農業全書』独自の主張である。『農業全書』はさらに独自に、

> 天万物を生ずる中に、人より貴きハなし。人の貴き故ハ、則天の心をうけ継て、天下の万物をめぐミやしなふ心、をのづからそなハれるを以てなり。されバ人世にゐて、其功業のさきとし、つとむべきハ生養の道なり。生養の道ハ耕作を以て始とし根本とすべし。

と述べる。天が生みだした万物のうち最も貴いのは人である。人は天の心を受け継いで、天地が万物を恵み養う

心を自ずから具えているのである。人がまず務めるべきことは「生養の道」であり、農業(「耕作」)はその始めであり根本である。農業は「目前に天地の化をたすけて、世をゆたかにする手立《てたて》なれバ、聖人の御心にかなひたるわざなり。心あらん人誰か是をたつとびざらん」と述べ、農業を貴いものと位置づける。

このような『農業全書』の主張の背景には、貝原益軒の影を確かに見て取ることができる。益軒は、「人は天を父とし、地を母として、かぎりなき天地の大恩を受けた」天地の子であるとする。そして天地の子たる人は、「天地の人と万物を愛し給ふ御心」=仁の心を自らのものとして、「天地の御めぐみの力を助くる」べき存在であると論じる(『大和俗訓』)。具体的には、「天人《ひと》を生じ、其才によりて、人に益ある事をなさしめ給ふ。上たる人の世を経済し給ふより、下一材一芸ある者に至るまで、其程々につけて人に益ある事をなすは各々その天職なり」(『文訓』)と、上は天から「其の地の人民を預け」られた領主層から、下は民衆まで、それぞれが「四民」の家職を実践すべきだという。(40) 家職はそれぞれ違うが、仁の心をもって行う道徳的実践という点では同一であり、「同じ人」(『五常訓』)だと説いている。こうした主張を踏まえた上で、さらに一歩進めて、「天職」のうちもっとも大事なのが農業であると強調したのが、『農業全書』だと言えるであろう。

ここで注意しておきたいのは、人を「天地の子」とする主張は益軒だけに見られるものではないということである。一七世紀を生きた武蔵国川越の塩商人榎本弥左衛門(寛永二年〈一六二五〉—貞享三年〈一六八六〉)や河内国大ヶ塚の農民・商人河内屋可正(寛永一三年〈一六三六〉—正徳三年〈一七一三〉)らも、心をいかに修めるかという課題を自らに課し、自分を「天地の子」とする意識に支えられて自己を律し、意義づけようとしていた。こうした当時の人びとの思想形成のパターンが益軒に先行してあり、益軒はそれをいわば体系化して示したのだと言えるのである。(41) 前述の『農業全書』の農業観・農民観は、益軒の著作の読者には理解しやすいものであったが、それを越えてより広範は人びとに受容されていく可能性があることを指摘しておきたい(42)。

こうした問題とは別に、天・地・人の関係性に着目してみる必要がある。農書研究の第一人者である徳永光俊は、『農業全書』では、この三者のうち天が最も優位を占め、「天道あってこそはじめて、地の利と人の功は生きてくる」と位置づけられているという(43)。それが、近世中期の農書では「人の功」「人事」の役割を強調する農書が出てくるが、後期になると「国学の影響を受けて「天地自然」「天然」の考え方が誕生する」という。すなわち農業という営みを、天地自然と人為との関係のなかでどのように意義づけるのか、その意義づけ方が時代により人により異なってきているというのである。確かに、「天道」と「人道」をキーワードにした二宮尊徳(天明七年〈一七八七〉―安政三年〈一八五六〉)の農業論もそのような枠組みで考えるとよく理解できる。近世だけでなく、西洋農学が導入されてから今日までの農業観を、〈自然〉と〈人為〉の関わりのなかで捉え直してみることは大きな意義があろう。以上の論点は、いずれも本稿では展開できなかったが、機会を改め考察してみたいと思う。

(1)　塚本学『生きることの近世史――人命環境の歴史から』平凡社選書、二〇〇一年。
(2)　横田冬彦『日本の歴史16　天下泰平』講談社、二〇〇二年。
(3)　『日本農書全集』は、一九七四年に刊行を開始、一九九九年一二月に全七二巻が完結した(農山漁村文化協会)。
(4)　従来の思想史研究は、往々にして、思想家やその著作(作品)の思想的基盤を明かすことなく、したがってその思想形成過程を解明することがないまま、行われてきた。私がこのことに気づくことが出来たのは、安藤昌益研究を通してである。私は、昌益が残した著作の一言一句を分析して、昌益が読んだ書物を特定する研究を行ってきた。昌益が読んだ書物を明らかにすることによって、昌益がそこから何を学んだのか、何を継承し何を否定したのかといった、思想形成の過程を考察することが可能となった。昌益だけでなく、あらゆる思想家、あらゆる作品の歴史的位置を模索するに際して、同様の基礎作業が必要だとの確信を持つに至った。拙著『安藤昌益からみえる日本近世』東京大学出版会、二〇〇四年、参照。

（5）『大日本農功伝』農商務省、一八九二年。古島敏雄『日本農学史』日本評論社、一九四六年、井上忠『貝原益軒』吉川弘文館、一九六三年、山田龍雄「『農業全書』の成立と意義」『日本農書全集13　農業全書』解題、農山漁村文化協会、一九七八年、他。

（6）古島敏雄前掲書、のち『古島敏雄著作集』第5巻、東京大学出版会。

（7）前掲『日本農書全集12　農業全書』『日本農書全集13　農業全書』は、担当の注記者により精粗はあるが、出典を注記しており参考になる。

（8）井上忠前掲書、山田龍雄前掲論文参照。

（9）以上、『農業全書』がどのように形成されたのか、を素描してみた。『農業全書』編纂のプロセスは、それぞれの作物について、『農政全書』にどの程度依拠しているか、楽軒はどう関わっているのか、益軒の知識はどのように活用されているのか、等の作業を徹底的に行うことによって、はじめて跡付けることができる。小稿の任ではないが、今後行っていかなければならない。

（10）国立国会図書館デジタル化資料による。

（11）『日本農書全集71　絵農書』農村漁村文化協会、一九九六年、三八頁。

（12）「肉食之説」『福沢諭吉全集』巻二〇、岩波書店、一九六三年。

（13）友人宛書簡、『福沢諭吉全集』巻一七、岩波書店、一九六一年。

（14）「肉食せざるべからず」（時事新報、明治一五年）、『福沢諭吉全集』巻八、岩波書店、一九六〇年。

（15）『旧約聖書』には家畜は神が人の食べ物としてつくって下さったと書かれており、キリスト教世界では、家畜の起源は自明なことであり問題にしてはいけないことであった。

（16）「家畜」『世界大百科事典第２版』CD-ROM版、平凡社、一九九八年。
（17）安良城盛昭『天皇・天皇制・百姓・沖縄』吉川弘文館、一九八九年。
（18）佐原真『大系日本の歴史１　日本人の誕生』小学館、一九八七年、のち小学館ライブラリー、一九九二年。
（19）羊・山羊を取り上げ、いかにして家畜化が始まり、その管理技法はどのように展開したのかを追究した仕事として、谷泰『牧夫の誕生――羊・山羊の家畜化の開始とその展開』（岩波書店、二〇一〇年）がある。加茂儀一『家畜文化史』（法政大学出版局、一九七三年）。
（20）「家畜化」前掲『世界大百科事典第２版』。
（21）神戸大学石井尊生らの研究グループ。二〇一三年二月二五日。神戸大学ＨＰ所載のプレス発表より。http://www.kobe-u.ac.jp/research/news/archive/pp2013_02_25.html
（22）神戸大学山崎将紀らの研究グループ「古代人の〝緑の革命〟――イネにおける〝緑の革命〟遺伝子の人類への貢献：近代育種と栽培化」二〇一一年六月二〇日。神戸大学ＨＰ所載のプレス発表より。http://www.kobe-u.ac.jp/research/news/news/H23/pp2011_05_06-02.html
（23）中国の天の思想によれば、天は命を下して君主を定め、君主の政治がうまく行われていると祥瑞を降し、逆に悪政の場合には災異（天変地異）を降して君主を譴責する。「大宝」「和銅」「霊亀」と、この時代の元号は祥瑞により定められており、天の思想を一面では受け容れている。
（24）原田信男『歴史のなかの米と肉』（平凡社、一九九三年、のち平凡社ライブラリー、二〇〇五年）は、この時期の国家が肉を否定し米を重視するという政策を選択したという。
（25）谷泰前掲書。
（26）『農業全書』は、「水畜」の項で、「老人病人ハ云に及ばす、わかき者も、穀物、菜蔬を食したるバかりにてハ、気血、臓腑のやしなひたらず。筋骨もすくやかならずして、寒暑にも痛ミやすし。魚鳥獣の重味にて、能比に元気を養へバ、外より犯す病も、大かたハのがる、物なり」と述べ、魚鳥獣の肉食（今流にいえば動物性タンパク質摂取）の必要性を説いている。本稿では展開できなかったが、綱吉の生類憐みの時代でもあったことも、考えていく必要があろう。

（27）『日本人が作りだした動植物――品種改良物語』裳華房、一九九六年。
（28）杉仁「蚕書にみる近世社会」『歴史評論』六六四、二〇〇五年。
（29）平川南『全集日本の歴史2　日本の原像』小学館、二〇〇八年。
（30）木村茂光編『日本農業史』吉川弘文館、二〇一〇年、同『ハタケと日本人』中公新書、一九九六年、等参照。
（31）黒田日出男「田遊びと農業技術」『日本中世開発史の研究』校倉書房、一九八四年。
（32）鬼頭宏『日本二千年の人口史』ＰＨＰ研究所、一九八三年、木村礎『近世の新田村』吉川弘文館、一九六四年、等。
（33）佐久間正「「天地」と人間――徳川日本の環境思想の特質」『日本思想史学』三八、二〇〇六年。蕃山の環境思想に着目した論考に、源了圓「熊沢蕃山における生態学的思想」（『国際基督教大学報Ⅲアジア文化研究』二五、一九九九年）がある。
（34）青木美智男「ごんぎつねと環境歴史学」『全集日本の歴史　別巻　日本文化の原型』小学館、二〇〇九年、同「歴史・民俗　近世尾州知多郡の自然景観と「雨池」民話の生成――新美南吉『ごんぎつね』誕生の背景を探る」（『知多半島の歴史と現在』一二、二〇〇三年）
（35）山田賢「東アジア「近世化」の比較史的検討」『比較史的にみた近世日本――「東アジア化」をめぐって』東京堂出版、二〇一一年。
（36）大石学「日本近世国家の薬草政策――享保改革期を中心に」『歴史学研究』六三九、一九九二年、若尾政希「享保～天明期の社会と文化」『日本の時代史16　享保改革と社会変容』吉川弘文館、二〇〇三年。
（37）これは、おそらく牧民の書（『牧民忠告』等）に呼応して牧民官意識をもつ人びととも重なってこよう。小川和也『牧民の思想――江戸の治者意識』平凡社、二〇〇八年、参照。
（38）小川和也「天明期越後長岡藩の藩政改革と農書」『歴史評論』六六四、二〇〇五年。
（39）若尾政希「近世における「日本」意識の形成」『〈江戸〉の人と身分5　覚醒する地域意識』吉川弘文館、二〇一〇年。

(40) 益軒の職分論については、佐久間正「徳川期の職分論の特質」(源了圓・玉懸博之編『国家と宗教』思文閣出版、一九九二年、のち佐久間正『徳川日本の思想形成と儒教』ぺりかん社、二〇〇七年)。

(41) 若尾政希「近世人の思想形成と書物――近世の政治常識と諸主体の形成」『一橋大学研究年報　社会学研究』四二、二〇〇四年。

(42) 転定(天地)から穀が生じ穀から人が生じたのであるから、人は転定の化育を助けて「直耕」を行わなければならないと説いた安藤昌益(元禄一六年〈一七〇三〉―宝暦一二年〈一七六二〉)も、この系譜に入れることができよう。また百姓一揆物語にも、このような農業観・農民観を前提にしているものがあり、注目される。

(43) 徳永光俊「日本農書にみる自然・農業・地域観――日本農学の原論に向けて」『大阪経大論集』五三―二、二〇〇二年。

自然と人倫

清水正之

はじめに

自然、人倫（人間及び社会）、超越（神仏など）、の三者およびそれらの関係を、哲学は対象とするという見方は、もともと西洋の哲学史の観点からのものである。しかしどの文化圏であれ、哲学的思索に共通のこととすることができるだろう。東洋ないし日本の思想を考えるときにも、問いを見出す便宜的な視点として、立てることができる。ここでの主題は「自然と人倫」であった。この主題を、概念それ自体というよりは、思想史的なながれのなかにおき両者の関わり、および両者の超越的なるものへの関わりをみるという形で、考えてみたい。

現在のわたしたちが、この主題をふりかえることは、直近で経験した大きな災禍とまったく無縁ではありえない。その災禍は、自然そのものの現れであり、それを直接の引き金にするが、人々の紐帯とその再生、家族・家郷の喪失と恢復という人間の共同性、自然を利用する人間の技術にかかわる問題、政治や自助共助という共同体の機序等々、まさに人倫の諸問題に相渉る問題が生起したことでもある。思想史に限定し一見迂遠に主題に向かうようにみえても、この事態への応答ということと無縁ではありえない。

一　「自然」という言葉

自然の概念確定は、日本の哲学的思索の根底に横たわる問題として簡単ではない。いま「自然」ということばに喚起される意識は、変遷を経た重層的なものといえる。自然（自然物やその様態）の背後に「おのずから」なるものをみてきたとされる日本の心性も、古来の自然観にはじまり、仏教の影響をうけ、さらに近世の儒教的思想、国学等に照らされ、蘭学から始まる近代西洋思想にふれ、いっそう意識化されて現在に至る。

西洋の思想にふれる近代に至るまで、言葉としての「自然」とは花鳥風月、山川草木、鳥獣虫魚、日月星辰等の自然物を直接さすことばではなかった。しかし『古事記』や『万葉集』などの古代の文献では、すでに自然物の描写は豊かであり、その宝庫といっていい。他方、「自然」は中国語として中国文明の歴史を背負ってもいる。そこでも元来「自然」は自然物そのものをさすものではなかった。中国の作品で自然物、その意味での自然とのかかわりをよくあらわしているものに例えば『詩経』がある。『詩経』では「草木鳥獣虫魚」などの自然物が詠まれていたが、それらを「自然」という言葉で指すことはなかった。「自然」が用例として出てくる作品では『老子』がある。「人は地に法《のっと》り、地は天に法り、天は道に法り、道は自然に法る」（象元章題二五）の一句では、万物の本質である道は、あるがままであることにその姿をしめしている、という意味でつかわれる[1]。日本は、中国伝来の「自然」の語を受け継いだが[2]、しばらくは、漢音での「自然《しぜん》」と、呉音のよみである「自然《じねん》」がともに使われた。そのよみわけに独自の意味も付け加わった。「しぜん」はたとえば『平家物語』、一門都落ちの場面での「しぜんの事候はば、頼盛かまへて助けさせ給へ（もしものことがありましたら、頼盛をぜひ助けてください）」という副詞的用例にあらわれる。他方、「じねん」は、中世の仏教語としてよく使われるが、中世にのみ特有なわけではない。『源氏物語』での「じねんに」という副詞は、「高貴な身分の女性は大事に育てられるので、欠点が隠れ「じねんに」(おのづから)その感じが格別におもわれる」といった用法等があげられる(「帚木」)。親鸞の「自然法爾」も独自の意味を付与した思想としてあげることができよう。「我がはからはざるを、じねんとは申すなり。これすなはち、他力にてましますと」(『歎異抄』)等、ありのままであることが弥陀の力によること、おのずからそうなることの様態を「じねん」という。一般的な仏教用語の「自然法爾」もふくめてみると、現代語としての「自然」が自然物を指すのではない場合に、わたしたちがこめる意味内容としては、これらの「じねん」により近いということになろう。

現代のわたしたちはさらに、nature, Natur 等の西洋語の翻訳語として確定した「自然」の意味内容をうけ、「自然」を使っている。この「自然」は、「おのずから」の意味を保ちつつ、人為としての文化にたいする「自然」であり、人間の自然的本性(肉体的衝動的面)を意味し、また生活節奏のレベルでは、山川草木、四季の移り変わり、鳥獣虫魚、日月星辰、地水火風、風土、等をさすものである。

これら自然物やその変化動態を「自然」と称することは近代までなかったが、nature 等の訳語として定着してからは、伝来の「自然」の語に置き換わってあらたな「自然」となった。自然が、現在の意味合いにおける自然物をもさすようになった経緯或いは翻訳過程はすでにさまざまな研究があるし、ここでの課題ではない(3)。言葉が何を意味したかをひとまずおいて、私たちのいう意味での「自然」、すなわち自然物や風土を含めた自然が、近代以前、どのように思想の大きな構造の中で捉えられているかを中心に、この論は見ていきたい。「自然と人倫」という主題自体がそれを求めていると思われるからである。

「人倫」もまた中国伝来の伝統を負い、儒教的文脈でおもに使われるとともに、近代ではヘーゲルなどの西洋哲学の概念の影響を被っている。ここでは、人間の具体的社会をさすとともに、そこでの共同性ないし関係性と、それを基盤とした人間の振る舞いという広い意味でまずはうけとめておくこととしたい。

二　「自然と人倫」へ――和辻哲郎『風土』を手がかりに

この主題を扱う方法的な視点を提供してくれる和辻の『風土』（昭和一〇年〈一九三五〉）をまずは取り上げる。「風土」という概念で和辻が表現しようとしていることが、和辻なりの自然観の一表現であるとともに、「自然と人倫」というテーマにも深く関わったものであることをみておきたい。

和辻哲郎は、『風土』という著作を「人間存在の構造契機としての風土性」をあきらかにすることを目的とするものだとする。和辻は「自然環境がいかに人間生活に関係するか」ということが問題なのではなく、「主体的な人間存在の表現」として風土を扱うのだという（『風土』序言、全集八、一頁）[4]。和辻は、ドイツ滞在中の一九二七年にベルリンでハイデガーの「有と時間」を読んだ時、人間存在の構造を時間性と把捉するそのこころみは興味深いが、なぜ同時に空間性が根源的存在構造として生かされないのか、という疑問をもったという。ドイツ・ロマン派の「生ける自然」がハイデガーによって蘇生されたかのようにみえながら、実際はそれが生きておらず、その理由を、ハイデガーには風土性と時間性が相即するという視点が欠如しているからだという。

風土は「ある土地の気候、気象、地質、地味、地形、景観などの総称」であるとする。それは、近世までは漢語で「水土」といわれた諸契機と同様である。和辻は、この「水土」の概念には近代用語としての「自然」と大きな違いはないが、「人間の環境としての自然を地水火風として把捉した古代の自然観」が背後にひそんでいるのであろうといい、「水土」ないし「風土」は「自然と別のものではない」としたうえで、あらためて「自然」としてでなく「風土」として考察するのだとその意図を述べている（全集八、一頁）。

この『風土』は様々な評価をうけてきたが、そのなかで寺田寅彦の見方にふれたい。関東大震災を契機にいくつかの文章を発表した寺田寅彦は『風土』と同じ年に「自然と人間」を著している。

> 吾々は通例便宜上自然と人間とを対立させ両方別々の存在のように考える。これが現代の科学的方法の長所であると同時に短所である。この両者は実は合して一つの有機体を構成しているのであって究極的には独立に切り離して考えることの出来ないものである。人類もあらゆる植物や動物も同様に永い永い歳月の間に自然の懐にはぐくまれてその環境に適応するように育てられて来たものであって、あらゆる環境の特異性はその中に育って来たものであって、あらゆる環境の特異性はその中に育って来たものにたとえ僅かでも何らか固有の印象を残しているのであろうと思われる。
>
> （『日本人の自然観』一〇五頁[5]）

寺田は、自然は地球上けっして単一なものでなく、日本人は複雑な自然界の支配のもと、服従すると共に恩恵をうけ、「この特別な対自然の態度が日本人の物質的ならびに精神的生活の各方面に特殊な栄光を及ぼしてきた」という。その上で、気象、地形、その他の地理的要素、植生、動物、生物などを論じ、さらに衣食住の生活様式から、精神生活、すなわち文学、美術、芸術まで「適応」の表象として論じている。そして寺田は、和辻哲郎の『風土』を「もっとも独創的な全機的自然観」と表し、自らの所説が「和辻氏の従来すでに発表された自然と人間との関係についての多くの所論に影響」(『日本人の自然観』「追記」)されたと述べている。「全機的」とは単に有機的であることではない。自然と自然に包まれてある人間の営みのすべての要素が『風土』に論じられているという意味で、寺田は使う。

ここでは寺田の見解を参考にしながら、「自然と人倫」という思想史的理解に補助線をひくものとして、和辻をまず捉えておきたい。「全機的」という評語の中に、後半にふれる中世から近世に至る主題の展開のヒントがあると思われるからである。

三　風土から間柄へ――和辻風土論のひとつの理路

和辻は、風土性とは「自然環境」と通常解されるものではないことをくりかえし強調する。「人間存在の構造契機としての風土性」こそが問われることであり、「自然環境がいかに人間生活を規定するかということが問題」なのではない。通例「自然環境」と考えられているものは、人間の風土性を具体的地盤として、対象化されたものである。「風土性と人間生活との関係」を考えるということは対象化された「人間生活」を前提とした誤りであり「対象と対象との間の関係」を考察する立場も「主体的な人間存在にかかわる立場」ではないと排する(「序言」、全集八、一頁)。

たとえば寒さを感ずるというとき、自分と対象的な寒さがあるのか。和辻によれば、主観と客観の対比分離とみるべきではない。寒さを感ずるという感じは、「感ずる」ことにおいてそれ自身関係すなわち志向的体験なのである。それは個人意識においてあきらかであるが、同時に共同的な意識でもある。寒さの中に出ているのは我でなく「我々であるところの我」である。「寒気というごとき「もの」の中に出るよりも先に、すでに他の我の中に出る」という形を存しており、それは志向的関係ではなく「間柄」である。寒さにおいて己れを見出すのは、根源的には「間柄としての我々」である。寒さを感じる主観は、我を浮き上がらせるのではない。人間は、寒さに対して、体を引き締め、着物を着、火鉢のそばにより、着物や炭をうるために労働を、生産し繊維を製造する。こうして人間は、風土において、和辻のいうところの、個人的・社会的関係に入り込んでいくのである(全集八、一一頁)。「暴風・洪水のごとき災害」「地震火事」も同様である。「自然の暴威」には「まず迅速にそれを防ぐ共同の手段に入り込んで行く」のであり、堤防、排水路、風に対する家屋の構造等々、「風土」における「自己了解において我々自身の自由なる形成に向かった」のであり、「人間の自己了解の表現」でもある(全集八、一二―一三頁)。

和辻は、周知のようにモンスーン型、沙漠型、牧場型と風土の型をわけ〈全機的に〉論述していく。風土の現象を「文芸、美術、宗教、風習等々」、また共同性や国家の組成など、人間生活の諸表現の内にみようとする。彼は、モンスーン型を「暑熱と湿気の結合」ととらえ、その特性とみた。この型は「寒国的人間」や「沙漠的人間」と比べても「自然に対抗する力において弱い」という。湿気は人間のうちに「自然への対抗」をよびさまさない。大地の至るところ植物的な「生」が現われ、それに従って動物的なる生をも繁栄させる場所となる。そこでは自然は死ではなくして生である。だから人と世界のかかわりは対抗的ではなくして「受容的」である。一方「湿潤」は自然の暴威をも意味する。暑熱と結合した湿潤はしばしば、大雨、暴風、洪水、旱魃という荒々しい力となって人間に襲いかかる。そこで人間は、忍従的となる。沙漠の乾燥とことなり「湿潤なる自然の暴威は横溢せる力〔生を恵む力〕の脅威」であって「忍従はここでは生への忍従である」。以上のようにモンスーン域の人間の構造は「受容的・忍従的」として把捉できる（第二章、全集八、二四頁以下）。

日本の風土はモンスーン型の一形態であり「台風的性格」と名付けられる。受容的・忍従的な仕方の二重性のうえにさらに、熱帯的・寒帯的・季節的・突発的という「特殊な二重性格」が加わったものとして理解される。人間は自然を征服しようともせずまた自然に敵対しようともしなかったにもかかわらず「なお戦闘的・反抗的な気分において、持久的ならぬあきらめ」に達した。単に季節的・規則的に忍従を繰り返すのでもなければ、また単に突発的・偶発的に忍従するのでもなく、「繰り返し行く忍従の各瞬間に突発的な忍従」を蔵しているのである。すなわち「しめやかな激情、戦闘的な恬淡」こそ国民的性格であると和辻はいう（全集八、一三四－一三八頁）。

『風土』は、台風的とされる国民的性格が、伝来的な人間の「間柄」と表現されてきたとするところに和辻の把握の特徴が示されている。彼は、『日本書紀』の恋愛譚、『古事記』の恋愛類型に「しめやかな激情」の例をさぐり、家族および「家」の意味を論じ、「全然隔てなき結合を目指すところのしめやかな情愛」を山上憶良の歌に見出し、鎌倉の熊谷直実の例に探る。家族的な間は、生命をおしまない勇敢な・戦闘的な態度としてあらわれる。「しめやかな激情」はまた「戦闘的な恬淡」となるのである（全集八、一三四頁以下）。さらにそれは共同体や国家の組成に及ぶ。「かくして我々は「家」としての存在の仕方が特に顕著に国民の特殊性を示すことを承認しなければならない」として人間が全体性を自覚する道も、実は家の全体性を通じてなされたとみる。古来、人間の全体性はまず神として把捉されたが、その神は歴史的なる家の全体性としての「祖先神」にほかならなかった、とする。国民的統合について尊皇の意味における忠も、家族の全体性による個人の規定としての孝と合致する、と論じている。

ちなみに、和辻の体系では、人間を単独の人とはみていない。人間は同時に人々の結合あるいは共同態である。

人間の連帯性も同様である。「共同態、結合態は一定の秩序において内的に展開するところの体系」であり、人間存在におけるこの時間と空間の相即は、歴史と風土の相即の根底である。歴史的存在の有限的無限的な二重性格がかかわっている(全集八、一四頁以下)。

近代の思索のひとつである和辻の風土論が、それ自体の受容的特徴から、例えば科学技術の問題などに届くものか、など疑問はつきない。しかしここでの目的は和辻の批判ではない。和辻は、自然の対象化を斥け、「自然環境と人間の間に影響を考える立場」はなお自然環境を「観照」するものであり、歴史の契機をあらいさったものであるとして「人間が風土に働きかけそれを変化する」という考え方を排する。このような風土という概念をたて、それが人間生活の表現のうちに見いだせるという和辻の分析、和辻自身の〈自然〉理解、さらに自然と人倫のとらえかたに及ぶ和辻の人間存在論が、それ自体において日本思想の一特徴を示唆しているのではないか、という観点を補助線の一つとしてみたい。『風土』の視点は、他方で、日常性にとりいれられた自然、その自然の内なる生活空間、日常的生活世界に着目し、その意味を押し出していくものである。人倫日常を恒常なる場所と捉え「個人」を虚構として、個人的かつ社会的な存在としての人間の共同性を問う、そのこと自体が、伝統的な「自然と人倫」の受け止め方のひとつの流れに位置づけられるのではないか、ということでもある。

四　中世的自然から中世的人倫へ

今の私たちの自然観に伏在している自然と生活空間との接点をかえりみるにあたり、中世の自然と人倫、そして近世の人倫観への思想史的遷移と連関を見ておきたい。

1　『方丈記』から――生活の空間と自然

私たちが近年経験した災害に関わって、さまざまな古典への言及がなされた。『方丈記』、二宮尊徳、柳田國男『遠野物語』九九条、あるいはまた寺田寅彦であった。とりわけ『方丈記』（建暦二年〈一二一二〉）は凄惨な自然災害をイメージ的に喚起することで多くの言及がされた。中世の表現世界に多くの影響を与えた『方丈記』が、自然と人倫という視角に何を示唆するだろうか。

鴨長明は、五つの「世の不思議」として見聞し体験した厄災について書いている。大焼亡（安元三年〈一一七七〉）であり、治承年間の辻風（一一八〇年）、平家による福原遷都（おなじ治承四年）、養和の飢饉（一一八一年）、最後には元暦の大地震（「おおなゐ」、一一八五年）である。

人間の営み自体の無意味さの詠嘆（「人の営み、皆愚かなる中に、さしも危き京中の家を作るとて、財を費し、心を悩ます事は、すぐれてあぢきなくぞ侍る」）は、これらの厄災から出来するが、鴨長明のまなざしは、単に天変地異の事実に向かうものではない。厄災が及ぼした人間と社会の様相こそ叙述の主な対象である。福原遷都が他の自然的厄災と同列に扱われていることから分かる。福原遷都は、人の住まい、生活、人心の「理にも過ぎたり」というほどの激変を招いた。「人の心皆改まりて」牛車をすて「馬・鞍」を使う「鄙びたる武士」的な風俗が跋扈する世となった。為政もみだれ「西南海の領所を願ひて、東北の庄園を好まず」という貴族たちの気風を生むこととなった。

自然的厄災の叙述も同様である。地獄の業の風より激しいものであったと描かれる治承の辻風は、平家の支配に関わっての神仏の「瑞相」、あるいは「物の怪」「怨霊」のあらわれともみえた。これを期に「人の心」も「都の手振」も「忽ちに改」まった。本来、為政は「あはれみ」をもって「民を恵み、世を救け給ふ」はずであるのに、「古の賢き御世」からは思いもつかない世相となってしまった。

養和の飢饉では、飢饉、日照りに洪水大風があわさり、疫病が流行する。死者を目の当たりにし「国々の民」が逃亡して、京都は田舎と化し、「濁悪の世」が現前する。飢えにあたっては、愛するものを生きながらせようとし、愛情深いものが先に死ぬありさまである。仁和寺隆暁法印が四万二三〇〇余りの死体を確認したというのもこの災害であった。その描写では、国々の民の窮状、朝廷の祈禱の効果のなさ、京都の民の生活の悲惨さに筆は及ぶ。元暦の大地震については「四大種の中に、水・火・風は常に害をなせど、大地に至りては、異なる変をなさ」ないはずの不動の「地」の変異が、過去に例のない大地震を起こしたと書かれる。

長明の無常は、「人と栖」という生活世界の不安そのものである。「世に従へば、身苦し。従はねば、狂するに似たり」と感じ、世間との縁をきっての「閑居」こそ自らの道であるという。「恩愛や世のしがらみ」なき世を念じつつ、「心を悩ませる事、三十余年」をすごし、ついに五〇歳で遁世した自らの経緯をふりかえる。しかし、重要な事は、いわゆる自然に囲まれた生活は、長明にとって慰謝でもあった。自らの簡易な「栖」を描く。

谷しげけれど、西晴れたり。観念の便り、なきにしもあらず。春は藤波を見る。紫雲の如くして、西方ににほう。夏は、郭公を聞く。語らふごとに、死出の山路を契る。秋は、ひぐらしの声、耳に満てり。うつせみの世を悲しむかと聞ゆ。冬は、雪をあはれぶ。積り消ゆるさま、罪障に喩へつべし。

長明は「俗塵に馳する事をあはれむ」といいつつ「糸竹・花月を友」とする自然にかこまれた栖での生活に執

着していることを率直に表明する。仏の教えに照らせば、閑寂への執着を「こうしてこの草庵を愛しているのも、罪障となる行いなのだ」と自覚しながら、仏教的「理」が明確には見えないという嘆息と共に、閑寂に執着する自らを描いている。無常のなかにある、確かな生活世界の手がかりが、このように表現される。『方丈記』的無常観は、無常の世界の中で、環境的自然ないし、それにつつまれた生活世界への関心を打ち出し、人倫的なものと自然的なものとの連関の思索の萌芽を提示しているといえよう。

2　徒然草の無常観と人倫

日本の思想のながれをみると、死の到来をあたりまえのこととし、だからこそ生の前では取り立てて問題にすべきでないという論じ方は、次第に近世にむけて主題化された感覚といえる。吉田兼好の『徒然草』（元徳二年〈一三三〇〉頃か）をみると、無常が、仏教の世界把握の根幹をなす無常観から、しだいに情的な無常感へと変質したとされる事態は、すでに無常観の中に含まれていたとも読み取れる。成立は鎌倉時代だが、室町的ないし近世的な感性の萌芽ともいうべきものがうかがわれる。

『徒然草』の無常とは、まずは、世にあるすべてのものの栄枯盛衰であり、不定ながら必ずや誰にでも到来する生老病死である（四九段）。端的には「命を終《を》ふる大事」（一三四段）、即ち死の到来の不定性である。その到来の不定さ自体は普遍的であるがゆえに「変化《へんげ》の理《ことわり》」（七四段）、いわば法則として受けとめるべきものである。

だが、この無常の理は、人の眼前に展開する光景（＝無常を忘却した「世の中」や人のありよう＝まつり見物をしながら木の上で居眠りをする僧など）のなかにこそうかがえるものであり、その外に実体的に把握できるものではない。無常の光景を目のあたりにしながら、見透かすようにその背後にいわば想起されるべきものである。兼好は、無常であるから、『方丈記』に似て、「世に従」い「人に交はる」ことは無意味だと説き、「諸縁」を投げ捨て「縁を離れて身を閑《しづ》かにし、事にあづからずして心を安くせんこそ」(七五段)楽しみだとし、人情世界にからめとられず、かつとらわれないで仏道の修行に入ることをすすめる。「生活《しょうかつ》・人事・伎能・学問等の諸縁を止めよ」と摩訶止観を引いて説く。

しかし、そのことは、ひたすら世を捨てることにはただちには結びつかない。『徒然草』の理想とする「まことの人」とは、俗にあり、無常の光景のただ中に生きつつ、己の生を規律化するというかたちのあり方をとる人間のことである。俗にあることで、名利、欲望を完全には離れられないが、それを節制するというかたちを生きることになる。二一七段ではさる大金持ち(「有徳の人」)の教えを紹介しているが、その金持ちは人間の用心として、かりそめにも「無常」を感じてはならない、すべての欲望をかなえてはならない、金を「奴」のように使ってはならない、正直であれ、宴飲・声色《せいしょく》(酒盛りや、美声をきき美しい容色を楽しむこと)を事としないで、住まいを飾るな、そうすれば永遠に心安からで楽しめる、などを挙げている、と兼好はいう。そして、この「無常を観ずるな」と説く長者の教えを、それは無常を知った生き方と同じである、と評している。

無常を知るとは、現世に一定の距離をおくことであるが、「よき」あり方もこの世での事である以上、現世へのこだわりの否定と一定程度の肯定との二重の意識の内で、いうならば「何事も入りたゝぬさましたる(何事にも深く関与しない)」ようにあるいは「なほざりに(あっさりとほどほどに、深く心にとどめず)」(一三七段)住まうことが理想となる。

こうした無常の両義性は、『徒然草』では、全編での旺盛な世俗への関心に結びつき、無常の世と一見「なずむ」、ないし執着するかのような印象を与えることになる。兼好自身最小限必要なものは、食べもの・着るもの・居い・医療・薬であるといっているが、「なずむ」ところに成立するものを『徒然草』流の美意識と呼ぶとすると、規律化されることによって形をとる「生活」の簡素なありかたへの関心といえるだろう。有職故実へ並々ならぬ関心をよせることも、よき時代の復古や尚古というよりは、それを想起することで、自己の生活を規律化することの中に意義があるといえる。即ち、兼好にとっての世間とは、深く心にとどめることなく心にとどめぬという形で、規律されていくべき場所である。

重要な事は、こうした形での世間への関心は、それを取り囲む花鳥風月的な自然への態度と深く関わることである。自然の空間も無常と無縁ではない。しかし自然には死の到来の不定性と比べれば、一定の秩序、すなわち「序《ついで》」（一五五段）がある。仏教的世界観の中では、無常は本来有情世間（命あるもの）の壊滅と、器世間《きせけん》（器としての物質的宇宙）の壊滅の必然を意味し含意するが、花鳥風月の愛好は、有情世間と器世間との境にある、いわば〈生活環境〉に近接した自然の、相対的な恒常性への愛着といえよう。この中世隠者にとっての無常の器としての宇宙空間全体の構造は、その世界理解の中で明示されたものではない。しかしたとえば「人は天地の霊なり。天地は限る所なし。人の性《しょう》、何ぞ異ならん。寛大にして極まらざる時は、喜怒これに障らずして、物のために煩はず（天地がゆったりとおおらかで限りがないときは、喜怒の感情も本性のさまたげとはならず、物にわずらわされることがない）」（二一一段）はそれを垣間見せている。

無常の世間は、限りない天地＝宇宙空間を背景に、相対的には恒常的なる自然、そしてそれらに囲繞された世間という空間へという、不可視から可視、闇から可視の明るみまでのグラデーションの一番の近景として、浮かび立つように成り立っている。

人は、無常なる世間の内にあり、「序《ついで》」ある自然から一定の慰籍をうけながら、その背景に壊滅を予定された無常なる世界・虚無の空間の広がりを透かし見、その深奥に無常を出来する無常ならざるもの（「理」）をみきわめようとする。無常の只中での自覚的な生活は、仏道の修行であれ、日常的な他者との関わりの仕方であれ一定の規律・自己抑制をうむ。

無常は時間の契機が大きな意味を持っているが、中世の無常は、末法の時の到来をとくことの一方、その時の直線的な到来が、季節の巡りなど循環的な時間に柔らげられるという側面があることは否定できない。その循環の中で、時と空間は相即し、空間の広がりの内に収束し、時の無常は、無常の中で一定の常なるものとしての自然への親近に和らげられる。時間の無常性は、空間へと拡散し無化し、定位していく。

これらは必ずしも自覚的な思想の表現という形では示されず、長明の場合も、より自覚的な兼好の場合も、文学的な表現をとっている。このことは、広く見ると、東アジアでの「無常」の帰趨という問題ともつながっている。蘇東坡（蘇軾。北宋）の「前赤壁の賦」（一〇八二年）には、「造物者の無尽蔵」のまえで、人の世の移ろいやすさを一時の盛衰ととらえ、無常を相対化し、無常こそ「常」なることだという視点が示されている。朱子学的世界理解の前哨ともいえるが、日本思想史の中では道元などの例をのぞけば、[6]明確な世界理解の問題としては表面に主題化されてはこなかった。こうした方向での無常の緩やかな消去とともに、それと平行するように人倫的関係こそが重要だという思想の傾向が打ち出されてくるが、それは朱子学との関係の中で、近世思想でようやく主題となっていく。

3 『愚管抄』——〈全機的〉表現としての道理と歴史

『方丈記』と『徒然草』との間になった『愚管抄』（承久二年〈一二二〇〉か）を中世の思想的成果としてみておきた

い。承久の乱(承久三年)の直前に成ったとされる慈円のこの書は、無常観・末法観のただ中の書でありながら、『方丈記』や『徒然草』とは異なる姿を見せる。鎌倉政権の誕生は、源頼朝と親しい関係にあった兄九条兼実との関係、天台座主、後鳥羽院の護持僧であった立場から、慈円を政治(王法)に深く関与させた。「武者《ムシャ》」の世の到来を歴史の必然ととらえ、公武の宥和をとなえる『愚管抄』の見方は、こうした自身と一門のありかたとも関わった。王法と仏法との究極の一致を信じつつ、政治への積極的な関与と仏法の静寂さとのはざまこそ、この書に示された思索の根源の場所であったといえる。中心は「道理」という視点であった。「年ニソヘ日ニソヘテハ、物ノ道理ヲノミ思ツヾケテ」きた自らの、「老ノネザメヲモナグサメツヽ」「昔ヨリウツリマカル道理モアハレニオボエテ」という感慨こそが、執筆の意図であるという(七巻、以下漢数字は『愚管抄』の巻数を示す)。

七巻からなる構成の、三巻から六巻までの具体的歴史叙述(7)は、その大半が「日本国ノ乱逆」の始まりとされる「保元ノ乱」以後に費やされる。乱の前年にうまれた慈円にとっては、その同時代はまさに末法の時代であった。先行するさまざまの歴史叙述(物語等)は、「ヨキ事」だけを記述しているとみる慈円は、時運の下降を示す諸々の「悪シキ事」にも密着しつつ時代を描いていく。なぜなら慈円のみるところ、悪しき事々の生起の内にも、ふたたび世を隆盛にむかわしめる道理を顕わに見て取れるからである。そのためにも歴史の始源から正しくみていかねばならないとする。『愚管抄』の王法仏法をささえる「道理」(8)は、まずは、歴史の漸次事実と共にあらわれ、事に即して多様な意味をもつ道理群としてえがかれる。これらの道理はたしかな歴史的連続性をもち、しかし新しい事態にそって具体的内容を作り替えてきた。王法のうちでの臣下の補佐のありようを示してきたのである。即ち、武内宿禰が最初に大臣に就任したことが「臣下イデクベキ道理」の始まり、であり、その後藤原鎌足の天皇補佐の事実によって、鎌足の子孫が後見することがさだまり、さらに藤原良房の摂政就任が「藤原北家」が摂政となる道理のあらわれたこととするなどである。このように道理が、摂関体制を追認する道理となっていることは否めない。しかしまたその道理は、武士が出てきた以上は、公家と武士との協調を正当化する道理と姿をかえる。「武士ガ世」を慈円が認知するのも、武士が摂関に協力して天皇を補佐する「今」にふさわしい道理ととらえられるからである。あくまでも対立する利害のなかで「オホヤケ道理」を追求する姿勢に、自己の出自をも相対化する『愚管抄』の特質がある。歴史は善悪交々の事を生起させ、しかも次第に悪を増大させてきたが、よき道理に導かれた人間の事績も厳然とある。

他方で、歴史下降の必然もまた「道理」とされる。さらに超越的存在の意思も「道理」として描かれる。下降の必然は「劫初劫初ノ道理」といわれ、この仏教の時間意識を背景にした道理によって、歴史は「中間」の興亡の循環を経つつ、全体として下りゆくものとされる。しかしこの長大な宇宙規模の時間系の壊滅とくらべれば正法から末法の時代はほんの一時の下降といってよい。こうして末法意識は『愚管抄』では、壮大な宇宙的時間のなかの「中間」のときの問題として相対化される。

『愚管抄』では人間の世の歴史に関わる超越的存在を「冥衆」と表現する。「事ノ道理」が人間に示されるのもこの冥衆が、権化(たとえば聖徳太子)として人間の形をとって歴史のなかで道理(冥ノ道理)を教えるからである。怨霊や物の怪、天変は、それを妨げる働きをもつ。しかし、この冥衆も「劫初劫初ノ時運」に抗しては「利生」をもたらすことはできない。あくまでも「善ニ帰セン」とする人間の倫理的営為があってのみ、その利生は有効になる。

『愚管抄』を慈円はあえて口語や俗語、直接話法をまじえ、「真名ノ文字」(漢字漢文)でなく「偏ニ仮名ニテ」書いたという。それは漢籍に通じる者たちが日本の歴史に無知なことをおもい、仮名こそ「ヤマト詞ノ本体」であること、「国ノ風俗」の変遷を書くに相応した文体だからという。書きぶりは卑近滑稽にみえるだろうが、生々しい歴史をえがくために取った方法だともいう。そうして人間の営みの場を浮き上がらせる。

歴史の「事」に顕現する道理を読み説こうとする『愚管抄』では道理は、人々の情意・情態の理解という性格を色濃くもっている。同時代の武士をはじめ生き生きとそのありかたをえがく。歴史の理解は、人間の情態の内在的な理解でもある。求められる「智」もそのようなものとしてある。また諸勢力の対立のなかに道理を求めようとするその歴史叙述では道理は「サスガニ此国ニ生レテ、是程ダニ国ノ風俗ノナレルヤウ世ノウツリ行ヲモムキヲモ、ワキマヘシラデハ又アルベキ事ニモアラズト、思ハカラヒ侍ゾカシ」（二）という「国ノ風俗」＝共同体的習俗の理法ともいうべき性格を有することになる。他方では、この理法は、「世ヲ護ル人ヲ守ル」ことをはかる「冥衆」の「ハカラヒ」（七）の顕れでもあり、世の成員としての人は「利生ノ器」たるべく「滅罪生善トイフ道理」「遮悪持善トイフ道理」（七）にのっとらねばならない。歴史のなかに現れる「因果ノ道理」（三）の洞察の上に「私ナ」く行為することが、「徳」として個人に要請されることになる。歴史と倫理的ありようとが結合した背後には、慈円が歴史の内に見てとった「世ノミダレ又人ノ損ズル事ハタダ同ジ事ナリ」（七）と、「世」と「人」との相即した、まさしく「世ト申ト人ト申トハ、二ノ物ニテハナキ也。世トハ人ヲ申ス也」（同）という人と人倫の把握があった。

『愚管抄』自体、中世的無常の克服の一つの理路であった。『徒然草』は、慈円が『平家物語』の作者、信濃前司行長の庇護者であったと伝える。また親鸞は慈円のもとで出家している。慈円は、歴史を「法爾自然ニ移リユク」[9]ととらえ「一切ハ道理ガモツナリ」という。宇宙（「器世間」）の時間軸を前提に、「天地人」（一巻冒頭）の開闢以来の時間的広がりと、日本・唐土・天竺、三国への空間的ひろがりの意識のなかで、「世」の移りゆく歴史に人々の情態から制度、超越的存在の意思までをとらえ込める『愚管抄』は、世界の諸要素を〈全機的に〉とらえたものといえるだろう。その意味でこそ「一切ノ法ハ道理ガ持ツ」のであり「法爾自然」に移りゆくものであった。なお慈円は、仏教によりながら、日本の王法の根幹は「神」とみている。(10)『愚管抄』の俗世界・人倫への視点は、近世の水土論あるいは国学的な思索の先駆的な形とみることもできる。

五　近世の反無常の系譜——自然と人倫の展開

1　反仏教・反無常の系譜と人倫

近世への移行期にルイス・フロイスは「まるで日本の自然は、そこに鮮やかな技巧による緞帳を張ったかのよう」であるという感想を述べている（『日本史』）。フロイス自身が日本の風土の内なる自分を見出しているようである。建築、住居、御殿、町並みの美しさに感嘆し庭園にある池について「これらの池は自然に似ているほど喜ばれ」るという彼の視点等を加味すれば、ここでいう自然は人間の手の加わった村々、町々の生活環境的自然への賛嘆とみることができよう。フロイスと周辺のキリシタン文献からは、月蝕や日蝕、地球球体の教説をきき、その新しい宗教に関心を寄せながら、自ら天文学を学ぶことを志す日本人の存在を伝える。『徒然草』等にすでにうかがえる限りない天地、人間の環境からその外の広がりを感得する感覚に、キリシタンが何ごとかあらたなものをもたらしたように見える。(11)その宇宙的空間と人間世界の尊厳を垣間見せた異なる教説は、その後林羅山の人倫観、宇宙方形説によっていったんその根を断ち切られるように見える。しかしキリシタンのもたらした宇宙観、地球球体説等は、近世社会に確実に浸透していった。本稿では、考察に値する問題であることだけを述べて、近世の反無常の系譜のなかの「自然と人倫」に移りたいと思う。

近世で「自然と人倫」というテーマに相応しい対象のひとりに賀茂真淵がいる。かれは『万葉集』への傾倒から、古代日本の社会を理想として描く。古代の日本は、少々の争いごとがあっても、容易に収束する社会であった。歌はまさにその機能を担っていた、というのである。「天地の父母の目」からみれば、「人も獣も鳥も虫も同じこと」(『国意考』)である。自然につつまれたこの社会は、異なる心性を人々はもちながら、素直なその表明によって容易に、混乱の芽をつむことができる人倫であった。人々はそのなかで、「神」と「皇」を崇拝し、真淵によれば雄々しく「ますらを」として生きていた。この人倫観から、儒教的教説も、仏教の祈禱も後世の観念も、この平穏な社会には全く不要なものと真淵はいう。

『徒然草』的な無常の世の受け止め方から背後の仏教世界が希薄になるとき、はかなき世への凝視のまなざしが浮き上がってきた。無常をはかなみあはれむことが、人と人のあはれを分かち合うこと、同情共感の念への志向を強めたという相良亨氏の指摘があるが、仏教的世界観の後退は、世間の内に堕在してあるという徒然的人間理解が押し出されてきたといえる。近世の反無常の系譜は、儒教的な世界理解とふかくかかわり、無常観を見据え、克服を目指す。国学・儒教に共通するのは、人間の情・欲望を肯定的にとらえその上で同情共感という自他の関係的感情あるいはそうした人情が相互的に発揮される共同的な関係性の場、世、世間、人倫という場を、虚の場としてではなく、実なる場として捉え直そうとするものといえる。広がりとしての空間の意味ある場として捉えなおす、そうした方向に展開することになる。

2　伊藤仁斎の生々観

近世の反無常の思想の系譜は、人間の共同的な関係を、意味に満ちた場として位置づけるために、宇宙空間の広がりを虚無の空間としてでなく実なる空間、生々の力に満ちた空間として捉え直す、そしてそれを背景に人間の共同的な関係を再度基礎づけるといった運動といえるであろう。

たとえば、伊藤仁斎では、人間の関係性の場、人倫日用の場面を、死や自然の変化を恒常的に含みこむ「生々」という営みで満たされた自然空間、「宇宙」空間のうちに再定位するという形を取る。

仁斎は釈迦を批判していう。

彼（釈氏）、天地を微塵にすとも、天地は何ぞ曽て微塵ならん。人世を夢幻にすとも、人世何ぞ曽て夢幻ならん。天は是れ天、地は是れ地、古は是れ古、今は是れ今、昼は是れ昼、夜は是れ夜、生は是れ生、死は是れ死、夢は是れ夢、幻は是れ幻、有る者は自づから有り、無き者は自づから無し。明々白々、復疑ひを容る所無し。万古も前も此《かくの》如く、万古の後も亦此の如し。……（『童子問』下・二八章）

仏教は、人の世を夢幻であるといいこの世の所縁をすてよというが、天地が未だかつて「微塵」であったことがあろうか。天地古今夢幻の存在の自明性は疑いの余地がなく、人と人との関係、人事のみが「人の当に努べき所」であるという。しかしながら天地は朱子学のいうような、静的な「理」の支配した場所ではない。朱子学への理の批判は、宇宙を「生々」する運動というみかたによってなされている。そこでは、本来的な意味での死はなく、「皆動あつて静無」く「善有つて悪無き」世界であり、死はただ死の終わり、凝固したものが散ったにすぎず、その意味では死もない。

凡そ天地の間、皆一理のみ。動有つて静無く、善有つて悪無し。蓋し静なる者は動の止、悪なる者は善の変、善なる者は生の類、悪なる者は死の類、両つの者相対して並び生ずるに非ず。皆生に一なる故なり。凡そ生者は動かざること能はず、惟だ死者にして後其の真静を見る。（中・六九章）

死は生のおわりに過ぎず、日月星辰の運行は「走馬灯」のように明らかであり、草木の生育も、冬にも花が咲くように、つねに「動」であって「静なきが為」である。同様に人性は「善」であって「悪」がないようにみえるのも、人に「四端」（測隠・羞悪・辞譲・是非の心）あるも、身体に四体あるのと同じである。「伏犧の目に死物無く、孟軻の目に不善の人無し」（同）。

「万古の前」「万古の後」「日月星辰」の時空の内に確信されたこうした天地の無窮性は、人倫の秩序の確かさを保証するものとして、宇宙にまで拡大した比喩として語られる。「設令《たとい》宇宙の外、復《また》宇宙有とも、苟《いやしく》も人有て其の間に生ぜば、必ず当に君臣・父子・夫婦の倫有て、孝悌忠信の道に循ふべし」（上・九章）ともいうように、人倫を意味づけるためには、宇宙の茫漠とした広がりそのものから、無常の影、老子的な虚無をことごとく消し去り、そこを生々の意味ある人間的な場所としてとらえかえすことが必須であった。この「尭舜孔子の道」が説くには、人はもとより、過去未来、天地鬼神、さらには「山川草木禽獣蟲魚」までが、そこを離れては存在しないことは明白である（上・二八章）。

3　宣長——「生育する場所」

『玉勝間』のなかに名指しの吉田兼好批判がある。「花はさかりに、月はくまなきをのみ見る物かは」という兼好の言をひき、いにしへは「みなは花はさかりをのどかに見まほしく、月はくまなからむことをおもふ心のせちなる」ところから読まれているとし「後の世のさかしら心の、つくり風流」とし、同じ兼好の四〇才で死ぬことが目安であるという言を「仏の道」への「へつらへる」「人のまごゝろ」ではないと批判する(四の巻、二三一段)。またその段に続き、うまいもの、よい衣服、よい住まい、財宝、人からの賞賛、長寿を願うことは「人の真心也」であり、「ねがはざるをいみじきこと」とするは「例のうるさきいつはり」であると偽善を批判している。宣長にあっては、欲望をもった存在である人間が織りなす共感的世間を肯定するのである。宣長の方向は、一方世間の興亡、あるいはなぜ人が死に生まれるかについては、神のわざゆえ不可知なるものとし、人間の知性の及ばぬ事として人間の領野からその根拠付けの可能性を排除することでもあった。両者は神話解釈として交差するが、宇宙の広がりへの関心を萌芽としてもっていた。古事記神話の他界の解釈はそのありかを浮上させる。『古事記伝』の中で宣長は、彼の弟子の手になる、天体の配置に関しての日本神話の独自な解釈を掲げているが、弟子の着想として評価しながらも、自らは『古事記』の記述の中に自己を限定する枠の中で、それ以上は語ることはなかった。

朱子学の天命・天理の概念に反対する理由として、宣長は日本の神々は「場所」をもつ、という趣旨を述べている。宣長より引く。「天は、たゞ神のまします国にこそあれ……」「万物の生育するも、みな神の御しわざなり、天地は、たゞ、神のこれを生育し給ふ場所のみなり、天地のこれを生育するにはあらず」(一四の巻、九九〇段)。神の操りに過ぎぬ人間もまた「万物の生育」する「場所」を生きているといってよいだろう。「場所」という言葉が思想に関わって使用された近世でまれな例だが、人情によって人が生きる生活的世界は、また仁斎とは異なる形での自然の生々と深く関わっていた。

おわりに

『人間の学としての倫理学』で和辻は、「世間」を次のように分析している。「人間」の語は、本来仏教語「世間」に由来するものだが、中国仏教の伝統の中では、その「世間」がつねに「世間無常」と熟して使われ、「世の中に堕していること」＝「遷流」と同義とされてきた。この中国仏教的「世間」概念は「人間関係をその時間的性格において強調しつつ捉えたもの」だという。本来インドでの「世間」の原語＝loka は「場所」であり、見える世間、天地万物の領域、宇宙をしめすものとして、「空虚な空間」ではなかった。中国仏教をうけた日本では、世間の概念＝「遷流への堕在」として「本来の空間的意味を保持しつつも主としてその時間的性格においてとらえられているもの」と、まずうけとめた。「（時間性としての）無常性は世間という言葉の当然の意味であった」と解されたのである。しかし、こうした時間性としての無常の照射という中国の理解そのものがもともとの仏教から見るなら「特殊の概念」といえる。それもあり日本では「世間」は、日常生活の用法の中では「むしろその背後にある場所的な意味を強く発展せしめた」と和辻はみる（巻九、二一―二四）。

　和辻は『風土』でいう。「人は死に、人の間は変わる、しかし絶えず死に変わりつつ、人は生き人の間は続いている。それは絶えず終わることにおいて絶えず続くのである。個人の立場から見て「死への存在」であることは、社会の立場からは「生への存在」である。そうして人間存在は個人的・社会的なのである。が、歴史性のみが社会的存在の構造なのではない。風土性もまた社会的存在の構造であり、そうして歴史性と離すことのできないものである。歴史性と風土性との合一においていわば歴史は肉体を獲得する」(八巻、一六頁、傍点は和辻)。和辻の見解は、死者の存在を当然に含みとった生者の共同性を強調するものだといえる。

日本の思想史に親近した和辻の議論の展開は、中世的な無常観、個人に受け止められる情的な無常観(無常感)に一定の距離を置き、同時にそれを構造的に捉え返し、人間の関係性の成立する場所・空間を、そこを包み込む自然との連続性を保ちながら、無常観(感)を相対化し〈全機的〉に人倫の意味を立てる近世的思想、さかのぼれば、中世の無常観自体が有していたひとつの傾向にも通じ、生活空間の積極的意味を打ち出す思想の系譜に繋がっているといえる。

無常をめぐる近代以前の思想的展開は、私たちの問の方向が伝統的な思想の理解に関わっているということをおのずから示している。近世思想は多端であり、安藤昌益の「自然」、あるいは二宮尊徳らの近世思想にあらわれる人為と自然との対立的把握等の問題もあるが、別個に考察すべき問いとなるだろう。その上で近代の新たな問題、自然と科学技術との関わり、「場所」(西田幾太郎あるいは和辻)という概念をめぐる哲学的思索等の問題に向き合うことができるだろう。さらには、技術や人間の作為とも視野に入れた、現代における〈全機的〉自然観とはどのようなものかが見えてくるだろう。以上、「自然と人倫」の一端を振り返った。

(1) 中国の伝統でも、自然外物や景観は「自然」とは称しない。魏晋以前の『詩経』などの文学は、おもに自然物が詠じられ、自然美(山水の美)を詠じるものはなかったこと、また自然が人間界と区別されるようになるのは、魏晋のころ老荘思想の盛行と関わるだろうという。小尾郊一『中国文学に現われた自然と自然観』(岩波書店、一九六二年)四八頁など。

（2）在来語と「自然」との関係を示す用例は、『万葉集』に一例ある。「山辺の五十師《いし》の御井《みゐ》は自然《おのづから》成れる錦を張れる山かも」（巻十三、三二三五）の「自然」は「おのづから」と訓む。

（3）柳父章『翻訳語成立事情』岩波書店、一九八二年。同『翻訳の思想──「自然」とnature』筑摩書房、一九九五年、など。

（4）以下、和辻からの引用は、『和辻哲郎全集』岩波書店による。全集巻数、頁であらわす。

（5）山折哲雄編『天災と日本人』角川ソフィア文庫、二〇一一年、一〇四－五頁。

（6）道元は『正法眼蔵』「渓声山色」で東坡居士蘇軾を称え、蘇東坡が谷川の水音を聞いて悟道した際に造った偈についてふれている。すべて恒常的実体はなくそれは時間的限定を受けている。「一枝の梅」に宇宙の全時空が凝集するという道元の考えに、時間を空間に分節してゆくかのような方向がうかがえる。単に日本の思想に限定されない、東アジアの自然空間の捉え方という広範な問題に関わることであろう。

（7）『愚管抄』七巻は、内容から三部に分かれる。巻一巻二は皇帝年代記、巻三から六までが、神武天皇から承久の乱直前までの歴史叙述、そして巻七の経世論及び歴史哲学的部分である。巻三冒頭で、僧俗貴賤を問わず、「国の風俗」の変遷を心得てほしいから仮名で書いたと述べている。『愚管抄』についての詳細は拙稿「「機」と「勢」の弁証法──『愚管抄』の歴史意識」『歴史を問う1　神話と歴史の間で』（岩波書店、二〇〇二年所収）を参照。

（8）道理という語は一三八回使われている。後世「道理物語」と称された所以である。本来仏教語である道理は、中世には一種の流行語であった。『大鏡』には「いみじき非道事も山階寺にかかりぬれば、又ともかくも人ものいはず山階道理とつけてをきつ」という用法があるが、私的集団の慣習（外部から見ればその押しつけであるが）という性格をもつ。『貞永式目』も道理を使用するが、それは武家集団の習俗、慣習の規範化といってよい。中世的世界の諸集団の対立抗争とその調停の方向をうかがわせる。

（9）「大方上下の人の運命も三世（過去・現在・未来）の時運も、法爾自然に移りゆく事なれば、いみじくかやうに思ひあはするも、いはれずと思ふ人もあるべれど、三世に因果の道理と云物をひしとおきつれば、その道理と法爾の時運とのもとよりひしとつくり合せしめて、ながれくだりもえのぼる事にて侍なり」(五)

(10)「まことにはかみぞ仏の道しるべ　迹をたるとはなにゆえかいふ」(『拾玉集』)という慈円の歌は、「神」こそが王法の根幹を示しているとする『愚管抄』に示された歴史観の骨格に通じる。

(11) ハビアン『破提宇子』には、天地の造物主をとくキリシタンに対して、老子や儒教、仏教、神道も、そのことを説いている、とする主張がある。ここではとりあえず、ハビアンの見方に、一度キリシタンを通過したものの視点が混在しているのでは、という疑問とともに、蘇東坡のいう「造物者」との連続性を考えることができる。

「天」の秩序と東アジア思想

片岡 龍

はじめに――「敬天愛人」の系譜

西郷隆盛（一八二七―七七）の「敬天愛人」が、中村敬宇（一八三二―九一）に由来するという話は比較的有名であろう。また、その直接のソースが、敬宇が訓点を施したウィリアム・マーチン（一八二七―一九一六）『天道遡原』（一八五四年、寧波《ニンポー》刊行）の「愛神愛人」にあることや、さらに遡って、康熙帝（一六五四―一七二二）がカトリック教会堂に下賜（一六七一年）した扁額が「敬天愛人」であり、教会側はそれを峻拒したことなども、この問題に関心のある人々にとっては、常識に属そう〔小泉一九七七、井田一九八三〕。

いわゆる典礼問題は、マテオ・リッチ（一五五二―一六一〇）の死から、「教会の平和のために親しいものさえ犠牲にしなければならない」というローマ教皇の判断によってイエズス会が解散されるまで（一七七三年）、約一世紀半にわたってつづいた。リッチは、中国人の信者が天や孔子、祖先の祭祀に参加することを容認することで、中国における布教の実績をあげた。

デウス（天主・神）を「天」「上帝」と重ねるイエズス会の布教方針が問題とされるようになった要因としては、

同時期の日本では、それを最終的には「カミ」や「天」などと重ねあわさず、「提宇子」と音訳して、そのまま通用させていたこともあげられる。そこから見れば、敬宇が「愛神」を「敬天」と言い換えたことは、のちに彼の書いた「教育勅語」の草案が、宗教色が強いという理由で斥けられたことなども考えあわせると、典礼問題が形を変えて、近代日本で再燃したといえなくもない。

では、けっきょくこの問題は、世俗の政治権力から独立した宗教的権威による人間支配を認めるか否かということなのだろうか。天(上帝)であれ、カミ(天照大神)であれ、天子や天皇(将軍)への委任という形で、権力の正統性を保証する。すなわち、神権と政権は癒着している。一方、デウスに奉仕する者たちの集まりである「教会」と、信仰の一致を政治的統一の支柱として利用したがる「国家」とは、つねに癒着の危険にさらされながらも、原則として「皇帝のものは皇帝に、神のものは神に」というキリストの言葉によって、緊張関係を保持してきた。

近世の中国も日本も、ともに禁教したとはいえ、そこに至る過程は異なっている。康熙帝は扁額を贈ったさい、わざわざ「敬天」とは「敬天主」の意であると書き添えている〔佐伯、一九四四〕。彼にとっては、別に天であろうが、天主(デウス)であろうが、どうでもよかったようである。

康熙帝の末年以後に、北京や広東にいる西洋人・ロシア人以外のキリスト教信仰が禁じられたのは、ローマ教会側が、キリスト教に入信した者に儒学的な家礼・祭祀と縁を切ることを要求したので、これが清朝の儒学を利用した漢人統治の方針と相容れなくなったためにすぎない〔平野、二〇〇七〕。清朝の公用語は満・蒙・漢の三ヶ国語であり、チベット人、トルコ系イスラム教徒もふくめて、それぞれ適用される法典も異なっていた〔岡田、二〇〇九〕。

典礼問題は、極論すれば、キリスト教会側のひとり相撲だったようにも見える。ヴォルテール(一六九四—一七七八）は、ヨーロッパ人はキリスト教の教義について一七〇〇年も議論を重ねたあげく、中国人の信仰についてまで論争の種にしなければ気がすまないのだ、と嘆息している〔岡本、二〇〇八〕。

ここから考えれば、デウスはカミ（天照大神）とは排斥し合うが、天（上帝）とはさほどは抵触しないようである。このことは、韓国において天（ハヌニム）を唯一最高の人格神とするシャーマニズム的霊性の底流が、キリスト教の神の世界観を受け入れることを容易にしたということからも〔柳、一九七〇〕、推測されよう。

日本でもデウスは反発されるが、天（天道、天命）はカミ（天照大神）とも親和的である。維新政府が国民教化と社寺行政のために下した「三条教則」（一八七二年）の内容は、「敬神愛国」「天理人道」「皇上奉戴」である。ここではカミと天は共存している。

「満州国」建国にあたって、執政溥儀《ふぎ》（一九〇六―六七）は「天」を国都・新京の郊外で祭り、康徳帝として即位した（一九三四年）。その「建国宣言」には、「政は道に本《もと》づき、道は天に本づく。新国家建設の旨は、一に以て順天安民を主と為す」〔山室、二〇〇四、所引〕とある。まもなく「国民精神崇敬の中心」とするために天照大神を祀ることが提議され〔島川、一九八四〕、神武紀元二六〇〇年（一九四〇年）、溥儀は伊勢神宮に参拝して「日満一神一崇」を表明、満州国建国以来の事業はすべて天照大神の加護と天皇の援助によると述べ（「国本奠定詔書」）、帰国後すぐに帝宮内東隅の高地に「建国神廟」を創建した。

天の上にカミ（天照大神）が据えられたわけだが、では天は有名無実となったのだろうか。そうではないことは、満洲国祭祀府祭務処長の八束清貫《やつかきよつら》の次の語からも透かし見ることができる〔島川、一九八四、所引〕。

詔書、宣言等に於て屢々拝する所謂「順天」、「奉天」、「天意」、「天命」などの御言葉の意味は、従来の支那に於ける天の意味を遥かに超越した最も具体的に　天照大神の御神意によらせ給ふということであり、この神意のままにといふことが、即ち「国本奠定詔書」に仰せられてゐる「惟神の道」である。……(「惟神の道」は)明治天皇が教育勅語の中に、御宣明になりました如く「之ヲ古今ニ徹シテ謬ラス之ヲ中外ニ施シテ悖ラス」と仰せられた天地の公道であり、世界性を内包せる原理で……異種の民族及び文化に対しても常に其の長を採り短を棄てゝ、新陳代謝の滋養摂取によって新しき事態によく適応、これを超克して更に発展を遂げてきた。

(八束清貫「惟神の道こゝに徹底」久保田覺己『満洲帝国皇帝陛下御訪日と建国神廟御創建』一九四一年)

日本のカミ(天照大神)・天皇・国民(臣民)の特質を、日本だけにとどめず、全世界に及ぼすべきとする「八紘一宇」的な発想は、ちょうどこの時期に確立したという。それまでは、日本国内をさほど越え出ない発想だった。天はカミに同化されながらも、「中外ニ施シテ悖ラス」といい、「天地の公道」といい、「世界性を内包」というように、「異種の民族」を統合する原理として働いているのは、むしろ天であるように思われる。

「敬天愛人」にも、実はそのような意味合いが含まれていることは、中村敬宇に先だつ鶴峯戊申《つるみねしん》(一七八八―一八五九)における用例(『海防秘策』一八五〇年)が、国際法上の安全保障的な発想に裏打ちされたものであったことからも推測される(藤原、一九九七)。

この語はもともと「敬天愛民」「敬天勤民」といった形で、南宋(一一二七―一二七九)の終わりころから用いられはじめた。元(一二六〇―一三六八)においてもさかんに使用され、明(一三六八―一六四四)では皇帝宝璽の一つ(「敬天勤民之宝」)にも用いられている。朝鮮半島では、元の支配が終わったあと、すなわち高麗王朝(九一八―一三九二）の末年から使用が見られ、朝鮮王朝（一三九二―一九一〇）においては、代々の王の相伝の「心法」「家法」なども言われている。

朝鮮王朝の用例で注目されるのは、梁誠之《ヤンソンジ》（一四一五―八二）が端宗《タンジョン》（在位一四五二―五五）に進上した「皇極治平図」に、中央に「皇極」、上に「敬天」、下に「愛民」、左肩に「奉先」、右肩に「事大」、左足に「交隣」、右足に「備辺」と書いてあったという記事である（『朝鮮王朝実録』端宗二年〈一四五四〉一月二七日一番記事）。

ここからは、「敬天」の内実が、祖先の意志を奉じることと同時に、明との安全保障を保つことであり、それは「愛民」の内実である、善隣政策・辺境防備に資するためでもあったことが確認できる。中国の用例も、ほぼそれに近いと予想される。

すなわち、本来「敬天愛民」は、皇帝や王が周辺国との関係に留意しながら、国内の民（多民族である場合もある）を保護する責任を、祖宗からの命として負っていることを説いた語であった。朝鮮王朝の場合、民への奉仕責任ははっきりと「民は国の本にして君の天」と述べられている（鄭道伝《チョンドジョン》〈一三四二―九八〉「朝鮮経国典上」『三峯集』七など）。「国の本」は「国の元気」とも言い換えられている（洪葳〈一六二〇―六〇〉「閒居問答」『清渓先生集』七など）。

一方、「満州国」の場合、「順天安民」とはいっても、「施政は必ず真正の民意に徇《したが》い、私見の或存《わくそん》を容《ゆる》さず」というように、民意は限定され、天意に異なる「私見」は許容されない。これは、おそらく中華民国成立時（一九一四年）に大総統の袁世凱《えんせいがい》（一八五九―一九一六）によって北京の南郊で催された祭天が、はじめて国民の参加を導入したものであったというような、中国における民意の高まりを恐れたものであろう。古来、中国では天意は民意をとおして現れるとされていた。

このように、天の秩序は、地域によっても、時代によっても異なっており、またその人（民、君）との関係も一様ではない。さらに言えば、近代科学の発展につれ、天という語がかつて世界を秩序づけていたほどの力を失い、今ではほぼ死語になってしまったことも否定できない。いまになって天をふりかえることに、どんな意味があるのか。

そのことを考えるためにも、まずは、天が東アジアの思想舞台から、主役の座を退く直前の姿から話をはじめよう。近代科学と本格的に接触する以前に、天や自然は、東アジアにおいて、すでに再定位を求められていたからである。

一　一八―一九世紀における「天」の再定位

大空を仰いでみても、星雲・太陽・星・月以外には、これといった形象がない。これは活真の気の運動だからである。大海を見わたしてみても、波しぶき以外には、これといった形象がない。これは活真の気の運動だからである。大地を掘って観察してみても、これといった形象がない。これは活真の気の運動だからである。これは大空と大海と大地に働いている活真の気が、相互作用しながら八気となって、大空から大海へ（通）、大地において（横）、大地から大空へ（逆）と循環しているのであり、そこにはよこしまで汚れた気は一点もない。そのため清浄で、目をさえぎらないのである。

（安藤昌益『稿本自然真営道』「大序巻」）

ここで「大空」と訳した原語は「転《てん》」、「大海」は「定《ち》」である。安藤昌益（一七〇三?―六二）は、従来の「天」「地」という語が上下の秩序をイデオロギーづけることに反対し、「天」を大気の回転、「地」を海水の安定と読み替えた。そして、それらを中央にある大地（「央土」）から産出する「活真の気」の循環運動のサイクルのなかに位置づけた。

「活真の気」は、人が大地を耕すことで米を産出し、また米は人に耕すエネルギーを産出するというように、あらゆる存在が、それぞれのもちまえを能動的に営みながら、相互に作用しあう活動エネルギーとして、永遠に働きつづける。このような営みのあり方を、昌益は「自《ひと》り然《す》る」と呼び、その相互作用の仕組みを「互性」と名づける。

それぞれ自立した営みでありながら、大きな働きの中でたがいに「性」（タマシヒ・イノチ。『稿本自然真営道』「私制字書巻」）を根ざしあっている。これをいのちのつながり、生命連環といってもよいだろう。「活真の気」の清浄さが強調されるのも、生命を汚染するものをあぶり出そうとするからである。

生命を汚染するものは、「天（地）」の秩序と、それを「自然」「当然」とするような文字による支配であった。具体的には儒教や仏教を指している。彼らが耕さないで他人の食を貪り取ろうとする欲心と、それに対する民の悲しみや怨みが、上下こもごも邪気となって狂奔し、自然の活真の清浄な気の流れを汚して、それによって自然災害のみならず、戦争などの人為災害さえ惹き起こされる。日本の戦国時代以来の災害は、その身近な例であった（「大序巻」）。

昌益は、人の顔にある目や耳や鼻や口などの感覚器官は、この宇宙万物の微細にいたる事理、精妙な真実を知り尽くすために、自然に本来備わっている「根」だと言う（「大序巻」）。汚染された「根」には、自然の真実の働きは感じられないが、活真の働きに徹した清浄な「根」には、この世界のあらゆる色彩が映し出され、あらゆる音調が聞こえ、あらゆる匂い、味わいを感得できる（「大序巻」）。

音の世界を感得する例である。牛・馬・犬・猫・鶏・鼠などの家畜の「ウメク・イナナク・ホユル・サカブ・ナク・ネヅナキ」の響きで、その動物の状態だけでなく、その家の吉凶までわかる。カラスや雀の鳴韻で、その村里の吉凶がわかる。原野の鳥獣の鳴韻で諸穀の実りがわかり、深山・幽谷の鳥獣の鳴韻からは、四季の気のめぐりがわかる。

そのほかウグイス、山鳩、オオカミ、鹿、山雉、カリ、モズ、シギ、蟬、鷹、コウノトリの鳴き声、雷鳴、水の音、風の音、虎が性交の相手を呼ぶ声、蚊の「クンクン」と鳴き、アブの「ブンブン」と鳴き、蟷螂の飛翔する羽音、コオロギのすだく声、蛍が雨に打たれ「無音」に鳴く韻《ひびき》、松虫、鈴虫、クツワムシ、ハタオリ、ミミズの鳴韻、魚が水中で波動に感ずる韻、鯨の潮を吹く音の高低の韻、風の応じる草木の音響の韻によってわかる具体的な事例が挙げられ、「このように大空・大地、人、鳥・獣・虫・魚、木・草のすべてが音を響かせている。人間はそれを聞いて、その意味を知らないことがない。これは耳が本来自然に備えている道理による」という（『稿本自然真営道』「私法仏書巻」）。

宇宙万物が声を発している。人間はこの宇宙に響き合う声を正しく聞き取って、自然・社会における災害を避け、幸福を致さなければならない（「私法仏書巻」）。

人間の男女の言語、笑ったり歌ったり、あるいは無言の響き、……呼びかけ、答え、歌い、物語り、笑い、泣き、叫び、戯れる言語の響き、……病人の悩み叫ぶ声の響き、……談話にこもる憂い悲しみの響き、……すべてその響き合いから、大空と大海の気のめぐり、万物の発生・成育・結実・収蔵の吉凶、人倫の生死・貧富・幸福と不幸を知るのが、自然の活真による行いである。

このように、「天」の再定位は、「人」の道徳的行為の内容の刷新をもたらすものであった。

このことを、次に昌益の死んだ年に朝鮮半島で生まれた丁茶山《チョンタサン》(一七六二―一八三六)の例で見てみよう。

茶山は、いまの人間が聖人になれない原因には三つあり、一つは「天」を「理」とし、もう一つは「仁」を「物を生ずる理」とし、もう一つが「庸」を「平常」とすることであるという。これらは、すべて朱子学的な解釈である。これに対して、

慎独《しんどく》して以て天に事《つか》え、強恕《きょうじょ》して以て仁を求め、又能《よ》く恒久にして息《や》まざれば、すなわち聖人たらん(誰も見ていない心の深奥で厳しく自分を律して天に奉仕し、努力して他者のためを図ることで仁を求め、さらに恒常性をもって実践しつづければ、聖人となれるだろう)。

という(『心経密験』)。天が主宰神的なものとして再定位されていることが確認できよう。彼は天を「上帝」とした。

これは、先にも確認したようにハヌニムを唯一最高の人格神とする霊性のあらわれと見ることも出来るし、直接には李退渓《イテゲ》(一五〇一―七〇)が「天理」自身に自発的な能動性を認め、李星湖《イソンホ》(一六八一―一七六三)がそれを徹底させたものを、さらに発展させたものといえる。性理学(朱子学)の展開の中から、その殻がしだいに破られていることがわかる。

しかし、天が主宰神化したからといって、人間はその命令にたんに服従するのではない。茶山は、後世の儒学

が「無為」「無欲」を説く老荘・仏教思想の影響で「虚学」となってしまったことに対し、人間の道徳実践の世界を開くために、その発条となるべく、人格形成の基盤として心性論を再定位する。

茶山は、『中庸』の「天の命ずるをこれ性と謂う」の「性」を「嗜好」と解し、それは焼き肉を好み、傷んだ食物を嫌うような傾向性であると説明する。そして、人間には善を好み悪を恥じる霊知の「嗜好」とともに、善に従いがたく悪に従いやすい形軀の「嗜好」が天から与えられているといい（『中庸自箴』）、そのどちらに従うかは、天が人間に許した「神権妙旨」であり（『論語古今註』）、つまり人間の「自主の権」に委ねられているとする（『孟子要義』）。

一日善を行い、悪を克服すれば、それだけ浩然の気が養われ、それを継続すれば、天地に満ちるほどに我が徳が成長し、ついには「全徳の人」となる。一方、一日善悪の行いを違えれば、心はそれだけ萎縮して、自分は事を誤った、もはや望みがないと、自暴自棄し、志も気も挫け、利によって誘われれば、犬や豚のようになびき、威をもっておどされれば、狐やウサギのように屈服し、憔悴して枯れ萎み、最後にはみずから命を絶つに至る（『心経密験』）。ここにも昌益と同じく、生命の働きに対する関心を見ることができよう。

善を実践することは急坂を登るようにむずかしく、悪を実践することは崩れるようにたやすいが（『論語古今註』）、これが『中庸』の「庸」を「恒常」と捉え直す理由である。実践は持続されなければならない。

また、そこには次のような彼の生命観も与っていよう（『論語古今註』）。

わたしたちの生命は、一歩み一歩み永遠に去ってゆき、一瞬も間を置くことがない。軽い車に乗って、坂を下るようなものだ。ひたすら流れて止めることができない。君子が徳を高め行を修めるのは、この時間の流れに押し流されまいとするのだ。

ここでは有限な個体生命の観点から述べられているが、大きな流れから見れば、生命は永遠に活動しつづけている。この生命の連続性が、持続的な道徳実践を要求するのである。

こうした発想は、李星湖の「小気」は消滅するが、「大気」は不滅であるとして、「気」に神的性格を付与する論を受け継ぐもののように思われる。彼らがキリスト教に親和的であったこともゆえなしとはしないが、すでに民衆の生命を圧迫するものでしかなくなってしまった性理学の「天理」に対し、むしろ西学に触媒されたシャーマニズム的霊性が、その捉え直しに際して働いたと言ったほうがよいかもしれない。

しかし、その捉え直しには、生命の働きを内側から見透かす慧眼が必要となる。茶山は次のように述べている

（「与李汝弘（甲戌十月日）」『詩文集』一九）。

人がこの世に生れて、生から死に至るまで、地に生れ落ちてから地に帰するまで、その実践は、すべて人と人とが共にするということに過ぎない。「仁」の字の意味が「人＋人」であることをはっきり認識すれば、この眼が慧くなる。ここで、この一双の慧眼を備えて、六経・四書に臨めば、明るいランプを手にしているかのようである。

茶山にとって、その慧眼とは、人と人とが共に働いて、助けあって生きているという現実こそ、人の実践の内実にほかならないという発見であった。そして、この眼光によって、六経・四書を捉え直すことで、そうした実

践自身の中に、互いの生命を成長させる「嗜好」性が備わっているという構造を浮かび上がらせたのである。

ここから、東学（天道教）の教祖崔済愚《チェジェウ》（一八二四―六四）の説いた「侍天主」の思想までは、あと一歩である。「侍天主」とは、大宇宙の生命の働きが、個体生命の働きとつながることで、お互いが相手の中にある「天主」に奉仕しあうという意味である。昌益や茶山の思想構造との相同に注目してほしい。

しかし、これ以上の説明をする余裕はない。またこの時代の「天」の再定位の例としても、洪大容《ホンデヨン》（一七三一―八三）の地動説、山片蟠桃（一七四八―一八二一）の無鬼論、広瀬淡窓（一七八二―一八五六）の敬天説、二宮尊徳（一七八七―一八五六）の天道・人道観、崔漢綺《チェハンギ》（一八〇三―七九）の気学など、とりあげたい題材には事欠かないが、紙幅の都合上、すべて断念し、ここでは昌益とほぼ同時代の清朝の戴震《たいしん》（一七二三―七七）が、自己が生存をとげようとするときには他者の生存をも併せてとげさせるのを「仁」とし、そうした欲望の「自然」は調和にいたってこそ全うされるとした例（『孟子字義疏証』）を挙げるにとどめる。

これに対しては、天の観念には、（イ）自然運行の天、（ロ）主宰・根拠の天、（ハ）生成調和の天、（ニ）道徳・理法の天があるが、戴震の例は（ハ）に相当し、日本では、あまり認識されていないタイプであるとの指摘がある〔溝口、一九九二〕。

たしかに、明末清初以降の中国における「天」の再定位である生成調和の天には、公正さ、分配の正義的な要素が目立ち、日本などにはあまり見られないタイプだが、上に見たような生命連環的な天は、それと重なるところがある。

しかし、「生成調和」というのが、生存欲の調整の完成した状態をイメージさせる空間的発想であるのに対し、「生命連環」というのは、生命活動が永遠に続いていく時間的発想であるところに、特色がある。

二 「天」の類型

ここで本稿なりの「天」の類型を示しておきたい。①多元統合、②循環発展、③垂直上昇、④垂直下降の四つである。①②は主に天の働き自体に即したもの、③④は天と人の関係に着目したもので、位相が異なっている。①はドーム型、モンゴルのパオのような形をイメージしていただくとよい。詳しくは、あとで実例に即して見ていくつもりだが、「はじめに」でとりあげた「敬天愛人」の天はこれに属する。②は「天」というよりは、むしろ「気」の働きなのだが、地面より上はすべて天なので、「天」の類型として立てた。先に見た「生命連環」「生成調和」の天の再定位はこれに属する。空間性を「循環」で、時間性を「発展」で表した。あるいは、①はドームの曲面(天上)と地面との関係、②はドーム内部、あるいはドーム全体の天の働きということで、これもやはり位相がちがうのかもしれない。あくまで、以下の叙述のための便宜的区分である。

④は天孫降臨のような例をイメージするとわかりやすいと思うが、③はややわかりにくいかもしれない。これは、一般に、シャマンが神霊と交流するには、太鼓や鈴などのリズムにのって舞踏・祈禱してトランスとよばれる異常心理状態に入った後に、神と交流する方法に、シャマンの魂が体を離れて、神霊のいる天へと飛翔する脱魂(エクスタシー)と呼ばれる北方型と、逆に神霊がシャマンの肉体にのりうつる憑依(ポゼッション)と呼ばれる南方型の二種類がある(今井、一九九七)、その北方型からの発想である。

③については、仏教における「天」を思い浮かべてもよい。やや概説にわたるが、説明しながら、本稿の関心も述べておきたい。また、ついでにその対比として、儒教の「天命」思想もあらためて確認しておく。言うまで

もなく、こちらは④の例である。

仏教の「天」は、一般に次のように説明される。

サンスクリット語 deva（本来、輝くもの、の意）の訳で、神を意味する。神の概念は仏教の救済論には本来不必要であるが、バラモン文化の影響下に仏教にとりいれられた。バラモン教においては『リグ‐ヴェーダ』以来三三神、あるいは三三三九神ともいわれる多数の神が信仰されたが、その多くは自然現象が神格化されたものである。……これらは仏あるいは仏法を守護する神となった……。仏教ではこれらの神々は比較的低級な存在とされ、かれらの上に、仏教独自の天として、宗教的理想の境地を象徴するものがおかれた。『倶舎《くしゃ》論《ろん》』によると、天につぎの二七種がある……。

（『岩波仏教辞典　第二版』）

そして、下から順に、欲界六天・色界十八天・無色界四天の構成内容が紹介され、最後に「以上の世界は上位のものほど高い位置にあって広く、そこに住むものは身体が大きく寿命が長いが、三界《さんがい》のうち無色界だけは、物質（色）を超越しているので、世界や身体に大きさはなく、寿命だけがある」とされる。

ここで注目されるのは、仏教における「天」とは、もともとは教義の本質には不要な自然神たちが取り込まれたものであり、それが垂直的に配列され、さらに神が住む場所（「天界」）として空間化され、それらが全体として逆円錐型を構成しているという点である。

こうした仏教の宇宙観は、そもそも禅定などの瞑想的修行を前提としたものかもしれないが、本稿の関心は、この垂直性・空間化の志向が、領域支配の根拠として取り入れられればどうなるのかという点にある。

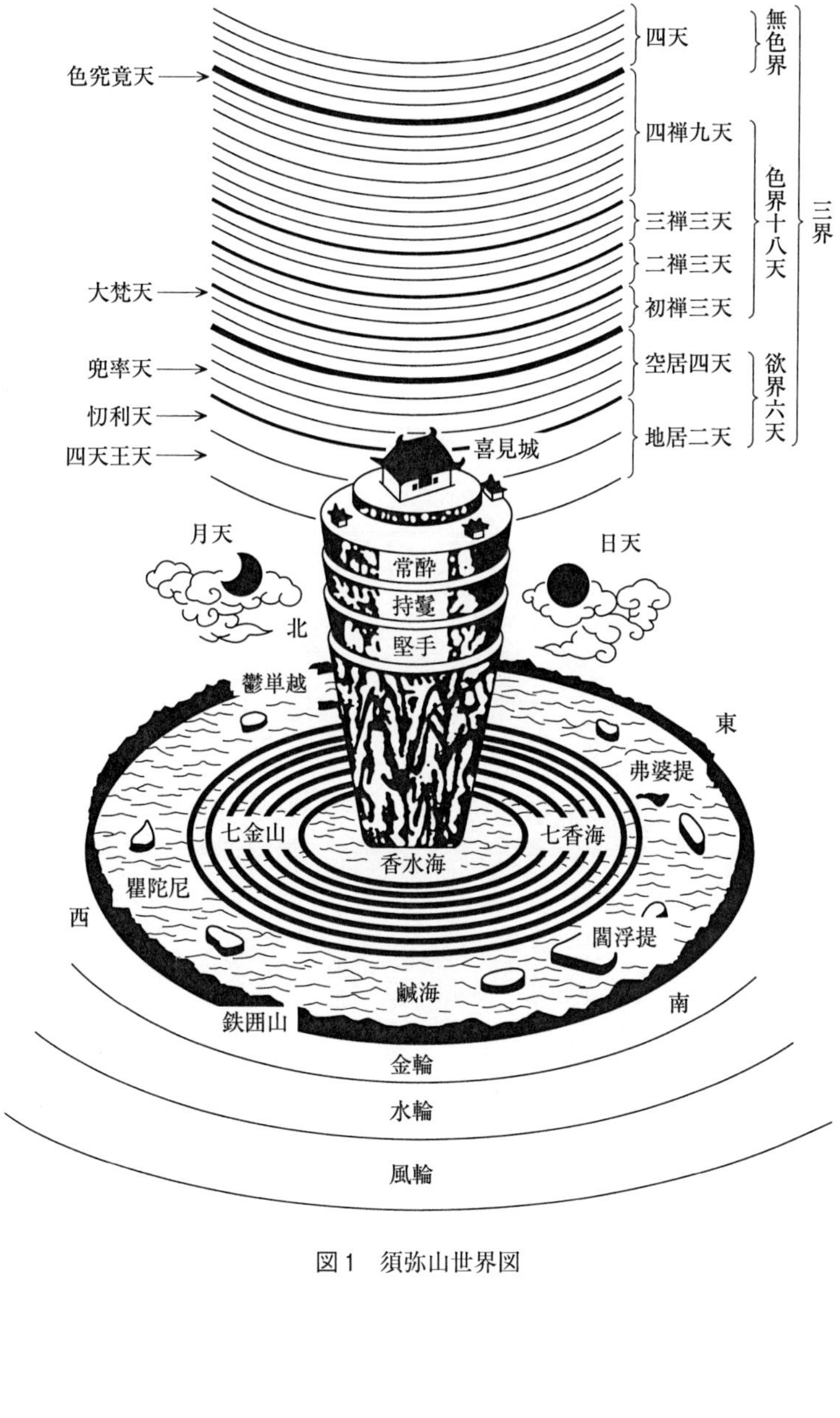

色究竟天
大梵天
兜率天
忉利天
四天王天
四天
四禅九天
三禅三天
二禅三天
初禅三天
空居四天
地居二天
無色界
色界十八天
欲界六天
三界
喜見城
月天
日天
常酔
持鬘
堅手
北
鬱単越
東
弗婆提
七金山
七香海
香水海
瞿陀尼
西
閻浮提
鹹海
南
鉄囲山
金輪
水輪
風輪

図1　須弥山世界図

実際に、欲界六天の最下である「四天王天」は須弥山《しゅみせん》中腹の四面に、その上の「三十三天（忉利天）」は須弥山上に、つまりこの二天の神々は地上に住んでいる。「四大王」とは、四天王（持国天《じこくてん》・増長天《ぞうじょうてん》・広目天《こうもくてん》・多聞天《たもんてん》）のことであり、「三十三天」の首長である帝釈天《たいしゃくてん》に仕えている。四天王らが、国土を守護するという「鎮護国家」思想は有名であろう。帝釈天は、密教においては十二天の中の東方を守る一尊とされた。十二天とは、天部に含まれるすべての天、竜王、薬叉（夜叉）などのそれぞれを代表する天部十二尊の総称であり、四方（東西南北）、四維（南東・南西・北西・北東）、上方・下方の計一〇方と、日天、月天である。

これらは、本来、仏法守護の善神として仏教の宇宙論に取り入れられた古代インドの神々であるが、その後、仏教が各地に広まるにつれて、さらに、それぞれの土地の神々も、同様に護法善神として、「天」に位置づけられるようになる。日本の神々も例外ではない。こうした現象は、純粋に信仰上の問題だけではありえないだろう。

③の説明として、シャーマニズムと仏教の天を並べるのは、あまりに異質と思われるかもしれないが、実はこの二つは深い関係にある。かんたんに言えば、「天」は「仏」に取り込まれた。

数例のみ挙げれば、仏教の天は神でもあり、神々の住む天界でもあることを見たが、トルコ語、蒙古語の「タングリ」は蒼々たる天を指すと同時に、神霊としての天をも意味している〔村田、一九三四〕。古代遊牧モンゴル人は、彼らの生活を支えている自然環境すべてに宿っている超自然的な上天（degedü tengger）があると信じていたが、天界の神々（tengri）と交流するために昇る宇宙の山はスムルと呼ばれる〔ブリチンゲリ、二〇一一〕。

また仏教の天の原語 deva は輝くものの意だが、韓国の檀君神話（「檀君」は天を表すアルタイ語「Tengri」の写音ともいわれる）に出てくる天界の最高神「桓因《ファンイン》」は、ハヌニム、または「高登神」であり〔李、一九八〇〕、「光明なる天神」の称号であって、「三十三天」の主神「帝釈」でもある〔柳、一九七六〕。

高麗時代に編纂された『三国遺事』(一三世紀)では、帝釈宮は人間界に飲食を送るものとし、そこには仏の奥歯が保管されているが、それを上帝に頼んで人間界に下ろして福をなす提案がなされている。高麗時代には王宮を中心に「内帝釈院」と「外帝釈院」が建てられたが、後者では祈雨祭や天変を祈攘する行事が行われた(片、一九九二)。

「三十三天」(『リグ-ヴェーダ』以来の三十三神に由来)は須弥山上に住むが、中央アジア諸民族の神話伝説には、スメル山に住む三十三テンゲリが登場する。アルタイ系諸民族の伝説では、天の層は七つか、九つを基本とするが、ときとして十二、十六、十七、三十三層の場合もある。三層の天は古代イランの世界像に近い(ウノ、一九八九)。

「四天王」は光明と豊饒を司るゾロアスター教のミスラ(太陽神)の属性を分有しているともいわれるが(宮崎、一九四一。藪田、一九六八)、これも原始信仰までいきつくものであろう。弥勒もまたミスラに由来し、兜率天に住んでいるが、それは六欲天の下から四番目で、須弥山よりも上の天空世界である。

一方、儒教の「天命」思想については、一般に次のように説明される。

天帝は天の命令を下して一つの王朝(それは血縁関係で継承される)に天下の統治をまかせるのであるが、その王朝が徳を失うと天帝はそれを見捨て、別に徳ある者を見つけ、その者を天の元子(あととり息子)と認知して、代わって天命を与える(天人相関説)。その子孫が代々天子として、天に見捨てられるまで、天下を統治してゆく。これが易姓革命である。天子は、天の息子として天を祭る権利と義務とをもち、他の者は直接に天を祭ることが許されない。こうした観念が……清朝末年まで保持され、皇帝の行う種々の儀礼的行動に反映している。

（小南一郎「天子」『平凡社世界大百科事典』）

付け加えておくと、殷周交替〔平勢、二〇〇五〕によれば、「革命」思想は戦国時代から）のときから、天は民と一体的に捉えられてきた。本稿の関心は、この「民」とは何かである。

また天命思想が、天孫降臨と異なるのは、天子はあくまで人間であり、天との親子関係は、あくまで擬制という点である。あえてキリスト教と比較してみれば、天子は教皇に近く、日本や朝鮮半島の君主はキリストに近いということにもなろうか。

天命が降るのは下降だが、天壇で煙を焚いて天を祭るのは、上昇といえるかもしれない。

三　前一一－六世紀の「天」

紀元前の中国から始めよう。あらためて確認しておきたいのは、殷〔前一七－前一一世紀〕の「（上）帝」信仰と、周〔前一一－前三世紀〕の「（上）天」信仰とには、どのような異同があるのかという点である。「（上）帝」とは、山や河の神をはじめ諸々の自然神や、殷王の祖先神など多くの神々の最上位にあって、自然界と人間界を通じて全権を有する最高神である〔神塚、一九九〇〕。

この問題については、しばしば次のような説明がなされる〔金子、一九九八〕。

殷代では先帝は死後に天帝に連なり、現在の王は強大な権力によってではなく、その先帝に繫がることによって権威を維持した。……西周初期には天の命を膺受《ようじゅ》した王者が地上を治めるという天命思想が生じた。この天命思想によって上帝と人間との間は切断され、君主＝天子・周王は上帝に連なることによってではなく、地上における唯一の天命の膺受者であることを示すことによって、自己の正当性を示すことになる。

ここに含まれている問題構成は、次のようなものである。王権を保証するのは、天なのか、祖神なのか、それとも両方なのか。そして、殷・周の間で、その変化はあるのか、ないのか。

上の説明では、殷では祖先を、周では天を、それぞれ王権の保証とした、したがって、両者の間はとうぜん断続しているとなっている。しかし、「(上)帝」は周において、消滅してしまったわけではない。また「(上)天」に取り込まれたわけでもない。

「天」とは人間の姿をもつ天の女神であり、その神の頭頂を示して、天空を指す文字としたとする説がある〔林、二〇〇二〕。ここで思い起こされるのが、シャマニズム祭祀では、人の形をした神像がよく用いられ、天地、山川、また先祖や死者、諸生物の霊が依ったものとして崇拝され、シャマンだけでなく一般家庭でも日常祭られるという指摘である〔今井、一九九九〕。一方、殷代では、「帝」に対する祭祀は直接行われず、死んだ父祖、山川の自然神を通してのみ行われたという〔林、二〇〇二〕。

素朴な印象にすぎないが、かつて殷の勢力下の西方を移住する地方国であった周の神よりも、中原の宗教国家である殷の最高神のほうが発展した形態であると感じられる。また一般に、中国のいわゆる「征服王朝」は、農耕民である中国民族の経済と異なるか似ているかによって、文化的に中国文化に抵抗するもの(遼・元)と、従順なもの(金・清)とに類別されるが、この論理をあてはめれば、帝を天の一級上にあるとし、「最上位に帝がいて地上世界への命令の執行は下位の神がとり行うという殷のシステムが、上帝と共に殷から周に引きつがれている」〔林、二〇〇二〕という見解は、じゅうぶん首肯できる。

では、なぜ周においては、王権の根拠として「天」がやはり目立って見えるのか。このことを考えるには、次の指摘が有益である。周初の「天」は、従来言われるように、たしかに「民」と一体的に述べられているが、その「民」とは、実は多民族を意味している。「天」はその多元的世界を一つに統合するための概念として現れており、さらに実は「疆土」とも一体不可分である。そして、「疆土」とは、どの民族にも共通の願望である飢えに対する、経済的生活の資源を生み出す農地・山林川沢などの境を意味している〔豊田、一九九八〕。

すなわち、「天」は宇宙の主宰神としての地位を「帝」に譲ることで、領域支配を根拠づける概念として、その機能を特化してきているということになる。その領域は複数の民族からなる。一方、「帝」から出る神権政治の命令システムは、「天」を介して人々へと伝達される。あえて図式化すれば、「帝」から人々に降されていた命令のラインは、「天」という中枢神経を経由することで、地上に到達したとき、一定の領域的な統治のネットワークを形成するとでも言えようか。

時計の針を、紀元前後に進めたい。

天は民を生んだが、民どうしでは治められないので、君を立てて統治させた、したがって君が不徳であれば、天は災異を降してそれを告発するという説が完成したのは紀元前一世紀ころであるという〔渡辺、二〇〇三〕。この論は民に自治能力がないことを前提として成り立つものであり、民はつねに客体である。民が主体性を獲得するには、一人一人の「心」の次元で「天命」を捉え直す朱子学や陽明学の出現を待たねばならない。

では、なぜこの時期このような議論が登場してくるのか。内藤湖南「王莽の蛮夷統御の失敗と蛮夷の自覚」

（『支那上古史』）の主張が示唆的である。

王莽《おうもう》（前四五―後二三）は、漢に服属して王位を授けられた外国の君長をすべて侯に格下げしたために（高句麗王を高句麗侯とし、それを不服としたことに腹を立て、下句麗侯と改めたという逸話は有名であろう）、匈奴をはじめとする周辺諸民族の怒りをかうことになった。一方、王莽の時代が過ぎた頃、王充（二七―一〇〇頃）の『論衡』の中に、はじめて扶余国の開闢説話を載せている。おそらく当時の周辺諸民族は同じような自覚をもったであろう。『後漢書』になると、それら諸民族の開闢説をすべて載せている。それを刺激して自覚を促したのは、王莽が諸民族を虐待したのによるというのが、湖南の主張である。

開闢説話の出現とは、諸民族がみずからの国の起源を意識しはじめたということだろう。そこには内発的な発展が予想される。王莽の統御失敗は、その引き金となったかもしれないが、それは王莽以前から徐々に伸張していたと思われる。したがって、この時期に意識された「民」とは、そうした周辺諸民族だとみると、当時の政権が、内外の言語・習慣の異なる諸民族に対して、どのような統治責任をもてばよいのかを模索していた姿が浮かび上がってくる。

王莽は、周代に行われたと伝えられる井田《せいでん》制を理想とする土地制度改革を実施したが、歴史に逆行するこの制度は、地主や豪族の猛烈な反対にあい、すぐに廃止されてしまったという。しかし、この改革のポイントは、天下の田を王田と称して売買を禁止するという、いわゆる「王土思想」（天の下にひろがる土地はすべて天の命を受けた帝王の領土であり、その土地に住む人民はことごとく帝王の支配を受くべきものとする思想）にある。

王莽は新という国号を定めたとき、「天下を有するの号」（『漢書』王莽伝上）として定めている。分裂期の王朝や征服王朝は、王朝名を単に「国号」と呼ぶことが多いが、統一王朝の場合は、王朝名を「天下を有するの号」（天下を領有する称号）と明記するとされる〔渡辺、二〇〇三〕。

周初の都市国家期、戦国時代の領域国家期、そして秦・漢以降の統一国家期のすべてにわたって、「天」はそれぞれ広狭の異なる領域統治を、その外に広がる世界を強く意識しながら説明する言葉として、用いられつづけてきた。統治の正統性を保証するものは、征伐の霊力であったり、摂政（高徳の賢人）の承認であったりしたが、統治の領域が広がるにつれ、文字によらなければ、伝達効果が落ちる〔平勢、二〇〇五〕。そこで経書（儒教の教典）の役割が重くなってくる。

しかし、統治の及ぶ範囲や、国家の構造がまったく異なるのだから、すでにある経書だけでは間に合わず、その結果、経書を偽作したり、経書をおぎなうと称する緯書《いしょ》をもちだす必要が出てくる。それを行ったのが、王莽の学術顧問であり、簒奪後にその国師となった劉歆《りゅうきん》（前三二？―後二三）であった。劉歆は、前漢末から王莽とともに諸改革を進める。この時（後五）はじめて、古典にもとづき、国都の南郊で天子が天を祭る儀礼が確定した。

むろん、それがすぐに王権を保証する最重要儀礼となったわけではない。昊天《こうてん》上帝をまつる南郊の祭天が、王朝儀礼の筆頭となるのは、史料的には魏（二二〇―二六五）以後であり、漢代では、祖先の霊を安置する宗廟を即位後の皇帝が訪れる「謁廟」が最重要儀礼であった。昊天上帝が南郊祭祀の主神として感生帝の上位に定置するのは、唐代の顕慶礼（六五八年編纂）からである〔妹尾、一九九八〕。

ところで、「昊天上帝」とは後漢（二五―二二〇）の鄭玄《じょうげん》（一二七―二〇〇）によれば、天の北極に近い星の一つである天皇大帝の神だという。一方、魏の王粛《おうしゅく》（一九五―二五六）は、星には比定できない超越的で抽象的な存在だとする。経書の解釈にあたって、鄭玄の説が北朝に、王粛の説が南朝で採用されたのは、経学史の常識である。

この郊祀の儀礼は、正式には南郊の円丘で天を祭り、北郊の方丘で地を祭ることを柱とするが、鄭玄は南郊と円丘、北郊と方丘を、それぞれ別の祭壇と考え、南郊では「感生帝」を、円丘では「昊天上帝」を、北郊では「神州地祇」を、方丘では「皇地祇」を祭るとした。これに対して王粛は、南郊と円丘、北郊と方丘は、それぞれ同一祭壇であるとする。

「感生帝」とは、土・木・金・火・水の五行に対応する五つの星座の一つと、天に選ばれた聖なる女性との間に生まれた者が、王朝の始祖になるという考え方にもとづく五帝の星座である〔妹尾、一九九八〕。天には、昊天上帝のほかに、これらの五帝が存在するという、緯書にもとづく六天説を鄭玄が採るのに対し、王粛は天帝を昊天上帝に統一しようとする。また「神州地祇」「皇地祇」は、要するに地の神であるが、王粛はさらに天神と対となる地祇の存在を、あまり意識しないという〔小島、一九八九〕。

整理すれば、北朝に採用された鄭玄説による郊祀は、複数の天の存在を認めた上で、それぞれの王朝の始祖がつらなる星々の神と、それに対応する地の神とを祭るものであり、南朝に採用された王粛説では、超越的で抽象的な最高神を中心とする祭祀になる。

ここで興味深いのは、王莽が天に王朝の始祖を、地にその后を配して、天地を合祭すべきであると上奏していた事実である。小島毅はこれを父母原理とし、それに対する「孝」にもとづく国家秩序の構想が、隋・唐をへて元に至ると完全に姿を消し、それに相応して、当初は地と同じく具象的に捉えられていた天が、しだいにきわめて抽象的存在となって、ついに「天理」という新たな秩序概念に取って代わられる、という思想史を描きだした〔小島、一九八九〕。

しかし、ここで注目したいのは、王莽・鄭玄の場合、まず(一)天は地と対で捉えられている点である。国都が宇宙の鏡であるという考えは、緯書の説にもとづき、とくに後漢以後、天体の中で北極星が重視されだし、宮殿の名称や位置等の都市プランに影響をおよぼすようになっていくという〔妹尾、一九九八〕。しかし、それだけでなく、(二)その天は複数あるとされ、それらのつながりが想定され、(三)それぞれの天と地のペアーから、各王朝の始祖が生まれたとされている点からは、当時の時代背景を考慮に入れれば、たんに中原の歴代王朝との継承関係だけでなく、周辺諸民族の開闢の自覚を意識し、それら民族の支配する領域との関係をどのように築いていこうかという問題関心が反映していると推測される。だからこそ、この説が北朝において採用されたと言えばいいすぎだろうか。

四　五―七世紀の日本・韓国の「天」

四世紀初めころから約一世紀半、中国華北に分立興亡した国家群である五胡(匈奴《きょうど》・羯《けつ》・鮮卑《せんぴ》・氐《てい》・羌《きょう》)によって形成された新たな「天下」・「中華」意識が、当時の戦乱を避けて生じた東アジア、北アジア、東南アジア、西域を含めた広範な地域における人口の大流動に際して、難民リーダーたちによって朝鮮半島(まずは五世紀の高句麗)に移入され、それがさらに日本にも及ぶ。そして、六世紀後半から七世紀にかけて、北朝最後の王朝である隋が中国を再統一して、南朝を中心とした世界システムを崩壊させると、同時にそれによって、南朝と連動していた柔然・吐谷渾・雲南爨蕃・高句麗・百済などが相継いで滅亡、一方、それらの背後にあって力を蓄積してきていた突厥・吐蕃・南詔・渤海・新羅・日本などが興隆し、「東アジアの諸地域に新たな諸中華、天下が叢生する時代」が誕生したとする説がある〔川本、二〇〇六〕。

それを前提とした上で考えてみたい問題は、このとき仏教がどのような役割を果たしたかである。なぜなら、新たに勃興してきたこの地域には、まだほとんど文字が使用されていなかったからである。

百済から日本に仏教が「公伝」したのは六世紀であったが、「公伝」とは、とりもなおさず仏像が国王から国王へと伝わることである。これは日本に限られた事情ではない〔曽根、二〇〇七〕。文字の普及していない世界に思想が伝播するには、視覚的イメージによるほかないからである。仏像（「金人」）は、少し前で言えば、七支刀や鉄剣、銅鐸や鏡などのような役割を果たしたのかもしれない。

しかし、難民知識人たちによって、少しずつ文字も移入されてきていた。みずからの起源を自覚しはじめた周辺諸民族が、まず文字に移そうとした概念はなんだっただろうか。

ここで思い起こされるのは、この地域が「天」の信仰を共有していた点である。中国の祭天儀礼が彼らに意味をもったのも、彼らもまた「天」を祭る風習があったからである。

今井秀周は、北アジアから朝鮮に至る古代の祭天に関する史書の記録例を、(一)北アジア―匈奴、高車、突厥、回鶻、(二)東北アジア―烏丸、鮮卑、夫余、(三)朝鮮方面―高句麗、馬韓、百済、弁韓・辰韓・新羅、濊・沃沮・挹婁、と民族ごとに分類して整理し、次のような分析を付している〔今井、一九八七、一九九六〕。

(一)のモンゴルの草原地帯を中心に展開された遊牧民族の祭天は、うち勝つことのできない天の荒々しい面を畏れて行われたが、人々はその力を借りて己の力を増幅しようとする知恵も忘れなかった。(二)の興安嶺以東の森林や湿地帯の多い地域で、狩猟・牧畜を営む民族の祭天は、草原や砂漠のように天と地という二元的な世界の間に人間が存在するのとは異なり、気候も穏やかで自然の恵みにも満たされ、天は山中の木々を通して眺められた。ここでの天は、恐れよりも恵をもたらす神である。(三)の大陸東端の農耕を主体とする民族の祭天は、農耕による生活は一方的に天の恵みに頼るものではなく、穀物を育てるという人間の作業が欠かせないため、天に対しては、規則的な季節の移り変わりと豊かな太陽光線が確実にもたらされることを願う。祭天は秋の収穫祭が中心となる。そして、高度な国家組織を発展させると、それは支配者の特権的祭りとなる。ここでの天も基本的に恵みの神であり、その神が不機嫌にならないように人々は祈る。

また天を祭らない地域もある。朝鮮半島の東南部、中国との交渉は皆無に近かったと考えられる弁韓・辰韓・新羅にのみ、祭天の記録が見出せない。その代わり太陽・月・山の神霊が祭られている。また海の神霊とおぼしき例も見える（「山海精霊」『三国史記』新羅本紀）。倭国も天を祭っていない。

このように「天」の祭りといってもさまざまだが、これら様々な「天」を「仏」の下に取り込みながら、仏教は伝播していったと予想される。むしろ、それら諸民族の王たちが、積極的にそれを求めただろう（むろん、形式としては中国から下賜されている（田村、一九八〇））。なぜなら、金色に輝く仏像は、彼らの支配する領域のさまざまな神々を吸収・統合できるからである。それだけでなく、それは中国の「天」をも相対化できる。叢生する諸「天下」の関係を秩序づけているものは、「天」の上に位置する「仏」なのである。

一九七九年に韓国の忠清北道中原郡で発見された、五世紀のものとされる「中原高句麗碑」には、高句麗王は新羅王と兄弟関係を保ち、「上下相和」して「守天」するために「東」に来たと述べられている。これは、当時、高句麗が南進の過程で中原地方一帯を実質的に領域支配するにいたったことを記念するものであろうが、同時に先に確認したように、十二天の中の東方を守るとされた帝釈天にみずからをなぞらえ、新羅を配下に置く同盟関係によって、中国の南北朝などとの関係も意識したものであろう。

百済では、七世紀の例になるが、中国皇帝の天下・華夷秩序とは異なる独自の秩序を仏法の天（舎利・釈尊・金剛般若経など）を介在として構築したことが指摘されている（新川、二〇一〇）。それが可能であったのは、そもそもこれらの地域に「天」の信仰があり、その祭りが支配者の特権となっていたからである。しかし、それは両刃の剣であり、中国に強大な「天下」が誕生すれば、それは衝突し、呑み込まれてしまう。七世紀に高句麗と百済が滅亡したのも、結局は中国に唐という統一帝国が四〇〇年ぶりに成立したからである。

「天」の土壌のない新羅や日本では、国内の統一は遅れた。朝鮮半島から渡来した難民知識人たちは、「天」という文字を日本に伝えただろう。五世紀後半のワカタケル（雄略）に「治天下（大王）」（稲荷山古墳出土鉄剣銘、船山古墳出土鉄刀銘）という語が用いられるのは、その早い例である。

天孫降臨神話という新たな王権思想が五世紀に高句麗から導入されて以降、七世紀末にアマテラスにとってかわられるまで、タカミムスヒという天の神が、国家神・皇祖神として、至高の位置に就いていたとする説がある〔溝口、二〇〇九〕。これも「天」の導入の一例であろうが、ただ、溝口がこの伝来を無文字社会のなかに置いて考えようとするのは疑問である。外来の神が、文字を介さず伝わることなどあるのだろうか。「タカミムスヒ」という名は、どう考えても異民族語そのままの発音のようには見えない。

むしろ、こうした新たな王権神話の登場は、王莽や劉歆らが経書を偽作したり、緯書をもちだしたりしたのと同じような状況にあることを意味しているのではないか。文字による国内・周縁統合である。タカミムスヒの神は漢字で記せば「高皇産霊尊」（『日本書紀』）であり、いかにも天空の星座にいそうな神名である。その導入は、文字の使用の拡まる六世紀くらいと考えたい。

『日本書紀』の中心的な編纂材料である「帝紀」や「旧辞」がまとめられ始め、いわゆる百済史書が日本の朝廷に提出されたのも、六世紀とする見方がある〔遠藤、二〇一二〕。また六世紀の新羅では、王号の制定や律令の頒布など国家機構の整備につとめ、漢字が用いられはじめ、国史の編纂が始まっていた。

文字の使用、史書の編纂、法律制度の整備、宗教装置の導入……。六世紀ころの日本と朝鮮半島では、これらのプロジェクトが、すべて国家レベルで、かつ国際情勢を意識して進行していた。国家の領域支配を完成させるには、伝統的な王位継承（祖霊を祭る）儀礼から飛躍することはできない（他国の場合、それは祭天の場であった）。同時に、それは「仏」の下の「天」にも属するものでなければ、安定的な国際関係を営めない。

新羅では五世紀末に、「神宮」を始祖降臨の地とされる奈乙（太陽を意味するナルの借音表記）の地に置き、祖先祭祀の性格ももつ即位儀礼を制度化している。また六世紀に、もともと龍神の祭場であった場所に皇龍寺が創建され、百人もの僧が一斉に『仁王経』を読誦し、外敵の侵寇と内乱を防ぎ、国家の安寧を祈願する百座講会が開かれるようになる。七世紀に建てられた皇龍寺の九層木塔の第一層は日本、第二層は中華、第六層は靺鞨などと周辺国の名を各層に振り当てている（濱田、二〇〇二）。なお龍王が「天」に属することは、先に見たとおりである。

日本も五世紀末に、伊勢神宮がワカタケル（雄略）によって創始される。これは当時の東アジア情勢の悪化と東国経営の問題とを直接の契機にしたものであるが、倭王の祖神（太陽）を祭る宗廟の誕生と見ることができる。一方、それまでは漠然と即位礼の場であると同時に、倭王の祖神の祭場でもあった難波津の祭場が、領域支配の根拠として特化される。それは、もともと土地の国魂を獲得する春の予祝儀礼に由来し、島々の精霊を祭るものであったが、六世紀から七世紀末ころにかけて、新帝の治世のはじめに、その身体に「大八洲之霊」を付着させ、全国土の支配者としての資格を保証するもの、「島々からなる国土」を領有するという意味へと変質した（岡田、一九七〇）。地神も「天」に属する。なお、難波に四天王寺が建てられたこと、『金光明経』では四天王や地神が国土を護るとされていることは言うまでもない。

新羅・日本に共通しているのは、祖霊を祭る即位の場（「神宮」・伊勢神宮）と、領域支配の場（皇龍寺・難波津と四天王寺）とが分離している点である。国内支配の論理と国際交際の論理が一致していないともいえるが、それは国際情勢にあまり左右されず、国内の王権を高める役割を果たすかもしれない。その意味で、仏教は王権を保護しながらも、王権を規制するのではなく、王権に利用されたともいえる。龍王にせよ、地神にせよ、四天王にせよ、高句麗などで王と同一視された帝釈天よりも、低い「天」に位置していることからも、それは推測される。日本では、帝釈よりも高い「天」に住む弥勒が、大化改新の理念を準備したと信じられた聖徳太子と結びつけられた。四天王寺の救世観音は、元来は弥勒菩薩だった。弥勒下生信仰は、中国南北朝以来、つねに政治革命と結びついて興起し、大化改新や天武革命の際も同じであったともいわれる〔藪田、一九六八〕。

弥勒の前身は、先にも見たように光明と豊饒を司るミスラ（太陽神）である。七世紀末、中国では則天武后（六二四―七〇五）がみずから弥勒仏の下生であるとして、革命を起こし、周王朝を理想として、国号を周とし、洛陽を神都と改名して、皇位に即いた。持統天皇（六四五―七〇二）即位の年（六九〇年）である。この頃、持統天皇は「現御神」と呼ばれるようになる（『続日本紀』文武元六九七年宣命）。

新羅では、弥勒の化身とされる花郎《ファラン》の下に青年貴族たちが花郎徒として団結し、平時は山水を跋渉して神霊と交わる儀礼を行い、道徳的・肉体的修練を積み、歌舞を楽しむなどしたが、戦時には国難に赴く戦士団となった。その精神的バックボーンも護国仏教の理念に裏打ちされていたとされる〔鎌田、一九八七〕。

同じく現実世界における護国という理想実現を願うものだが、決定的に異なるのは、日本ではこの世に現れた神は天皇だけとされ、それ以外の神は神社に隠れ坐し、人々は直接には関われなくなったのに対し、新羅でも王は神と直接結びついただろうが、同時に花郎たちも、修練を通して神霊と交わったのである。あえていえば、人それぞれが直接、天とつながっているのである。

この違いが、その後の日本・韓国の神（カミ・天）人関係の捉え方の大きな隔たりとなることを述べるには、すでに与えられた紙数を尽くしてしまった。中国で「天は是れ我れの天」と、ひとりひとり自分の「天」があると言い、そのひとりひとりの天真から発される声の響きあい（「衆響」）が道とされるのは（呂坤『呻吟語』）、やっと一六、七世紀に至ってである。第一節で見た昌益と茶山にも、同様の考えを読み取ることができるが、昌益の場合は「天」を「転」と言い換えねばならなかったのに対し、茶山の場合は、彼に先だつ思想の流れの内発的な発展であるのは、以上述べた遥か古代の道の分岐によるのである。

これを説明するにも、八世紀中頃に起こった安史の乱以降一三世紀のモンゴル帝国の出現まで、ふたたび中国が分裂にいたったことを背景とする朱子（一一三〇—一二〇〇）による皇統（正統）と道統の峻別、それがさらに征服王朝の「天」のもとで変質していく過程、また一四世紀にそれが朝鮮半島に伝わること、また日本の一五世紀以降の戦国時代の「天道」など、無数の確認しなければならない歴史の襞がある。

しかし、そのおおよその構図は、本稿において点描したつもりである。いま、なぜ「天」をふりかえるのかという問題関心からは、この程度の足がかりで、とりあえず満足しておきたい。

参考文献
李丙燾《イビョンド》『韓国古代史研究』学生社、一九八〇年。
井田好治「敬天愛人の系譜」『明治村通信』一五五、一九八三年。
今井秀周「北アジアより朝鮮に至る古代の祭天について（上）」『東海女子短期大学紀要』一三、一九八七年。

今井秀周「北アジアより朝鮮に至る古代の祭天について（下）」『東海女子短期大学紀要』二二、一九九六年。

今井秀周「古代東北アジアに於けるシャマンの活動」『東海女子短期大学紀要』二三、一九九七年。

今井秀周「北魏における西郊について――鮮卑拓跋部の二つの祭天形態が語るもの」『東海女子短期大学紀要』二五、一九九九年。

ウノ・ハルヴァ（田中克彦訳）『シャマニズム――アルタイ系諸民族の世界像』三省堂、一九八九年。

遠藤慶太『東アジアの日本書紀』吉川弘文館、二〇一二年。

岡田精司『古代王権の祭祀と神話』塙書房、一九七〇年。

岡田英弘「世界史のなかの大清帝国」『別冊環16　清朝とは何か』藤原書店、二〇〇九年。

岡本さえ『イエズス会士と中国知識人』山川出版社、二〇〇八年。

金子修一「漢唐間における皇帝祭祀の推移」水林彪・金子修一・渡辺節夫編『王権のコスモロジー』弘文堂、一九九八年。

鎌田茂雄『朝鮮仏教史』東京大学出版会、一九八七年。

神塚淑子「人と神」『岩波講座　東洋思想』13「中国宗教思想1」岩波書店、一九九〇年。

川本芳昭「四―五世紀東アジアにおける天下意識」田中良之・川本芳昭編『東アジア古代国家論――プロセス・モデル・アイデンティティ』すいれん舎、二〇〇六年。

小泉仰「敬天より敬天愛人へ」古川哲史・石田一良編『日本思想史講座』第八巻、雄山閣出版社、一九七七年。

小島毅「郊祀制度の変遷」『東洋文化研究所紀要』一〇八、一九八九年。

佐伯好郎『支那基督教の研究　三』春秋社松柏館、一九四四年
島川雅史「現人神と八紘一宇の思想――満州国建国神廟」『史苑』四三（二）、一九八四年。

新川登亀男「古代朝鮮半島の舎利と舎利銘文」『古代東アジアの仏教と王権――王興寺から飛鳥寺へ』勉誠出版、二〇一〇年。

妹尾達彦「帝国の宇宙論」水林彪・金子修一・渡辺節夫編『王権のコスモロジー』弘文堂、一九九八年。

曽根正人『聖徳太子と飛鳥仏教』吉川弘文館、二〇〇七年。

田村圓澄『古代朝鮮仏教と日本仏教』吉川弘文館、一九八〇年。

豊田久「成周王朝の君主とその位相――豊かさと安寧」水林彪・金子修一・渡辺節夫編『王権のコスモロジー』弘文堂、一九九八年。

内藤湖南「王莽の蛮夷統御の失敗と蛮夷の自覚」『支那上古史』(『内藤湖南全集』第一〇巻、筑摩書房、一九六九年)。

濱田耕策『新羅国史の研究』吉川弘文館、二〇〇二年。

林巳奈夫『中国古代の神がみ』吉川弘文館、二〇〇二年。

片茂永《ピョンムヨン》「韓国の帝釈信仰」『比較民俗研究』四、一九九一年。

平勢隆郎『中国の歴史2　都市国家から中華へ』講談社、二〇〇五年。

平野聡『興亡の世界史17　大清帝国と中華の混迷』講談社、二〇〇七年。

藤原暹『幕末・開化期の思想史研究』岩田書院、一九九七年。

ブリチンゲリ「モンゴル人の天の世界観とブゥー(シャマニズム)」『アジア遊学』一四一、二〇一一年。

溝口睦子『アマテラスの誕生』岩波新書、二〇〇九年。

溝口雄三『中国の思想』放送大学教育振興会、一九九一年。

宮崎市定「毘沙門天信仰の東漸に就て」京都帝国大学文学部史学科『紀元二千六百年記念史学論文集』一九四一年。

村田治郎「満蒙民族の祭天」『満蒙』一五―九、一九三四年。

藪田嘉一郎「四天王信仰の東漸と四天王寺」『史迹と美術』三八―一、一九六八年。

山室信一『キメラ――満洲国の肖像　増補版』中公新書、二〇〇四年。

柳東植《ユンドンシク》(金忠一訳)『韓国の宗教とキリスト教』洋々社、一九七〇年。

柳東植『朝鮮のシャーマニズム』学生社、一九七六年。

渡辺信一郎『中国古代の王権と天下秩序――日中比較史の観点から』校倉書房、二〇〇三年。

偉大なる収斂　日本における自然環境の発見

ブレット・ウォーカー
〔福田武史・訳〕

本論では日本における自然環境の発見について検討する。まずは、近世における自然環境の発見と国家の発展との間の関連性を見出すことから始めたい。自然界に順応するのではなく、経済的要求を満たすために自然に手を加えた国々はしばしばグローバルな大国にのしあがった。たしかにこれはマックス・ヴェーバー(Max Weber、一八六四―一九二〇年)をはじめとするヨーロッパの学者が、西欧の興隆にとって不可欠であったと主張する点である。

科学技術を通じて自然を理解、操作、管理、開発するということを含む「自然の発見」は西欧においてのみ果たされたとヨーロッパ中心主義的な学者は想定することが多いが、それは西欧に限られた成果ではない。重要なことに、日本はヨーロッパと共通の歴史的特質、パターン、構造を有しており、それが日本における自然の発見を世界的なコンテクストのなかに位置づけること、そして、二〇世紀に「奇跡的」に世界的な経済大国として台頭したことの説明を支えているのである。(1)「深い歴史」(deep history. 後述。その概念については注14当該書を参照)に目を向ければ、過度に誇張されているような文化的差異よりも、進化の過程における人類による自然環境発見の共通要素を多く見出すことができる。一九世紀から二〇世紀初めにかけての日本の興隆が、しばしば指摘されるような歴史の偶然の産物、あるいは国民の特殊性や優れた模倣能力によるものではないということをこの分析は示す。むしろ、日本の興隆は、西欧と似た構造を作りだした歴史的経験に由来するものであり、その共通要素によって日本人は富国政策のために自然を巧みに利用する理論的および実践的な手段を得ることになったのである。日本における自然の発見は、主に「自然美」「労働と工学技術」そして「医療」の分野においてなされた。

共通する歴史的構造を明らかにし、新しい視点から日本における自然の発見を浮き彫りにするために、まずは、一五世紀の停滞期を経て一九世紀には世界の覇者となった「ヨーロッパの奇跡」に至る間の自然の役割に関する議論に注目しよう。歴史学者はヨーロッパによる覇権の名残について異議を唱えるかもしれないが、それが存在することは議論の余地はない。

一　ヨーロッパ中心主義が見えなくしたもの

近世における西欧の興隆を説明するために、歴史学者はまさに「家内工業」を営んできた。(2) 近年、ニーアル・ファーガソン（Niall Ferguson）は「他地域と区別される西洋」の特質を抽出して、それをスマートフォンのアプリケーションソフトになぞらえて「神アプリ」と呼んだが、それは競争、科学、財産権、医学、消費者社会、そして労働倫理を含んだ制度的な集合体をなしているものだという。(3) この集合体が西洋の支配力を生みだしたのだとファーガソンは誇らしげに主張するのである。

一九世紀の帝国主義体制下において、これらの制度は一つの国から別の国へと移入され、しばしばテクノクラートによって国家の近代化事業に利用された。日本の明治時代（一八六八―一九一二年）はそのような近代化の時期にあたり、岩倉遣欧米使節団（一八七一年）のような外交使節団が西洋思想と制度を貪欲に取り入れようとしていた。しかし、制度を導入する側の国の「ＯＳ」と「メインフレーム」（ここではファーガソンによるコンピュータの比喩を引き続き用いておく）にはダウンロードを成功させるための互換性を有する必要があった。日本のメインフレームは比類ない互換性を備えていたわけで、このアジアの小国は、ハーマン・メルヴィル（Herman Melville）のことばを借りれば「門戸をとざした」土地であったのが、一世紀の後には工業および軍事大国へと変貌を遂げるのである。(4)

たしかに、世界をまたにかけた岩倉使節団の活動は、日本と西欧の間では科学と産業の移入が容易であったという点をはっきり示した。使節団の最終報告書の編者であった久米邦武（一八三九－一九三一年）は「技術ノ事ニカヽリテハ、東西殊ニ、状態ヲ異ニス」と認めつつ、思想と制度の互換性も認識しており、「西人ノ秘トスル所モ、東洋ハ已ニ常慣ニカヽリ、而テ其常慣セル所ニ、反テ東洋ニ発明ヲ与フ所アルモノナリ」と回想する。(5)相互に互換性があったために両文化間での思想と制度の共有は可能であった。人間に生来備わっている共通性は、人為的な文化的差異を乗り越えることが多い。

エリック・ジョーンズ（Eric Jones）が「ヨーロッパの奇跡」と呼ぶものを熱狂的に讃美するファーガソンは、いくつかの非ヨーロッパ諸国がヨーロッパ制度のプログラムを他国よりもはるかに手際よくダウンロードできたという大変興味深い事実を無視しようとしている。(6)パンカジ・ミスラ（Pankaj Mishra）がすでに示しているように、ヨーロッパの帝国が衰弱した後でも、アジア諸国はますます繁栄した。(7)日本が発展した理由は、日本が一〇〇〇年にわたって中国の影響下でそのコピーの訓練を積み重ねてきたという模倣の達人であったからというわけではない。むしろ、日本が成功したのはヨーロッパと非常によく似た歴史的発展の道を歩んだからである。日本は厳格に適用された渡航禁止令によって、中世および近世にはヨーロッパとほとんど接触しなかったにもかかわらず、ヨーロッパの制度的プログラムと類似するものを実装していた(8)。

この異文化間の収斂(convergences)に注目することで、ファーガソンのいわゆる「神アプリ」が必ずしも西欧独自のものでないことがわかるだろう。なぜなら、日本はそのアプリの多くを国産として開発するか、(ちょうど西欧でもアプリの多くを他から借用したように)中国・朝鮮より借用したからである。日本と西欧は地球の反対側でそれぞれ独自に開発をおこなったが、自然環境とのインタラクションのありかたも酷似していた。このように類似するパターンが、異なる文化の発展途上で偶然に一致したとは考えにくい。おそらくこれは、私たちヒト(ホモ・サピエンス)の進化の歴史における共通の体験のなかから生まれ、後に何世代にもわたって別々の文化的共同体を通じて表わしだされた、人間に備わる性質の歴史的産物によるものであろう。その性質とはつまり、私たちがある決まった型に絶えず向かっていく性質を共有しているということである。日本がアジア・太平洋戦争(一九三七―一九四五年)で西洋に戦いを挑み、後にはG７の一角を担うことになったのは歴史的・地理的偶然なのではない。日本の興隆に加えて、日本における自然環境の発見にも、深い歴史に根差すいくつかの原因が存在するのである。

日本と西欧の深い歴史の分析を通じて得られる副産物の一つは、それが容易に超克できない人種的・文化的差異の論理を確固としたものにするのではなく、むしろ人間社会に共通する構造を説明する新しい論理の構築を果たすことである。人間の知覚、生態、そして組織における一般的な構造のパターンを認識する試みは、文化論的転回(cultural turn)によってさまざまな議論の悪循環を生み、文化的・倫理的相対主義の泥沼からますます抜け出しにくくなっている。ブライアン・D・パーマー(Bryan D. Palmer)が指摘するように、この文化論的転回は「あらゆる現実の権力構造や意味理解を、無秩序的に否定するかたちでこの世界を脱中心化するような、多くの言説の享楽主義的な転落」を示すものである。[9] それとは対照的に、深い歴史を検証することにより、行き過ぎた文化論的転回とアイデンティティをめぐる自己陶酔的な政治運動の残骸と泥沼を乗り越えて、新しい人間構造を作りだす機会となる。もちろん、この深い歴史の手法に対しては、家父長制的な資本主義勢力の支持を受けた学問分野である生物科学に依拠している点が批判されるであろう。ダナ・ハラウェイ(Donna Haraway)が論じる通り、生物学は、西洋を優位とするヒエラルキーを強制するためにしばしば利用されてきた。[10] しかし、この議論は生物学に依拠する必要はなく、歴史的事実によっても同様に論証できることを示していきたい。

二　決定的な〇・〇一六パーセント

近世(日本においてはおおよそ一五九〇―一八〇〇年を指す)――深い歴史という観点からすれば、人類が誕生して以来の時間のうち〇・〇一六パーセントを占める――は自然の発見とグローバルな権力の確立にとって、人類史に占める時間的割合は小さいが、歴史上決定的な時期であった。純一次生産力(NPP)と呼ばれる、植物が光合成を通じて生物圏に供給したエネルギーを、人類が次第に大規模に管理、利用していったという点で重要である。今では人類は、地球上のエネルギーのうち非常に大きな割合をコントロールしている。光合成によって生産されるエネルギーの少なくとも三分の一という巨大な量である。そして、主要な工業大国として、日本はそのグローバルな方程式のなかで、重要な役割を果たしている。[11] 日本が西洋諸国に匹敵する量の地球エネルギーを消費していることは驚くには値しない。日本が近世に歩んだ道のりは、特に環境とのインタラクションという面で西洋とよく似ていたのである。発見の世紀というにふさわしいヨーロッパの近世において「人は大地に変化を加える能力を持ち、そして、未開の土地は自然の神秘を追求するための屋外実験場としての価値を持つ、という二つの点に、彼らは気づいた」とクラレンス・J・グラッケン（Clarence J. Glacken）は指摘する。[12] ヨーロッパ人が世界各地に進出するにつれ、「大地に変化を加える能力」は、旧世界つまりヨーロッパを彷彿とさせる環境を、偶然または故意に作りだすことに発揮され、それによって天然資源の入手が容易になったのである。アルフレッド・クロスビー（Alfred Crosby）は、ヨーロッパ帝国主義についての先駆的な研究書のなかで、この過程を「エコロジー的帝国主義」と呼ぶ。[13]

深い歴史の研究によって、歴史学者は「人類の同一性と同時に文化の差異」を正しく認識することが可能になる、と「深い歴史」（deep history）の提唱者であるダニエル・ロード・スメイル（Daniel Lord Smail）は主張する。人類全体の「同一性」を意外なことだと感じてしまうのは、従来は歴史学者が、宗教的権威を持った年代記や世俗的な年代記のみを史料として用い、歴史年表を作ってきたためにほかならない。[14] 文字発明以前の過去に遡って私たち人類の初期の先祖まで含めれば、人類の生態の普遍性はより一層浮き彫りになる。スメイルは、

生物学において「収斂進化」（convergent evolution）とは、生息環境によって与えられたある問題または状況に対して、全く別々の種が形態的または生理的に同じ反応を示したという過程を意味する。農業は、異なる大陸でそれぞれ独自に発明された。文字、窯業、王権の祭儀、神職の階級制、防腐処理、天文学、耳飾り、硬貨、そして神聖な貞操観念といったものも同様である。しかも、ここに挙げた例はほんの一部に過ぎない。文化の伝播という考えでは、この収斂性は説明できないのである。[15]

と述べ、「私たちは文明の多様性を讃えるが、私たちには共通の人間性があるのだと常に想起させる、このような類似性こそが、まことに驚嘆すべきことである」[16]と結論づける。スメイルの議論を受けとめつつ、日本と西欧の偉大なる収斂を検討してみよう。これは、ケネス・ポメランツ(Kenneth Pomeranz)がヨーロッパと中国の間に仮定した「偉大なる分岐」(great divergence)に対する転換を図るものとなる[17]。私たちの歴史的収斂の種は太古の昔に播かれ、近世の環境のなかで芽吹き、開花したのである。

深い歴史においては、ホモ・サピエンスは個人主義的ではなく、むしろ高度に社会生活を営む種として見られており、個体よりも集団において進化上の成功を収めている。進化生物学者の今西錦司(一九〇二―一九九二年)は半世紀も前に社会的進化の重要性を説いた。『生物の世界』(一九四一年)において、今西は初めて「種世界」という用語により、社会全体で進化する種の社会の存在を提唱している。ダーウィニズムの旗印であった個の生物の進化の位置づけを今西は格下げし、社会全体の進化をより重視したのである。今西は「同じ種類の個体同士というのは、血縁的地縁的関係のもとに結ばれた生活形を同じくする生物であるということができるであろう」と述べる。さらに、個体は「種の単なる一構成要素にすぎない」とし、社会は「一つの共同体的な生活の場」であって、「その中で個体が繁殖もし、栄養もとりうるようなもの」であると論じる[18]。今西によって発見されたホモ・サピエンス――に限らず、全ての種にあてはまるが――の社会性は、人間の発達の軌跡と、より広い視野のもとで自然的・歴史的秩序のなかに私たちがどのような位置に立っているのかという点を理解するために不可欠である。ダーウィンが『種の起原』(一八五九年)において「個体的差異」は「非常に重要である」とし、その理由は「それらは自然選択のための材料を提供するからである」[19]と認識していたのに対して、進化は個体を超越したメカニズムを通じて社会のレベルで発生すると今西は捉えていた。

進化生物学者エドワード・ウィルソン（Edward O. Wilson）によると、人類発生初期の社会的経験は、「世界を認識するありようの偏向性、世界を表象するための記号化、選択肢の幅を自動的に広げること、そして、自己にとって最も容易で最も有益となる反応」といった、私たちにとっての後成規則（epigenetic rules）の基礎となるものを形成したという。[20]国家というものは、人間が手がけたいびつな発明品である「想像の共同体」であるかもしれないが、その後成的な偏向性や発展性は何千年も前に神経学的にプログラムされていたのである。[21]たしかに、私たちは人間としての独自の文化を描きだそうとするが、そのためには進化という過程が用意してくれた絵の具しか用いることができない。歴史学者が国家と経済制度の発展をたどる時、それはある特定の手法を用いるように進化した種の小手先の作業をたどっていることを意味する。「人々は種族の形成を必要としている」とウィルソンは私たちの国家形成への志向を説明する。「それは渾沌とした世界のなかでの自分たちの社会的な意義に加えて、自分たちに名称を与えるものであった。これによって周辺の環境は無秩序で危険なものではなくなっていったのである」。[22]この観点から見れば、国家形成は自然環境の発見の一部といえるであろう。国家という複雑な形態は、文化的進化の産物である――したがって、それは様々な形態をとる――が、私たちが国家とそのフレームワークの構築を常に望んでいるということは、人類という種が共有している習性なのである。近代国家は、「一つの画期であった約六万年前に遡る時代の、人類共通の祖先の間ですでに共有していた遺伝的性向がもたらした成果を、より精緻にしたものとして自律的に出現した」とウィルソンは言う。[23]私たちの後成的な偏向性を考慮すれば、実際に見られる現在の制度に、多くのバリエーションがあることに驚かされる。

日本と西欧における国家形成には意外なほど類似点があるが、それはおそらく後成規則と「無秩序で危険」な環境の発見によってもたらされたものであろう。これは歴史学者にとって便利なことで、彼らは「封建制」や「近世」といったヨーロッパ史の用語を工業化以前の日本史に対して気楽に適用する。グローバルな近代性の広がりの上に自分たちが立っていると日本人自身が気づく前から、日本は西欧と似た方法で発展を遂げていた。[24]近世ヨーロッパのヨーマン（自営農民）のありようを原資本主義だと学者が認めるのと同じように、日本では近世における検地が、土地の私有を制度化し、換金作物の増産と地方での原資本主義の成立を促進させたのである。[25]西欧の小国間の競争は技術革新と進歩をもたらしたが、日本国内の地域間の競争も同様の結果をもたらした。中国の明朝（一三六八－一六四四年）や清朝（一六四四－一九一一年）、あるいはインドのムガール朝（一五二六－一八五八年）のような統一帝国ではなかった日本は、列島のなかでの国内競争が盛んであった。[26]また、バスコ・ダ・ガマ（一四六〇－一五二四年）とクリストファー・コロンブス（一四五一－一五〇六年）の航海の後に、いくつかの帝国が成立したことも含めて、ヨーロッパは外国との交易での経済発展をもくろんだ。近世日本は蝦夷地（北海道、樺太、そして千島列島）を征服し、アイヌに難病を感染させ、過酷な奴隷労働に徴用し、国内の資本主義的成長を加速させるために貴金属から干し鮭にいたるまでの資源を搾取した。蝦夷地征服の結果、薬草の生息地の環境調査（採薬）も実施されている。[27]西洋の帝国の、特に新世界におけるサトウキビ農園と銀鉱経営の研究者にとっては、日本とは規模の違いはたしかにあるものの、この組織的な対応関係は大変興味深く感じられるだろう。[28]蝦夷地の資源は、地方における貸借の慣行からニシン漁の労働にいたるまで、日本独自の原資本主義の成長を促すことになった。[29]あの有名なプロテスタント的労働倫理と同等の労働観も日本人は持っていた。[30]もっとも、これは宋学の影響下で生じたものであるが。そして、合理的な家族計画の実施によって日本の人口増加は一八世紀に停滞したが、それによって日本はヨーロッパと同様に、人口増に食料生産が追いつかなくなるというマルサス的な壊滅状態を回避することができた。さらに、家族労働ではなく契約労働を伴った換金作物の生産は、日本経済の近代化を推進したともいえる。[31]

政治的であれ経済的であれ、人間が権力制度の集合体を構築するにあたっては、共通の性向あるいは後成規則が働いていることを、以上の類似点は示唆している。たとえば、テッサ・モーリス－鈴木（Tessa Morris-Suzuki）がおこなった日本経済思想の研究の結論によれば、近代初期日本の経済学者の思想と実践は「ヨーロッパの同時代の人々が開拓した道のりと驚くほどよく似たものになることもあった」という。[32]経済学史におけるこれらの不思議な類似点もまた興味深い。なぜなら、経済学は、地球上の生物にとって最も重要な活動である、栄養とエネルギーの計画的な利用という問題を包摂することが多い実践的学問だからである。現在の日本経済の世界における突出した存在感を考えると、日本と西欧のパターンが共通しているというのは驚くべきことではない。

三　労働と自然に対する知識

日本における自然の発見を深い歴史の観点から分析することで得られる第一の知見は、アジア諸国の犠牲の上に西欧の興隆が成し遂げられたと説明するためにしばしば最初に持ち出される、島国論という広く流布している神話が一掃されることである。島国神話とは、日本人が自然に対して、特別かつ控えめで、より従順な、そして多くの場合友好的な関係を結んでいて、神道の神々とともにあり、仏教徒の説く生命の連続体につながり、そして儒教祭式に囲まれて生きている存在として自然界を捉えている、というものである。神話はさらに続く。このような伝統のために、日本人は自然を、無生物、つまり産業開発の目的のための資源だとは考えなかった。むしろ、彼らは人間界と自然界とを全体的に統一することで自然に順応した。自然環境は日本人のために生命を生みだし、それが産業の発展と自然の支配を限定的なものにしたのだ、と。

マックス・ヴェーバーが論じるように、人間の要求を満たすために世界を人間の側に適合させようとした西欧思想とは異なり、東アジア思想の中核を占めた儒教は「世界とその秩序およびその規則に適合」しようとした。[33] 要するに、西欧は自分たちに合うように自然界を屈服させ、一方で儒教社会は自ら膝を折って自然界に順応しようとしたのである。儒教社会の一員として、近世日本もまた自らの要求のために環境を無理に従わせるのではなく、自然環境に従属的――自然界と調和している社会――であったと見られることが多い。その結果、儒教社会では「体系的で博物学的思考……は成熟しなかった」と、ヴェーバーは主張する。[34] ヴェーバーの考えでは、自然に敬意を払う儒教的な性向は東アジア社会の発展を妨げたということになる。

しかし、労働と工学技術という観点から見ると、日本と自然環境の関係は啓蒙時代以降のヨーロッパと似ており、自然に対してしばしば攻撃的で、その調査や開発、管理をもおこなっていたのである。近世の折衷学派の思想家、佐藤信淵《のぶひろ》（一七六九―一八五〇年）は、神道の神々が発動した創造的な力によって活動しているものとして、自然を理解していた。しかし、「この教義は、人間と自然の平和的な共存という考えとはほど遠いもので、これによって佐藤は、人間にとって最も重要な任務は、慈悲深い自然が提供する資源を改良し、利用することだと、結論づけるのである」とモーリス－鈴木が述べる通りであろう。[35] たとえば、信淵は政府の役割を解説する箇所で、「物産の開発は君主の第一の任務である」と説く。[36] 資源開発とエネルギー管理をよりよくおこなうために人間は国家を形成するのだと信淵は主張している（前述したＮＰＰに関する議論と基本的に同じことである）。

重要なのは、佐藤が開発すべきと主張していた環境の大部分は人間の設計によってすでに手が加えられていたという点である。これは人工的な環境の広い浸透という特徴を持つアントロポセン(Anthropocene. 人類の時代)という地質学的な画期における、その初期の段階の岩相層序学的・生層序学的指標となるものであり、その点で日本は重要な貢献を果たした(37)。つまり、日本人は列島に人の手を加えていくなかで自然環境を発見していったということである。リチャード・ホワイト(Richard White)の指摘するように、コロンビア川が「有機の機械」(生きている機械)なのであれば、日本は、管理と開発が可能な、ほとんど工学的な空間としてみなされる島の連なり、いわば「無機の列島」としてみることができよう(38)。このプロセスは人類史の早い段階から始まっている。デイヴィッド・クリスチャン(David Christian)によると、農業の出現によって「人間と自然界との関係に根本的な変化」が生じ、人間は栄養とエネルギーの摂取をより効率的に行うために「ほかの有機体に影響」を与え始め、「非生物的な環境を作り変えて」いったという。農業とは、有害な種を取り除き、人工的な地形を作り、水や日光を確保する手段を講じることで有益な種の生産性を高めることである。人間は交配によって品種を改良し、人間に脅威をもたらす種、たとえば日本ではオオカミなどを絶滅に追い込むまで狩猟するなどして周囲の生物の世界を作り変えていく(39)。農業に適した地形を作るにつれ、人間は「「自然界」と「人間界」の間に区別があるという感覚を、より強く持つようになっていったのかもしれない」、あるいはそれは自然な状態からの「疎外感」といったものであったのかもしれない(40)。

自然からの疎隔によって、人間は自然を対象化し、冷淡な開発へと突き進んでいった。キャロリン・マーチャント(Carolyn Merchant)は、この対象化による「自然の死」仮説を、啓蒙時代以後のヨーロッパ文化と結びつけたが、日本文化はそれと似た対立のプロセスを経験している(41)。日本においても自然は同様に殺されたが、それは縫い直されて、そこに神仏のアントロポセン的な生命が注入されたのである。自然は、資源とエネルギーを切望する人間の操り人形と化してしまった。しかし、学者たちは、このぼろぼろになった操り人形である環境を自立して生きているものだ、と長い間勘違いしてきた。

日本にはこのような対立状況が満ち溢れているが、これは調和的な自然愛好者たちの列島という固定観念に真っ向から反する。しかし、少なくとも、一九世紀の知識人である福沢諭吉(一八三四―一九〇一年)が、西洋文明の導入によって「日本全国の面を一新せんことを企望するなり」と書いたことが結実した例として、東京湾の不自然で幾何学的な地形を挙げることができよう。[42] この点が重要なのは、物質的環境こそが日本文化と歴史を形作ってきたのであって、その逆ではない、という無批判な主張が、日本の標準的な歴史記述だったからである。近年でもアン・ウォルサール(Anne Walthall)が「地理的特徴が日本文明の発展性を定めた」と述べている。[43] これは、日本列島が小さくて資源に乏しいために、日本文化は質素で効率を重視しているという考えに由来する議論である。[44] この強固な枠組みは、日本のモンスーン型気候がその独特な国民文化を作りあげたとする和辻哲郎(一八八九―一九六〇年)の環境決定論に源がある。和辻によれば、日本人は何世紀にもわたる文化的進化において映し出されてきたものとして自然を発見したのだという。たしかに、この仮説のもとでは、日本人は、自身と自分たち独自の文化の中に自然環境を主観的に発見したことになるであろう。その二つは自然環境が生みだしたものなのであるから。[45]

日本の地理的環境がその文化を形成したという環境決定論的主張は、民族的特殊性を論じるための主要な根拠になっている。日本人のみが日本列島の影響を受けるのは当然だということになるからである。ジュリア・アデニー・トーマス(Julia Adeney Thomas)は、太平洋戦争中に文部省が刊行したプロパガンダ用の小冊子『国体の本義』(一九三七年)が、後に強固な定説となった、日本の地理的環境と国民性の歴史的進化を結びつける主張をいかに展開したのかを示した。二〇一一年三月一一日、三つの大災害に襲われた後の日本の「注目すべき回復力」と「堂々とした冷静沈着さ」を世界中のメディアが宣伝したとき、彼らは知らず知らずのうちに、自然災害に対する日本人の「不撓不屈の心」を同様に讃美する『国体の本義』から、日本人の国民性の説明を直接借用したことになった。(46)『国体の本義』は、桜を詠んだ歌を取りあげて、それを日本と自然との特別な関係を表わす証拠としており、日本人は「自然を愛」し、そして「古くから人生と自然との微妙な調和」を詩歌、年中行事そして祭祀において示してきたと主張するものだからである。(47)

しかし、実際には、日本人が自然に従ってきたのではなく、自然が日本人に従ってきたのである。日本人は自然を利用してきた長い歴史を持つ。儒教の影響を受けた前近代の日本は道徳的権威による政治を鼓吹するための比喩として自然界を用いた。聖徳太子は「十七条憲法」において、君主を天に、臣下を地になぞらえた。(48)その三世紀後に日本の廷臣は美意識を通じて自然を再発見する。平安京の廷臣が、虫の音、鳴く鹿、そして紅葉についての歌を詠んだのは、虫と鹿の声や秋の移ろいと、彼ら自身の移り気で感傷的な情緒とを一致させていたからである。彼らは自然のなかに人を不安にさせる変化を発見した。関係の始まりと終わり、それと同様に、生命の誕生と移ろい。紫式部が「水鳥を水の上とやよそに見んわれも浮きたる世をすぐしつつ」(『紫式部日記』)と詠んだ時、彼女は自分の感情だけでなく、悩ましい命のはかなさと周囲の世界のはかなさとを結びつけていたのである。(49)

貴族の輝かしい世界である平安時代の日本(七九四－一一八五年)、という私たちの固定観念からすれば、古典の時代には、廷臣のみが自然環境を注意深く観察し、その意味を探求していたと信じかねないが、それは事実とは異なる。卓越した環境工学者であるといえる古代の農民も同様に環境を発見していたが、彼らはそれを労働という観点から見ていた。つまり、生育サイクルの把握、肥沃な土壌の確保、灌漑水路の掘削、虫害や天気との戦い、そして、作物の収穫と脱穀といったものを通じてのことだった。自然を発見するにあたり、平安京の廷臣と近郊の農民との違いは非常に大きかったといえる。ある日、清少納言(九六六―一〇二五年)が同僚と、春の娯楽としてほととぎすの歌を詠むために京都郊外にわざわざ足を運んだ時、一行は脱穀の作業中であった農家の女性が「見も知らぬくるべく物」を操って歌っているところに出くわす。彼女たちは農民として当然のあり方で環境と触れあっていたのであった。しかし、農民の歌はあまりにも耳慣れないものだったために「めづらしくて笑ふ。ほととぎすの歌よまむとしつる、まぎれぬ」と清少納言は回想する。[50] これは意義深い邂逅であった。平安京の女性たちは美意識を通じて自然を讃美する一方で、農家の女性たちは脱穀と民謡を通じて讃美するのである。しかし、両者の間に相互理解はなかった。そのことが、この重要な場面において、とりわけ自然に対して「日本的」な態度が何であったかを歴史学者が把握するのを困難なものにしている。

殺虫剤の使用法と儀式の次第の双方が記されている、近世の昆虫駆除に関する文献が示しているのは、虫の歌を詠んだ平安京の廷臣とは異なる態度を、農民が昆虫に対してとっていたということである。大蔵永常《ながつね》(一七六六―一八六〇年)のような近世の農学者は、壊滅的な飢饉を防ぐために、栽培法と殺虫剤の実験をおこなった。実際、永常は昆虫を自立した有機体として把握しており、隔離された平安京の歌人たちよりも優れた理解力を示している。[51] 同様に、前近代の農業経営学者や林業学者、そして博物学者も、森林管理を含めたさまざまな主題の記事を地方書《じかたしょ》と農書に書き残している。その一人である宮崎安貞《やすさだ》(一六二三―一六九七年)は『農業全書』(一六九七年)のなかで、森林と田園生活を、また、土壌の質と森林の健康状態を関連づけるという先駆的な論を立てた。[52] この関連性の議論は、自然のシステムとそこでの人間の位置づけに対する認識がすでに深まっていたことを明示する。同様に、「海女《あま》」も海藻と貝を入手するために極寒の海に潜るという労働を通じて、海面下の環境を発見した。

水面下の環境の発見は、海面を注視することしかなかった歌人たちよりも、海をより直接的に、より完全に、そして確実により深く理解したことを意味する。他方清少納言はといえば、海については「海はなほいとゆゆしと思ふ」と述べ、「まいて、海女のかづきしに入るは、憂きわざなり」と言うのみである。(53)

歴史上、日本人はさまざまな能力を駆使して自然を発見してきた。しかし、現実味を欠き、自然環境から最も乖離し、最も技巧的で民族中心主義的であり、そして極めて限定的な場にしか流布しなかった、この平安京の廷臣たちによる自然の発見と彼らの詩歌こそが、今日の日本人と結びつける傾向が最も強いものなのである。最近では二〇一一年、国際的に著名な作家の村上春樹（一九四九年―）が三月一一日の三つの大災害の後におこなった講演で、自然や無常、そして日本人の「民族意識」の関係を論じたことについて、クリスティーン・マラン（Christine Marran）が分析している。村上はこのように言う。「桜も蛍も紅葉も、ほんの僅かな時間のうちにその美しさを失ってしまうからです。私たちはそのいっときの栄光を目撃するために、遠くまで足を運びます。そして、それらがただ美しいばかりでなく、目の前で儚く散り、小さなひかりを失い、鮮やかな色を奪われていくのを確認し、そのことでむしろほっとするのです」。命ある自然と死にゆく自然との調和という考えに似たものは、平安京の廷臣の著作に見られ、その浩瀚な文学作品とその他の芸術作品は、現在の日本においても継続している自然との「この上ない調和」を説明するために、村上によって蘇生されたのだ、とマランは指摘する。その一方で、日本は、傲慢な技術的慣行によってひきおこされた産業公害の脅威に晒され、自然災害によって破壊され、松尾芭蕉の俳句「閑さや岩にしみ入る蟬の声」に詠まれた東北地方は、この作品よりはるかに長く存続が可能な半減期を持つ放射性元素によって汚染されてしまった。(54)

日本人は、詩あるいは科学が果たしたのと同じように、労働と工学技術を通じて自然を発見した。環境保護運動家には嘲笑され、科学者には無視されることも多いが、リチャード・ホワイト(Richard White)は「労働そのものが自然を知るための手段である」と論じている[55]。自然を発見する手段としての労働に注目することで示されるのは、日本は西欧と同程度の頻度と積極性をもって環境に手を加えており、その過程で、美や自然科学の分野とは別に自然を発見してきたということである。

四　科学、人体解剖、そして自然の発見

日本における自然科学の発展も、自然の発見に関して見逃せない分野であり、ここでも西欧との収斂が認められる。宋学的な科学の影響を受けていた近世日本では、百科事典において自然界を分類する際に、「民俗生物学的」生活形分類の項目と「概念的属」分類の項目を立ててきた。この分類法は、種の形態学的な質の違いに基づくものであり、ヨーロッパにおけるリンネ式分類法と似ている部分が多い。これは、たとえ文化的・地理的断絶があったとしても、ホモ・サピエンスはある包括的なパターンに従って自然界を認知して体系づける性向があることを示している。このパターンが私たちの地球の資源とエネルギーの整理分類と支配を推進させてきたのである。自然の分類法について研究しているスコット・アトロン(Scott Atron)は「自然の物事を分類する私たちの認識性向には、本質的な違いは何もない」と主張し、自然に名称を与えて分類することは、国家形成や労働慣行と同じように、ある後成規則に従っておこなわれる、と示唆する[56]。

いずれにせよ、宋学における机上の科学研究と、実地で得られた経験的(実証的)知識とを混同すべきではない。その経験的知識は労働を通じて得られたものも含んでいる。従来、前近代日本の博物学の成果は自然環境の発見

の証拠として認められてきたが、それは実際には中国の文献学の発見を意味していた。海女が海底から慎重に捕獲する貴重な貝、アワビを例にとろう。清少納言が海女について同情的に言及していたほぼ同じ頃に成立した、深根輔仁《ふかねのすけひと》（八九八―九二二年）の先駆的な分類学的著作『本草和名』に、アワビは取りあげられているものの、その項目の記述から判断するに、輔仁が実際に危険をおかして海に赴き、その生態を観察することは一度もなかったであろう。輔仁はアワビを表わす様々な漢字や名称について明らかにし、薬効（これは自然の発見を促す大きな原動力であった）を列挙したが、その生態環境についてはほとんど知らなかった。(57) 貝原益軒（一六三〇―一七一四年）の『大和本草』（一七〇九年）はアワビに数行を費やすが、その自然における生態については何も語らない。(58) 言い方をかえれば、伝統的な歴史学者が自然の発見とその探究の歴史を考えようとする場合、文献の調査をおこなう傾向が強く、前近代における自然環境の発見と理解のありようの断片を収集するために、深根輔仁、源順（九一一―九八三年）、人見必大《ひとみひつだい》（一六四二―一七〇一年）、小野蘭山（一七二九―一八一〇年）、貝原益軒その他が著わした百科事典の項目を通覧していくのである。(59) しかし、少なくとも経験科学の誕生前までは、前近代日本人のほとんどは、労働と工学技術を通じて自然界を発見して理解していた。(60)

前近代において労働が日本人による自然の発見の第一の方法であったために、科学と労働にまたがっていた医術が、自然の発見にとって理想的な分野となっていた。人体は環境を発見するための現場になったのである。これは私たちの直観に反した考えだといえる。なぜなら、宋学的な医学は積極的に治療処置をおこなわない伝統的な手法を好み、特に近世には人体を切開して観察することに対して常に批判があったからである。しかし、東アジア思想においては、人間の内部に自然を設定し、環境と人体とを結びつけていたので、解剖は自然界を調査する一つの手段となった。

自然環境を含めた自然と人体の結びつきという観点は重要である。『論語』のなかで孔子（紀元前五五一―四七九年）は「人之生也直」（人の生や直）と述べ、人生の目的はその生まれつきの「直」をはぐくむことだとする。[61] 孟子（紀元前三七二―二八九年）は水と重力の比喩を用いて、「人之性之善也。猶水之就下也」（人の性の善なるや、猶水の下《ひく》きに就くがごとし）と説く。[62]『孟子』において、人の「性質」と水の流れという「自然」が並記されたのは、自然は野生の世界に存在するという西洋で権威を持っている考えとは異なり、自然はみずからのなかに発見されるという主観的な方法へと向かうものであった。[63] 宋朝（九六〇―一二七九年）における新たな儒教総合化の運動に至って、程伊《ていい》川《せん》は「善とされる人の性は自然の根源である」と言明した。自然界においては「全ての物と行為にはそれぞれに適切なありようがある」、よって、自然のままにふるまうというのは、目的論的な秩序の原理である宇宙と調和を保つことを意味したのである。[64] 強い影響力を持った宋学の思想家、朱子（一一三〇―一二〇〇年）は「性只是理」（性はただこれ理なり）――事物が自然に機能した時になるべきようになるありよう――といい、「本来の心そのものには「理」が備わり、不動のもので、完全に善である」とする。[65] 当時、自然を発見するというのは、自身の内部、あるいは周辺にある原理の発見と矯正という、人々を自然界に融合させる過程であった。これは、自然を理解するには肉体が必要不可欠であったことも意味し、日本の経験科学は医学の分野で始まったのだと一応はいえるだろう。しかし、それに対する批判はあった。

たとえば、解剖の実施を痛烈に批判した医師・佐野安貞の『非蔵志』（一七六〇年）は人間の臓器を目にすることに対してすら冷ややかであった。安貞は実証的な研究を拒絶し、人体の解剖や臓器の観察について、「臓器を見たり、それについて話を聞いたり話し合ったりすることで何か得られるものがあるのか想像できない」と書き残した。[66] しかし、山脇東洋（一七〇五―一七六二年）や杉田玄白（一七三三―一八一七年）といった他の医師は、ヨーロッパの医師と似た考えで、体を切開し調査することから多くのものを学べると信じていた。彼らは体内から自然を発見しようとしていたのである。ヨーロッパと日本の一部の医師にとって、鳥が死骸をついばみ、太陽の下で骨が晒されている刑場こそが大変魅力的な自然発見の現場であった。

『蘭学事始』(『蘭東事始』、一八一五年)のなかで玄白は、今やよく知られている、青茶婆々と呼ばれた老女の犯罪者の解剖について語っている。[67] 処刑は一七七一年に骨ヶ原(小塚原)でおこなわれた。穢れに対する恐怖から、通常は被差別民のみが死体を処理しており、それが近世日本において人間解剖学の実証的研究が抑制された社会的要因の一つであった(死体および腐敗した死体から微生物を介して感染する伝染病に対する恐怖により生まれた文化的要因もあったかもしれない)。この時、医師の前野良沢(一七二三—一八〇三年)も玄白と同行し、一七二五年にドイツで刊行された、ダンツィヒ市医師のヨハネス・アダム・クルムス(Johannes Adam Kulmus、一六八九—一七四五年)の解剖学書『アナトミシェ・タベレン』(*Anatomische Tabellen*)を持参している。日本人はその九年後に刊行されたオランダ版の『オントレートクンディヘ・タフェレン』(*Ontleedkundige Tafelen*)で本書を知っていた。良沢がそれを入手したのは長崎の、オランダ東インド会社が日本人と交易していた出島であった。偶然にも、玄白も本書を入手していた。中国から伝えられていた解剖学的図像と比較した時、オランダの解剖書が肺、心臓、胃そして脾臓を異なったかたちで描いていることに、玄白と良沢は気づいていた。当初、彼らはオランダの本の正確性を疑っていたが、骨ヶ原での解剖で人体内部を熟視した時にその考えは全て変わったのである。[68]

解剖を担当するはずだった「穢多の虎松」は当日急病にかかり、九十歳になる虎松の祖父と交替した。皺の寄った青茶婆々の皮膚を切り裂き、筋肉を押しのけると、虎松の祖父はいくつかの内臓の位置についてコメントしたが、名前の知らない器官もまた指し示した。『*Ontleedkundige Tafelen*』と見比べながら、玄白はそれらを動脈、静脈そして副腎と識別した。解剖に立ち会った医者のうち、いまだかつて誰一人として切開された眼前の実物の人体と中国の解剖学書の記述の不一致について質問した者はいなかった、と虎松の祖父が述べたとされる一方で、玄白と良沢は青茶婆々の内臓の構造とオランダの解剖学書の記述とが合致していることに驚いていた。二人は骨ヶ原の現地で白骨もいくつか集め、それらもまたオランダ書の記述とそっくりであることを発見する。漢籍の記述は全く不正確であった。さらに、中国医書に見られる臓器の多く、たとえば「肺の六葉・両耳」や「肝の左三葉・右四葉」などは完全に捏造されたもののようであった。(69)

推論的で机上の学問であった宋学的医学から、骨ヶ原の刑場で誕生した実証的研究への革命的な転換を果たしたという、近世日本における医学の重要な画期的事件として、この瞬間を描写する誘惑にかられるところである。たしかに、そのような意味では、これはベルギー人アンドレアス・ヴェサリウス（Andreas Vesalius、一五一四―一五六四年）が『*De Humani Corporis Fabrica*』（人体の構造について、一五四三年）で示した解剖体のスケッチが、ガレノス（Aelius Galenus、一二九―一九九年）の四体液説を例とするような何世紀にもわたる解剖学的理論の誤りを明らかにした成果と異なるものではない。ヒポクラテス医学とも呼ばれる四体液説は、佐野安貞をはじめ近世日本の既存の医学的権威の大多数によって信奉されていた宋学的医学の伝統と似ている面もあり、アリストテレスの四元素説に対応する四種の基本的な体液――黒胆汁（土）、黄胆汁（火）、粘液（水）、そして血液（空気）――によって体が構成されていると見ていた。これら体液の過不足が人間の病気の原因となるとされる。この学説は、世界を水、木、火、土そして金の要素に分析して、それぞれを色、数、方角そして気質に対応させる宋学の五行説と収斂するものである。(70)

一五三六年、助手のレニエ・ゲマ（Regnier Gemma）を伴ってヴェサリウスはベルギーのルヴァン郊外の刑場に旅行し、完全な形で残された盗賊の骸骨を発見する。当局は盗賊を絞首台に縛りつけ、時間をかけて餓死に追い込み、そのまま飢えた鳥が肉をついばむのにまかせていた。ヴェサリウスは解剖研究のために遺骸を家に運んだという。ウィーンの近くにあるパドゥア大学で彼は人体解剖と人間以外の生体解剖を続け、理髪師（少なくとも解剖に関わるところでは、ヨーロッパにおける日本の被差別民に相当する）を彼の医学生と交替させた。この間、ヴェサリウスは劇の上演にも匹敵するような公開解剖を数回おこない、その経験の蓄積によって一五四三年の『*De Humani Corporis Fabrica*』の刊行に至ることになる。専門家たちはヴェサリウスの反ガレノス的結論と記述を批判したが、なかでも、ヨーロッパと他の地域で人体の実証的研究の基礎を築いた、ヴェサリウスの師であるフランシスカス・シルヴィウス（Franciscus Sylvius）からの批判が最も注目すべきものである。[71] たしかに、パドゥアでの大がかりな公開講義と演劇的な解剖作業はヴェサリウスの次世代の特徴となったといえるもので、学生と教師は解剖学の知識を獲得してそれを広めるために協力しあっていた。[72]

この『*De Humani Corporis Fabrica*』ほど先駆的ではなく、また、ヨーロッパからの影響を明らかに受けているものの、杉田玄白の翻訳は日本における実証的思考にとって飛躍的な前進を意味するものであった。骨ヶ原での一連の出来事に刺激され、実質的には『*Ontleedkundige Tafelen*』を翻訳した『解体新書』（一七七四年）は「曝露と精査による新しい認識論に基づく」ものであったとタイモン・スクリーチ（Timon Screech）は評価する。しかし、それと同様の「曝露と精査」によってもたらされた亀裂は、すでに日本の科学界を分断していたのである。京都所司代であった酒井忠仰《ただもち》（一七二五―一七七五年）お抱えの医師小杉玄適（一七三〇―一七九一年）は、一七五一年に玄適の師である山脇東洋が京都の二条城近くの寺で実施して論争の的となった罪人の解剖に立ち会った後、その「曝露と精査」の手法によって中国の解剖学的記述は「完全に誤り」だと結論づけた。

東洋が出版した『蔵志』(一七五九年)は、中国の学問ではなく、経験的観察に基づいた日本初の解剖学書であった。(73) 後に、玄白はこの解剖について、「此男[小杉玄適]、随ひ行て親しく視たるに、古人所説皆空言にて、信じがたき事のみなり」と述べたと言及している。(74) 実際、一八世紀の段階で日本人医師は中国の解剖図に対してますます懐疑的になっていた。人体切開に対する制限がほとんどなく、既存の禁忌を回避する抜け道としての被差別民をすぐに準備することができたために、近世の日本人医師は人体の実証的研究にとりかかることができたのである。言いかえれば、自然の発見——人体の自然であるが、人体は同時に周囲の環境とつながっていた——は、幕府の刀の試し斬りのために刑場で死体を熱心に調達しようとしていた山田朝右衛門と競合したことを除けば、公権力の干渉をほとんど受けることなく進めることができたのだ。(75)

因習になずんだ医師、たとえば、佐野安貞、吉益東洞(一七〇二—一七七三年)、田中栄信、福岡貞亮等は、一七五一年の京都におけるこの解剖を強く非難したものの、官学の宋学者、幕府高官、そして他のほとんどの医師はこの一件について比較的平静を保っていた。山脇東洋が後藤艮山(一六五九—一七三三年)に解剖の経緯を報告したところ、解剖に対する幕府の態度は批判的かどうかはっきりしなかったことを艮山は示唆している。(76) 玄白は『蘭学事始』のなかで、官医であった岡田養仙(一七二二—一七九七年)と藤本立泉(一七〇三—一七六九年)が七、八件の解剖をおこなっており、やはり漢籍の記述と実際の人体の違いに気づいていたことを記している。つじつまを合わせるために、解剖学的な相違は中国人と「夷」(この場合、日本人とヨーロッパ人を指す)の間で生じた可能性があると二人は推測した。解剖学的な違いの原因を中国人と中国人以外という点に求めた彼らの考えは驚くに値しない。このようなでたらめな人種差別的学説は西洋での医学界にも蔓延していたからである。不幸なことに、養仙と立泉が著わした解剖に関する著述は現存しないが、玄白による論及と東洋の『蔵志』を考え合わせると、日本の一八世紀という時代は、前代の西欧が経験した状況を彷彿とさせるような、それまで鬱積していた探究的文化が開花した時代だといえる(77)。

ヴァサリウスと杉田玄白がそれぞれルヴァンと骨ヶ原の刑場で死体を吟味していた事実を考えると、ホモ・サピエンスとして共通する欲求の輪郭、私たちの偉大なる収斂の一部がそこで浮き彫りになる。小刀を手に、ヴァサリウスと玄白は処刑された犯罪者の体の内部に、人体を形成する構造とメカニズムを発見したのである。人体に存在する自然を発見したことは、アントロポセンという時代に西欧と日本を分け隔てた地理的・文化的境界線を乗り越え、かつてアフリカのサバンナにおいて、非常に好奇心旺盛で、高い言語能力と情報伝達能力を持った種の成員であった時のように両者が結びつくという、後成的要件を満たすものであった(78)。

骨ヶ原での解剖の後、玄白は『解体新書』のなかで、内臓を分割することを意味する不格好な語「腑分け」の使用をやめ、分解と分析を意味する「解剖」という語を用いたことに触れるが、これは近代世界において体の切開を意味する用語となった。古代の医学書には「解剖」の語が見られるため、古代中国人も人体切開の技術は身につけていたのだが、それは後世に伝えられなかったのだと玄白は述べ、そのかわりに、日本は中国的学問の「糟粕」を受け継いでしまったと主張する(79)。玄白は、骨ヶ原での「実験」を思い起こし、医師はより優れた治療をおこなうために「臓器・内景諸器の本然官能」を学ぶべきだと強調している(80)。一九世紀という日本の近代がまさに始まろうとしていた時代に、玄白はオランダ医学の評判の良さを検討して、それが隆盛を誇った理由を推測した。「蘭学は、実事を辞書に其まゝ記せし者」、つまり推論的ではなく経験的な事実を示したのに対して、中国的学問は基本的に「章を飾れる文故」、実証的ではないというのが理由の一つ。オランダ医学が盛んになったもう一つの理由は、観察に一層の重点が置かれた「斯業の自然に開くべきの気運」があったからだという。この実証主義こそが実際に「生民救済の洪益」のある「医家真術」なのだと玄白は回想する。[81]
結論として、これらの解剖により、西欧が世界の覇権を握ることを可能にしたファーガソンのいわゆる「神アプリ」を、日本は独自の発展と西欧からの影響を通じて導入したのであった。西欧のみがこのような思考法を用いていたわけではないというのが重要な点である。

むすび

深い歴史という観点によって、特に自然の発見に関わるいくつかの分野における日本人と西欧人が共有した偉大なる収斂が際立ってくると言えよう。重要な文化的相違をないがしろにするつもりはない。文化的相違が常に存在することは十分に承知している。また、人類史を動かしてきた他の重要な要因を無視して、人間の全ての経験を神経学と進化生物学に矮小化して説明しようという意図もない。むしろ、私たちの種の内部と種をまたいでの双方で、なぜ多くの類型的パターンが存在するのかという疑問に対して、一つの説明を与えようとしたのである。本論では、それを示すために近代において圧倒的な優位性を持つまでにのしあがった日本と西欧のパターンを取りあげた。

結局、人間は同じ脳と同じ神経学的条件を持ち、そして栄養とエネルギーを同じように要求しているということに尽きる。私たちはホモ・サピエンスとして一体になっているというだけでなく、しばしば共生的なありようで地上の全ての生物と一体になっている。パターンは人間界だけではなく、人間以外の世界全体にも同様に存在する。偉大なる収斂と分岐というパターンを説明することが、新しい包括的な歴史学にとって必要なものなのである。

（1）なお、西洋の学者の多くが一九世紀における日本の近代化を説明する際に「奇跡」ということばを用いるが、日本の官僚自身も明治時代における事業を「是殆ト天為ナリ、人為ニアラス」(久米邦武編『米欧回覧実記』例言)とみなしていた。Kume Kunitake, comp. *The Iwakura Embassy 1871-73: A True Account of the Ambassador Extraordinary & Plenipotentiary's Journey of Observation Through the United States of America and Europe*, Vol. 1, trans. Martin Collcutt (Matsudo: The Japan Documents, 2002), 4.

（2）J. M. Blaut, *The Colonizer's Model of the World: Geographical Diffusionism and Eurocentric History* (New York and London: The Guilford Press, 1993), 1–151.

（3）Niall Ferguson, *Civilization: The West and the Rest* (New York: The Penguin Press, 2011), 12–13.

（4）Herman Melville, *Moby Dick, or The White Whale* (Boston: L. C. Page and Company, 1950), 479.『白鯨』第一一一章。

（5）『米欧回覧実記』例言。前掲 *The Iwakura Embassy 1871-73*, 9.

（6）Eric Jones, *The European Miracle: Environments, Economies, and Geopolitics in the History of Europe and Asia* (Cambridge: Cambridge University Press, 1981). E・L・ジョーンズ、安元稔・脇村孝平訳『ヨーロッパの奇跡――環境・経済・地政の比較史』名古屋大学出版会、二〇〇〇年。

（7）Pankaj Mishra, *From the Ruins of Empire: The Intellectuals Who Remade Asia* (Farrar, Straus and Giroux, 2012). ファーガソンに対するミスラの書評は、Pankaj Mishra, "Watch this Man," London Review of Books 33, no. 21 (3 November 2011), 10-12を参照。

（8）渡航禁止令は強大なヨーロッパの影響から日本を守った。Ronald P. Toby, *State and Diplomacy in Early Modern Japan: Asia in the Development of the Tokugawa Bakufu* (Princeton: Princeton University Press, 1984; Reprint, Stanford: Stanford University Press, 1991). ロナルド・トビ、速水融・永積洋子・川勝平太訳『近世日本の国家形成と外交』創文社、一九九〇年。

（9）Bryan D. Palmer, *Descent into Discourse: The Reification of Language and the Writing of Social History* (Philadelphia: Temple University Press, 1990), 188. 言語学的転回に関する均衡のとれた評価については、Geoff Eley, *A Crooked Line: From Cultural History to the History of Society* (Ann Arbor: University of Michigan Press, 2005) の一一五―一八一頁、特に一八七頁を参照。

（10）Donna J. Haraway, *Simians, Cyborgs, and Women: The Reinvention of Nature* (New York: Routledge, 1991), 7–20. ダナ・ハラウェイ著・高橋さきの訳『猿と女とサイボーグ――自然の再発明』青土社、二〇〇〇年。

（11）David Christian, *Maps of Time: An Introduction to Big History* (Berkeley and Los Angeles: University of California Press, 2004), 140–141.

（12）Clarence J. Glacken, *Traces on the Rhodian Shore: Nature and Culture in Western Thought from Ancient Times to the End of the Eighteenth Century* (Berkeley and Los Angeles: University of California Press, 1967), 359.

（13）Alfred W. Crosby, *Ecological Imperialism: The Biological Expansion of Europe 900-1900* (Cambridge: Cambridge University Press, 2004). アルフレッド・W・クロスビー著・佐々木昭夫訳『ヨーロッパ帝国主義の謎――エコロジーから見た10～20世紀』岩波書店、一九九八年。

（14）Daniel Lord Smail, *On Deep History and the Brain* (Berkeley and Los Angeles: University of California Press, 2008), 8, 188.

（15）前掲 *On Deep History and the Brain*, 199.

（16）前掲 *On Deep History and the Brain*, 199.

（17）Kenneth Pomeranz, *The Great Divergence: China, Europe and the Making of the Modern World Economy* (Princeton: Princeton University Press, 2000).

（18）今西錦司『生物の世界』（『今西錦司全集　第一巻』講談社、一九七四年）七九、八〇、八三頁。*A Japanese View of Na-*

ture: The World of Living Things by Kinji Imanishi, trans. Pamela J. Asquith, Heita Kawakatsu, Shunsuke Yagi, and Hiroyuki Takasaki. Intro. Pamela J. Asquith (London: Routledge Curzon, 2002), 39–41.

（19）Charles Darwin, *The Origin of Species by Means of Natural Selection or the Preservation of Favored Races in the Struggle for Life* (New York: The Modern Library, 1998), 67.『種の起原』第三章。

（20）Edward O. Wilson, *The Social Conquest of Earth* (New York and London: Liveright Publishing Corporation, A Division of W. W. Norton & Co., 2012), 193.

（21）Benedict Anderson, *Imagined Communities: Reflections on the Origin and Spread of Nationalism* (London; Verso, 1983). ベネディクト・アンダーソン、白石隆・白石さや訳『定本想像の共同体――ナショナリズムの起源と流行』書籍工房早山、二〇〇七年。

（22）前掲 *The Social Conquest of Earth*, 57.

（23）前掲 *The Social Conquest of Earth*, 102–103.

（24）日本とヨーロッパの封建制度については、William Wayne Farris, *Heavenly Warriors: The Evolution of Japan's Military, 500-1300* (Cambridge: Harvard University Asia Center, 1996)を参照。

（25）秀吉の検地（太閤検地）と私有財産を結びつける議論については、Philip C. Brown, *Central Authority and Local Autonomy in the Formation of Early Modern Japan* (Stanford: Stanford University Press, 1993), 17を参照。

（26）Edward B. Barbier, *Scarcity and Frontiers: How Economies Have Developed through Natural Resource Exploitation* (Cambridge: Cambridge University Press, 2011), 202–203.

（27）David L. Howell, *Capitalism From Within: Economy, Society, and the State in a Japanese Fishery* (Berkeley: University of California Press, 1995). デビッド・ハウエル、河西英通・河西富美子訳『ニシンの近代史――北海道漁業と日本資本主義』岩田書院、二〇〇七年。Brett L. Walker, *The Conquest of Ainu Lands: Ecology and Culture in Japanese Expansion, 1590-1800* (Berkeley and Los Angeles: University of California Press, 2001). ブレット・ウォーカー、秋月俊幸訳『蝦夷地の征服　1590-

1800――日本の領土拡張にみる生態学と文化』北海道大学出版会、二〇〇七年。

(28) John Richards, *The Unending Frontier: An Environmental History of the Early Modern World* (Berkeley and Los Angeles: University of California Press, 2003), 309–460.

(29) 斎藤修『プロト工業化の時代――西欧と日本の比較史』日本評論社、一九八五年、前掲 *Capitalism From Within: Economy, Society, and the State in a Japanese Fishery*.

(30) Robert Bellah, *Tokugawa Religion: The Cultural Roots of Modern Japan* (New York: Free Press, 1985). R・N・ベラー、池田昭訳『徳川時代の宗教』岩波文庫、岩波書店、一九九六年。

(31) Thomas C. Smith, *The Agrarian Origins of Modern Japan* (Stanford: Stanford University Press, 1959). トマス・C・スミス、大塚久雄監訳『近代日本の農村的起源』岩波書店、一九七〇年。

(32) Tessa Morris-Suzuki, *A History of Japanese Economic Thought* (London and New York: Routledge, 1989), 7. テッサ・モーリス-鈴木、藤井隆至訳『日本の経済思想――江戸期から現代まで』岩波書店、一九九一年、一四頁。

(33) Max Weber, *The Religion of China: Confucianism and Taoism*, translated by Hans H. Gerth and introduction by C. K. Yang (New York: The MacMillan Company, 1964), 152.

(34) 前掲 *The Religion of China: Confucianism and Taoism*, 150.

(35) Tessa Morris-Suzuki, *Re-inventing Japan: Time, Space, Nation* (Armonk, NY and London: M. E. Sharpe, 1998), 50.

(36) 前掲 *Re-inventing Japan: Time, Space, Nation*, 50.

(37) Will Steffe, Paul J. Crutzen, and John R. McNeill, "The Anthropocene: Are Humans Now Overwhelming the Great Forces of Nature ?," *Ambio* 36, no. 8 (December 2007), 614–621.

(38) Richard White, *The Organic Machine: The Remaking of the Columbia River* (New York: Hill and Wang, 1996).

(39) Brett L. Walker, *The Lost Wolves of Japan*, foreword by William Cronon (Seattle and London: University of Washington Press, 2005). ブレット・ウォーカー、浜健二訳『絶滅した日本のオオカミ――その歴史と生態学』北海道大学出版会、

二〇〇九年。

(40) David Christian, *Maps of Time: An Introduction to Big History* (Berkeley and Los Angeles: University of California Press, 2004), 242.

(41) Carolyn Merchant, *The Death of Nature: Women, Ecology, and the Scientific Revolution* (San Francisco: Harper & Row, 1980). キャロリン・マーチャント、団まりな・垂水雄二・樋口祐子訳『自然の死——科学革命と女・エコロジー』工作舎、一九八五年。

(42)『文明論之概略』緒言。Fukuzawa Yukichi, *An Outline of a Theory of Civilization*, translated by David A. Dilworth and G. Cameron Hurst (Tokyo: Sophia University, 1973), 3.

(43) Anne Walthall, *Japan: A Cultural, Social, and Political History* (Boston and New York: Houghton Mifflin Company, 2006), 9.

(44) Susan B. Hanley, *Everyday Things in Premodern Japan: The Hidden Legacy of Material Culture* (Berkeley and Los Angeles: University of California Press, 1997).

(45) 和辻哲郎『風土——人間学的考察』。Tetsuro Watsuji, *Climate and Culture: A Philosophical Study*, trans. Geoffrey Bownas (Westport, CT: Greenwood Press, 1988).

(46) Hannah Beech/Akaushi, "Aftermath: How Japan Will Recover from the Quake," *Time* Sunday, March 20, 2011.

(47) Julia Adeney Thomas, *Reconfiguring Modernity: Concepts of Nature in Japanese Political Ideology* (Berkeley and Los Angeles: University of California Press, 2001), 179-180. ジュリア・アデニー・トーマス、杉田米行訳『近代の再構築——日本政治イデオロギーにおける自然の概念』法政大学出版局、二〇〇八年、二五二頁。『国体の本義』文部省、一九三七年、五四頁—五五頁。

(48) Wm. Theodore de Bary ed. *Sources of Japanese Tradition*, comp. Ryusaku Tsunoda, Wm. Theodore de Bary, and Donald Keene (New York: Columbia University Press, 1958), 50.

（49）『紫式部日記』寛弘五年十月「行幸近くなりぬとて…」。*The Diary of Lady Murasaki*, trans. and intro. Richard Bowring (New York: Penguin Books, 1996), 22.

（50）『枕草子』「五月の御精進のほど…」。*The Pillow Book of Sei Shonagon*, trans. Ivan Morris (London: Penguin Books, 1967), 119.

（51）Brett L. Walker, *Toxic Archipelago : A History of Industrial Disease in Japan* (Seattle and London: University of Washington Press, 2010), 48–52.

（52）Conrad Totman, *The Green Archipelago: Forestry in Preindustrial Japan* (Berkeley and Los Angeles: University of California Press, 1989), 117–118. コンラッド・タットマン、熊崎実訳『日本人はどのように森をつくってきたのか』築地書館、一九九八年、一三三頁。

（53）前掲『枕草子』「うちとくまじきもの」。前掲 *The Pillow Book of Sei Shonagon*, 247.

（54）Nobuyuki Yuasa はこの句を"In the utter silence/Of a temple/A cicada's voice alone/Penetrates the rocks."と訳す。Nobuyuki Yuasa, trans. *The Narrow Road to the Deep North, and Other Travel Sketches* (London: Penguin Books, 1966), 123.

（55）Richard White, "'Are You an Environmentalist or Do You Work for a Living?': Work and Nature," in *Uncommon Ground: Rethinking the Human Place in Nature*, ed. William Cronon (New York: W. W. Norton & Co., 1996), 171.

（56）前掲 *The Lost Wolves of Japan*, 28.『絶滅した日本のオオカミ——その歴史と生態学』、二九頁。

（57）『本草和名　下巻』日本古典全集、日本古典全集刊行会、一九二八年。

（58）『大和本草　第二冊』有明書房、一九八〇年、一七八頁。

（59）上野益三『日本動物学史』八坂書房、一九八七年。

（60）James R. Bartholomew, *The Formation of science in Japan: building a research tradition* (New Haven and London: Yale University Press, 1989).

（61）『論語』雍也篇。*A Source Book in Chinese Philosophy*, translated and compiled by Wing-Tsit Chan (Princeton: Princeton

University Press, 1963), 29.

（62）『孟子』告子篇下。前掲 *A Source Book in Chinese Philosophy*, 65.

（63）William Cronon, "The Trouble with Wilderness; or, Getting Back to the Wrong Nature," in *Uncommon Ground: Rethinking the Human Place in Nature*, ed. William Cronon (New York: W. W. Norton, 1996).

（64）A. C. Graham, *Two Chinese Philosophers: The Metaphysics of the Brothers Cheng* (New York: Open Court, 1992), 17, 49.

（65）『朱子語類』巻四。前掲 *A Source Book in Chinese Philosophy*, 590, 623.

（66）Timon Screech, *The Western Scientific Gaze and Popular Imagery in Later Edo Japan: The Lens within the Heart* (Cambridge: Cambridge University Press, 1996), 203. 邦訳は、T・スクリーチ、田中優子・高山宏訳『大江戸視覚革命――十八世紀日本の西洋科学と民衆文化』作品社、一九九八年。

（67）青茶婆々の解剖については、Grant Kohn Goodman, *The Dutch Impact on Japan (1640-1853)* (Leiden: E. J. Brill, 1967), 86–96. Donald Keene, *The Japanese Discovery of Europe, 1720-1830* (Stanford: Stanford University Press, 1952), 21–24. ドナルド・キーン、芳賀徹訳『日本人の西洋発見』中公叢書、中央公論社、一九六八年、二七頁―三三頁。Timon Screech, *The Shogun's Painted Culture: Fear and Creativity in the Japanese States, 1760-1829* (London: Reaktion Books, 2000), 56–62. タイモン・スクリーチ、高山宏訳『定信お見通し――寛政視覚改革の治世学』青土社、二〇〇三年、一〇〇―一〇五頁。

（68）『蘭学事始』上巻「其翌朝、とく支度整ひ…」、「これより、各打連立て…」。芳賀徹『日本の名著　第二二巻　杉田玄白・平賀源内・司馬江漢』中央公論社、一九七一年、一〇五―一〇六頁。『蘭学事始』の翻訳は、Genpaku Sugita, *Dawn of Western Science in Japan: Rangaku Kotohajime*, trans. Ryozo Matsumoto and Eiichi Kiyooka, supervised by Tomio Ogata et al. (Tokyo: The Hokuseido Press, 1969) を参照。

（69）前掲『蘭学事始』上巻「これより、各打連立て…」。前掲『日本の名著　第二二巻　杉田玄白・平賀源内・司馬江漢』一〇六頁。

（70）ギリシャ医学と中国医学との間の類似点の考察については、Shigehisa Kuriyama, *The Expressiveness of the Body and the*

Divergence of Greek and Chinese Medicine (New York: Zone Books, 2002) を参照。

(71) A. M. Lassek, *Human Dissection: Its Drama and Struggle* (Springfield, IL: Charles C. Thomas, 1958), 90–105.

(72) Cynthia Klestinec, *Theaters of Anatomy: Students, Teachers, and Traditions of Dissection in Renaissance Venice* (Baltimore: The Johns Hopkins University Press, 2011).

(73) 岡本喬『解剖事始め——山脇東洋の人と思想』同成社、一九八八年。

(74) 前掲『蘭学事始』上巻「しかるに、此節…」。前掲『日本の名著　第二二巻　杉田玄白・平賀源内・司馬江漢』一〇三—一〇四頁。

(75) 石出猛史「江戸幕府による腑分の禁制」『千葉医学雑誌』第八四巻第五号、二〇〇八年一〇月、二二三頁。

(76) 前掲「江戸幕府による腑分の禁制」二二三頁。

(77) 石出猛史「江戸の腑分と小塚原の仕置場」『千葉医学雑誌』第八四巻第一号、二〇〇八年二月、七—一三頁。

(78) Andrew Shryock and Daniel Lord Smail, *Deep History: The Architecture of Past and Present* (Berkeley and Los Angeles: University of California Press, 2011).

(79)『解体新書』凡例。前掲『日本の名著　第二二巻　杉田玄白・平賀源内・司馬江漢』一三九、一四四—一四七頁。

(80) 前掲『蘭学事始』下巻「此会業怠らずして勤たりし中…」「翁は、元来疎漫にして…」。前掲『日本の名著　第二二巻　杉田玄白・平賀源内・司馬江漢』一〇七、一一一頁。

(81) 前掲『蘭学事始』下巻「翁が初一念には…」「かへすがへすも翁は殊に喜ぶ…」。前掲『日本の名著　第二二巻　杉田玄白・平賀源内・司馬江漢』一二〇頁、一三一頁。

古典を読む

伊藤仁斎『童子問』
本居宣長『古事記伝』
福澤諭吉『文明論之概略』

［古典を読む］ まえがき

道・形態としての「日用」「もの」「文明」

黒住 真

本巻では、近世から近代初期に向けて現われた「古典」として、伊藤仁斎（一六二七―一七〇五）『童子問』、本居宣長（一七三〇―一八〇一）『古事記伝』、福澤諭吉（一八三五―一九〇一）『文明論之概略』を選んだ。ほぼ百年ごとに生まれ活動したこの三人の思想家は、どんなことを根本的に考えたのだろうか。

近世という時代は、本巻の各章にも見えるように、従来の神仏への信仰あるいは出家よりも、人々の生活自体の充実に重きが置かれた世俗化（secularization、popularisation）と称される時期である。後に思想家といわれる人物は、そこで生のあり方自体への問いをもち、それをテキストとして表現する。当時それは、直ちに受けとめられなくても、歴史や場所を担いながら普遍的な課題を人々に示す。その仕事は、近世から近代という時代ゆえに、同時期にあるいは少し後に出版されもする。そこでは（系統や宗門を越えて）著者自身の名前が（秘伝ないし反体制的な書でなければ）はっきりと記録され、その内容が主張として表現されている。

世俗化について、出家より人々の生活自体の充実と述べたが、「人為の拡充」によって、「神仏」や「自然」がまったく消えた訳ではない。少なくとも「自然」は、近代初期までは残存し続けている。別言すれば、「自然」あっての生なのである。三人の思想家についていえば、彼らには先立つ教養として宋学があり、そこには生命観と結び付いた理気論、天人相関論がある。伊藤仁斎の「活物」、本居宣長の「産霊」は、解釈の変容はあれ、そうである。近代初期の福澤諭吉の「文明」は、ユニテリアンにも近づいたが、彼の思想の本体はどうであろうか。たとえ乗り越えるべきものであったとしても、漢語の世界が土台としてあったのである。

『童子問』で伊藤仁斎は、人々の生活においては、宋学の「理」が仏教・老荘とともに担う「虚無」ではなく、むしろ生命観ともいうべき「愛」に出会うことの大切さを説く。そして人の営みが、遠い観念ではなく、「人倫日用」として、まさにそこにおいて為すべき手元（卑近）の実質であることを述べる。それが「人為と天命の相即」として与えられているのだ、とする。

現代人は、このような根本的な生の次元を、もうあまり見出せないかもしれない。ならば、むしろそれを足下から再発見すべきなのである。栗原剛氏は、東日本大震災、また様々な危機が、平穏な日常生活の地平の大事さを突きつける、と述べている。翻っていえば、「愛」「日用」を見出すこと、それが求められているのである。

「自然」(生＝活物)また「人倫日用」は、いかに成り立ち、どのような「もの」なのだろうか。近世半ばまでの思想家は、人の生や解釈を成り立たせている重要な古典への集中とその解釈を行う。仁斎が『論語』『孟子』であったならば、宣長は翻って手元の歴史・伝統における『古事記』であり産霊の溯及であった。宣長には、近代の学術にも結び付く論理的な「知性」、また勝手には流されない「信」があり、そこから神に発する秩序の把握がある、と板東洋介氏はとらえる。

宣長は古代人のカミ即自然の経験を『古事記』を中心に遡及する。だが、日本の神道史はそれだけではない。佐藤正英、菅野覚明といった人々の仕事がそれを見せている、と板東氏は指摘する。さらにいうなら、そこには、まずは平田篤胤が、また折口信夫が民俗とともに現われるのだろう。

幕末と明治初期の時代体験を担い、それを世界のなかで把握し、発生する「文明」をとらえたのが福澤諭吉である。文明を、個々の現象からではなく、「その背後にある原理は何かという問題に福澤は取り組んだ」と松田宏一郎氏は指摘する。福澤は、「集合的な心的態度」としての「精神」をとらえる。近世以来の「武威」ではなく「自主自由」が、福澤にとっての原理であり、生き残るために進むべき方向であった。

福澤にとっての「古典」は、まずは漢文ではない。西洋においてcivilizationをとらえる、いくつかの「文明史」の概念や、そこからの世界観を引く。そこには、「亜細亜」の専制的権力とは違う、「西洋」の多元性と自由とがあった。それが福澤にとって「文明」化するための動力であり、そこに「脱亜」論があった、と松田氏は押さえる。

だが、松田氏はそれを示すだけではない。そもそもcivilizationの訳語としての「文明」という語は『易経』にあり、福澤が主張する際の語や文体は、しばしば『詩経』『中庸』『大学』に由来している。ただ、そこに回帰するのではなく、批判克服する方法を持ったのだ、と指摘する。また、その福澤の仕事は、負荷をともなった思考の緊張を強いるものであり、あまり楽観的に評価できない面もある、と結ばれる。このあたりの緊迫感は、丸山眞男『「文明論之概略」を読む』では、あまり見えてこない。むしろ現代はその緊張を担って、次の地平へと進むべきなのだろう。

伊藤仁斎『童子問』

栗原　剛

『童子問』の著者、伊藤仁斎は、寛永四年（一六二七）、京都の町家にその長男として生まれた。「仁斎」とは、彼が独自な学説を醸成した壮年期以降の号で、本名は維貞《これさだ》（後維楨《これえだ》）。通称には源七、源吉、源佐《げんすけ》がある。若い頃から学問に親しみ、儒学者として身を立てることを望んだが、親族や周囲の者はこれに反対し、医者になることを勧めた。自身の志と、一家の長男として求められた務めとの間に生じた摩擦は、その後容易に解消されることがなく、結果彼は二九歳の時、家業を弟に委ねて隠棲した。

この頃の仁斎の学問は、当時日本の儒学という枠内で大きな地位を占めていた朱子学を足場とするものであり、彼自身「仁斎」ではなく「敬斎」と号していたほど、朱子学への信頼には厚いものがあった。しかし、右のような人生上の困難に直面し、孤独な隠棲生活を送る中で、仁斎は学問上においても、それまで傾倒していた朱子学に対する疑問を深め、独自の道を模索し始める。その昏迷はついに儒学という枠をも越え、一時は仏教的な修養にも傾くほどであったが、最終的に彼がたどりついたのは、朱子学をはじめとする宋学の解釈を排したところに見出された、孔子その人のありようと、当の孔子が指し示した人間世界のありようであった。彼が京都堀川に私塾「古義堂」を開いたのは、寛文二年（一六六二）、三六歳の時である。人生上・学問上の迷いをついにほどいて、仁斎は再び世に出た。

その後の彼は、宝永二年(一七〇五)、七九歳で没するまで、たゆまず教育と学究に生きることとなる。いわゆる「古義学」は磨かれ続け、その拠りどころを一語に込めた「仁斎」の号は、名実ともに彼のものとなった。終生特定の藩に仕えることはせず、市井の儒学者・教育者であることを貫いた仁斎の下には、身分を問わず多くの門弟が集い、彼の学説は世を席巻する。古義堂は、長子東涯をはじめとする子孫によって受け継がれ、その学問は後世まで、日本の儒学界に影響力を持ち続けた。

『童子問』は、以上のような経歴をもつ仁斎晩年の著作であって、その名が示すとおり、初学の「童子」による様々な「問」いに対して仁斎自身が答えるという、問答形式の思想書である。上・中・下の三巻から成り、古義学・仁斎学の基本理念とその概要を、初学者——ただし儒学者として相応の基本的知識は前提されている——に対して解き明かすという、入門書的な性格を備えている。

仁斎の主著としては、彼が経書として最も重視した『論語』『孟子』に対する注釈書、『論語古義』『孟子古義』が第一に挙げられるべきであり、同じ二つの経書における中心概念を項目別に解説した『語孟字義』も、仁斎学理解に欠かせないテクストである。しかしそれらに比しても、『童子問』の重要性は動かない。入門書としての読み進めやすさがあるだけでなく、そこには仁斎が生涯をかけて練り上げた倫理的思索が、濃密な形で跡づけられている。『童子問』全三巻は、初学者のみならず、仁斎に学ぼうとする者が何度でもそこに立ち返るべき、仁斎学のエッセンスである。

ところで『童子問』に限らないことであるが、生前の仁斎は、自らの著作を一切公刊することがなかった。いったんものされた著作は何度も加筆・修正され、死に至るまで、完成形というものを認められずに、終わっているのである。

仁斎の死後、東涯らが遺稿を整理して刊行したものが、ようやく仁斎の著作として、広く世に出回ることとなった。しかしこれらと仁斎生前の諸稿本との間にある少なからぬ差異が、すでに指摘されている。現在では、東涯らの手が加わったいわゆる「刊本」を、厳密な意味における仁斎自身の思想やその到達点とは、区別して読むべきであるという見解が、広く共有されていると言えよう。

この事情は『童子問』についても同様であるが、今に至るまで、読みやすい形で流布しているテクストは、「刊本」に拠る形で編まれている。家学として社会的に認知された「古義学」「仁斎学」を標的にする限り問題は生じないが、『童子問』を通して、こと仁斎個人の思想に肉薄することを求めるとすれば、そのための環境は(少なくとも一般に開かれた形としては)なお整っていないと言わざるを得ない。

以下、『童子問』に説かれた思想内容の簡単な紹介に移る。仁斎自身の序文によれば、人として生きるべき「道」を求めて彼の門をたたく者の多くが、その希求にもかかわらず、孔子や孟子の正しい教えを受け止められずにいる。まさにそれを明らかにして学者の迷いを解くことが、『童子問』の執筆動機である。

仁斎によると、学者が孔孟の教えから隔てられているのは、「宋明の諸儒及び禅荘の諸書」(上巻四章)によって、すなわち後世の儒学者による経書解釈や、仏教・老荘思想などによって、惑わされているからである。そうした外部のフィルターを(最終的には)全て排し、『論語』『孟子』の本文を、安易に見切ることなく熟読しつづけた先に、はじめて孔孟の正しい教えとその価値は体認される(上巻二章)という。

では、『論語』『孟子』の核心とは何であろうか。それは「仁」である。儒学者であれば誰もが称揚する「仁」の徳であるが、仁斎はこれについて、「仁の徳為《た》る大なり。然《しかれ》ども一言以て之を蔽《おお》ふ。曰《いわく》、愛のみ」(上巻三九章)と述べる。つまるところ仁斎によれば、朱子学をはじめとする宋学や仏教・老荘思想を足場とする限り、人間同士の「愛」は、その確かな中身を喪失する危険に、さらされ続けるのである。その人自身、温厚柔和な性格で知られた仁斎が、あえて鋭く諸思想を批判したことは、一見奇異でもある。しかしそれは、他ならぬ「愛」を守るという一点に限ってはその主張を譲れないという信念、また当の「愛」のありかを正しく示した孔子という聖人への尊崇に、支えられてのことだったであろう。

このように「愛」は、仁斎学における道徳観・倫理観の全体を覆うと言えるが、その反対概念は、「残忍刻薄」である。これは、他者のありようを画一的な「理」によって断じ、冷たく突き放したり激しく責めたりする態度を指す。「愛」にあっては、この「残忍刻薄」なる要素が、ただ一点の曇りとしても含まれてはならない、とされた(上巻四五章)。

したがって根本的には、自他の存在や世界を貫く「理」をどこに認めるかが、帰結として「愛」と「残忍刻薄」のどちらに向かうかを決定づける、分岐点となる。仁斎の理解によれば、宋学的な修養はこの「理」を、自己の深奥に前提する。ゆえに不断の厳しい自己超克が、同時に他者への眼差しの厳しさともなり、結果としてどうしても「残忍刻薄」を導いてしまう(中巻六五章)。また仏教の修養は、天地や人世そのものを「夢幻」と見て、現世的な人間関係を超えたところに、真理を求める。結果として、たった今目前に生きてある他者の存在は、軽んじられざるを得ない。その限りにおいて「釈氏は天下を離れて独り其の身を善くせんことを欲す」(下巻二八章)るのであり、その態度はやはり、「愛」にもとる「残忍刻薄」へとつながる可能性を胚胎する、と結論づけられる。

孔子や彼を正しく継いだ孟子の説くところ、すなわち彼らの精神を正しく受け止めたと自負する仁斎の説くところは、これらと異なる。仁斎は自他に通底する「理」を、どれだけ深い場所にであろうとも、自己自身の内奥には前提しない。またそれを、今ここで関わり合っている自他の存在を超えた遠い準位に、求めることもない。真にして実なる「理」は、あくまでも「愛」そのものとして、目前の自他関係のただ中に生きて働くはずである。さらに、たった今実現していないように見える「愛」も、実はすでに自他の共生・共同の事実として、現に働き続けている。したがって「仁」の道徳を体現するものは、まさに今ここにある「愛」を改めて見出し、これをより確かにより広く実現すべく、あくまで他者との関わりの現場に、身を投じていくのみである。仁斎学が求めるところは徹底して、卑俗で日常的な人間としての生(「人倫日用」(上巻二七章))がそれとしてあることの素晴らしさを自覚し、これをあるがままに充実させていくことであった。

以上のように仁斎は、「仁」を「愛」の一語によって覆い、真理を求める者がかえって疎かにしてしまいがちな足場としての「人倫日用」を、まさに道徳・倫理が生きて働く現場として、捉え直そうとした。ただしこれは、単に既存の日常的な現実に対する、批判なき追認や追従を、意味するものではない。形而上学的な「理」や、現世を超越した悟りを否定した仁斎は、それゆえに、自他の非通約なありようや、「活物」(中巻六七章)としてある天地自然の動態に対する人為の限界を、直視してもいた。人間はほぼ例外なく、自らの善性をあきらめて「自暴自棄」に陥るものであり(上巻一五章)、逆にどんなに善く生きようとしても、その営為に対する天の報いが、自明に与えられるわけではない。それでもなお、またたからこそ、何度でも道徳的な実践に復帰し、人為と天命の相即を疑わずに生きることを、仁斎は求めたのである。それが可能であることの根拠もまた、他ならぬ「人倫日用」の事実として与えられている、というのが仁斎の主張であった。

かく他者を「愛」し続けるために、仁斎が求めた実践は、「惟《た》だ務めて忠信を主とし、論孟を熟読し、実徳を求《もとむ》るを以て心と為《せ》」(上巻三九章)よ、というものである。

「忠信」について、『童子問』はこれを必ずしも明確に定義しないが、『語孟字義』を援用すれば、他者に応接するにあたって、自分と相手が置き換わったかのように尽くすこと、またその中で自分の判断を偽り飾ることなく相手に開示すること、などと説かれる。「誠実」「朴実」といったイメージに近似するが、重要なのはそれが一貫して、具体的な他者に対する理解や働きかけを前提とすること、であろう。その意味で「忠信」は、「忠恕」もしくは「恕」とも、抱き合わせて捉えられる。「忠恕」とは、自己と異なる他者の境遇や心情をどこまでも察し、たとえ相手に過ちがあっても、それを共感的に赦そうと努める工夫である。「忠信」「忠恕」が継続的に実践される中で、非通約な自他は、しかしそのままに共鳴の可能性を広げる。結果「愛」は恢復され、また増幅され続ける。

これらと並行して求められる『論語』『孟子』の熟読は、「愛」の地平に対する知的な理解を、求めるものである。ただしそれが、上述したような現実における実践・修養からの乖離を、もたらすものであってはならない。むしろそれは、不可測な現実の中で時に「愛」を見失ったり、見失われた真理を求めて「人倫日用」から不用意に離陸したりする、学者にとって警戒すべき事態から、彼自身を引き戻す回路である。

仁斎は、『童子問』下巻末尾の数章を、孔子が堯舜にもまさる「最上至極宇宙第一の聖人」(下巻五〇章)であり、『論語』は「最上至極宇宙第一の書」(同)であることの説明にあてている。天子として世を広く平らかに治めた堯舜に比べれば、孔子は一介の「匹夫」「旅人」(下巻五〇章)に過ぎない。のみならず孔子は、自ら新たな道徳や倫理を発明したわけでもなかった。彼はただ、歴史上確かに実現した堯舜の治世が「万世の標準」(下巻五一章)たることを見極め、その素晴らしさをありのまま、「祖述」(同)したに過ぎない。しかしこの「祖述」という、謙虚かつ主体的な知的営為こそが、「高く天下の上に出《いで》」(同)て真理のありかを見抜く明智と、あくまで見出された「人倫日用」のただ中に立ち続けようとする道徳的実践の、相即を体現している。孔子の知と徳によってはじめて、堯舜の業績は単なる過去の歴史的事実であることを脱し、時空を隔ててなお生きたまま伝えられるところの、「道」の「教」たることを得た。仁斎が孔子の聖性として注目したのは、まさにこの、生きた人間としての「実徳」を離れない、学知のありようである。

『論語』(と『孟子』)の本文に正対し続ける徹底した読書体験を介して、「人倫日用」における修養と「愛」の実現を導こうとした『童子問』は、聖人孔子を奉ずる儒学者として、仁斎自身が体現した学びと生き方、そのものの表出だったと言えよう。

以上、『童子問』に説かれた思想内容を、おもに倫理思想としての側面から簡単に素描した。こと思想史的な位置づけに限って論じたとしても、仁斎学、また『童子問』の内容は、これ以外の様々な角度から取り扱われ得る。ただここでは、さしあたり右に述べたような思想内容を踏まえつつ、それが広く周辺思想との関わりにおいて、どのように位置づけられるかを述べておこう。

どうあっても動かせないのは、仁斎の儒学が、朱子学をはじめとする宋学に対する批判において成立していること、またさらに広く捉えれば、仏教批判において成立していること、である。後者については仁斎学に始まったものではなく、近世前期の日本における儒仏間の対抗関係として、より大きな流れに帰属させるべき問題である。しかし前者、すなわち当時の儒学内部において主流であった宋学を仏教と並べ、孔子の教えから逸脱した「異端邪説」(上巻五章)と批判する態度は、東の山鹿素行と並び、伊藤仁斎をいわゆる古学派の嚆矢として、位置づけさせる。ただしこの時代に始まった古学の運動を、一面的に宋学へのアンチテーゼとのみ見ては当たるまい。彼らの学問に即して言えば、むしろ宋学に対する深い理解が、その確立にとって欠かせない前提でもあった。古学は、宋学を含む儒学が、近世日本に生きた人々(仁斎の場合、まずは京都の上層町人)の生活実感に根差した形で、新たに咀嚼されていく一つの過程である、と受け止められてよい。

仁斎の後に出て古学の運動をさらに推し進め、しかし仁斎学を厳しく批判したのが、荻生徂徠(一六六六―一七二八)である。宋学の経書解釈を排して中国古代の理想的な人倫世界を直接志向する点において、徂徠は仁斎を受け継ぐ。しかしその方法論や思想内容は、仁斎学からの大きな転回を示した。仁斎が「人倫日用」を古今に通じるものとし、個々人の道徳的実践と学問的営為によって「愛」の恢復はいつでも可能であると見たのに対し、徂徠は「古」の世界を、あくまで「古」の事物や言語、またそれに即して立てられた政治的機制を通してしか、捉えられないものと見たのである。帰属する時代や風土、さらには個性によって、どこまでも多様でしかあり得ない人間の幸福は、個々のいかなる道徳的実践や学知によっても、直接的には実現されない。むしろ求められるのは、人間的な生活を包み込む客観的事物の周到な運用であり、これを志す大きな政治的配慮である。それこそが古代における聖人の「仁」でもあったはずだ、と徂徠は説く。巨視的かつ複眼的、しかも道徳的に寛容な徂徠学は、仁斎によって広げられた儒学の間口を、さらに大きくしたと言えよう。

仁斎の古義学は、古学派内部にそれを乗り越えようとする徂徠学を生んだが、批判を受けた宋学の側にも刺激を与えた。象徴的なのは、仁斎の古義堂と京都堀川を挟んで同時代に対峙した、山崎闇斎学派による痛烈な罵詈である。画一的な「理」による断罪を「残忍刻薄」として斥け、「人倫日用」における自他共感的な「愛」を説いた仁斎の説は、情熱的な朱子学派の側から見れば、低俗な日常に押し流されて何らの道徳的規準をも求めない、「ホケ〳〵ト」(浅見絅斎『劄録』)した馴れ合いでしかなかった。双方による批判の当否をあげつらうことに意味はないが、ともかく仁斎学の登場が、近世日本における儒学の展開を活性化させる大きな事件であったことは、ここからもまた窺われる。

古義学・仁斎学をめぐる研究は、少なくとも昭和の戦中期にいたるまで、基本的には前述した「刊本」を仁斎の著作と認める立場によって、進められた。しかし昭和一六年(一九四一)、仁斎自身による各種稿本を含む古義堂歴代の諸史料が、伊藤家から天理大学附属天理図書館(奈良県天理市)に譲渡される。同館の努力により、貴重な第一次史料を基盤とした学術研究への道は大きく開かれた。これを受けて、もともと宋学の信奉者として出発した仁斎がいかにしてそこから離れたのか、また彼の学問は、古義堂開塾後どのように磨かれ、最終的にはいかなる地点に到達したのか、といった諸問題を、東涯らの編集意図とは区別する形で、より詳細かつ立体的に明らかにしようとする努力が、今も研究者たちによって積み上げられ続けている。ただ『童子問』に関する限り、仁斎生前の最終稿本そのものに触れる機会が、少なくとも一般読者に対して広く与えられているとは言えない。参考文献として挙げたテクストはいずれも、「刊本」を底本とするものである。この点、さらなる研究環境の進展を期さねばなるまい。しかし他方、ただその一点のみをもって、古義学・仁斎学に対する、また『童子問』に対する理解の可能性が、決定的に狭められるとは思わない。仁斎の学問的情熱は、長子東涯の手を介してなお、『童子問』の字面に深く宿っている。それをいかに受け止め生かすかは、史料批判の正確性よりむしろ、まずは読者自身の「道」を求める願いにかかるはずだからである。

平成二三年(二〇一一)の東日本大震災は、人々の平穏な日常生活を根底から揺るがした。その存立基盤に対する問い直しは、今なお痛切に求められるところである。東アジアにおける国際安全保障の問題もまた、人々の生活に緊張と不安の影を落としている。こうした内外の状況を踏まえたとき、「学問は卑近を厭ふこと無し。卑近を忽《ゆるが》せにする者は、道を識《し》る者に非ず。(中略)事の卑近は、其の親を親とし、其の長を長とし、妻子好合、兄弟既翕《ききゅう》の間に過《すぎ》ずして、天下平《たいらか》なるより高遠なるは莫《な》し」(上巻二五章)という仁斎の主張は、果たして何らの力も持たない、悠長な空論であろうか。むしろそれは、度しがたい現実からの圧力に耐える心の痛みを、ふとその芯から溶かすような温熱を、湛えている。「人倫日用」や「愛」といった仁斎の言葉は、現実においてその内実が危機に瀕するほど、読者の琴線に触れて響くのである。付け加えれば、こうした時代にあって倫理や道徳のありかを問おうとする学術的な知のありようもまた、『童子問』の説く「卑近」な地平との繋がりをこそ、不断に突きつけられねばならないと言えるだろう。

参考文献

清水茂ほか校注『近世思想家文集』日本古典文学大系、岩波書店、一九六六年。
清水茂校注『童子問』岩波文庫、一九七〇年。

本居宣長『古事記伝』

板東洋介

一　テキストの性格

『古事記伝』（以下、『記伝』）は国学者・本居宣長（一七三〇―一八〇一）の手になる『古事記』の註釈書である。宣長が『古事記』研究を本格的に開始したのは明和元年（一七六四）、三五歳の時のことだが、『記伝』の最終巻の脱稿はその三四年後の寛政一〇年（一七九八）、時に宣長は六九歳であった。前半生には和歌・物語の創作と享受とにいそしみ、その成果として、文芸論として今日も名高い「もののあはれ」論を仕上げた宣長が、続く後半生の時間と精力とのほとんどをそそぎこんだ著作である。驚異的なことに、近代的方法論の導入によって近世までの国文学研究の多くが過去のモニュメントと化した今日でもなお、『古事記』を読むための最重要の基礎文献として、現在時制の学問的生命を保っている。

全四四巻から成り、冒頭の一之巻は『古事記』の成立とその性格・『日本書紀』（以下、『書紀』）との関係・仮名表記や漢文訓読の方針・『直毘霊《なおびのみたま》』などから成る全体の総論、二之巻は『古事記』序の註釈と、神々や人物の系譜であり、以降の三之巻から四十四之巻までが『古事記』本文の具体的な註釈である。なお、『古事記』上巻（いわゆる神代、神話の世界）の註釈が完了し、一区切りとなる十七之巻には、門人・服部中庸（一七五七―一八二四）の手になる『三大考』が「附録」として付されている。そもそも門人とはいえ他人の論考を自分の著書の「附録」とすることが異例なうえに、そこで中庸が展開する宇宙生成観が『記伝』本文の解釈とずれていることから、宣長門下では『三大考』肯定派と否定派との激しい対立が生じた。そのうちでもっとも熱烈な肯定派であった平田篤胤（一七七六―一八四三）は、この『三大考』をより発展させて『霊能真柱《たまのみはしら》』（一八一二）を著し、独自の宗教的・救済論的な世界観をつくりあげた。『三大考』は、実証的な古典註釈学として発展して来た国学が、政治的かつ宗教的な世界観の学へと変質し、幕末の不安な社会に甚大な影響を及ぼしてゆくに至る、転轍器の役割を果たしたのである。なお、一之巻巻末の『直毘霊』は『記伝』とは別に単独でも刊行され、儒者との大論争を惹起したほか、水戸学者・会沢正志斎（一七八二―一八六三）のような重要な読者を獲得してもいる。

『記伝』の神話解釈上の画期は、神話テキストの外部の教説や世界観に依拠せず、神話テキストの記すところをありのままに読むという、その読み方の根本的な新しさにある。この、あまりにも当たり前といえば当たり前な『記伝』の読み方が新しかったのは、『記伝』の登場まではむしろ、神話の記述を外部の教説や世界観に当てはめてゆくことこそが、神話の正当な読み方だったためである。たとえば中世の神仏習合の世界において、天照大神が太陽の象徴性を帯びた主宰的存在として密教の大日如来と同定され（『麗気記』など）、また近世の朱子学的神道のうちで最大勢力を誇った垂加神道において、ヒノカグツチ（火神）の屍骸に諸々のヤマツミ（山神）が成ったという神話の記述が、陰陽五行説における火生土の理の表現と説明された（山崎闇斎「神代巻講義」）ようにである。こうした読み方においては、神話の記述は両部の曼荼羅や『太極図』が示す普遍的な世界構造の特殊日本的な表現、すなわち普遍的真理の象徴的表現（「寓言」）ということになる。宣長はこうした象徴としての神話の読みに反対する。古代神話は「何の隠れたる意《ココロ》をも理《コトワリ》をもこめたるものにあらず」（一之巻・訓法の事）、そこに記されていることがらは世界のはじまりに際して現実に生じた（きわめて物理的な）事実と解されねばならないとする。こうして、外部の超越的な審級による裁断を禁欲し、あくまで事実の記述としてテキスト内部での整合性を最優先に読んでゆくという読み方によって、『記伝』は同時代において新しく、また近代以降の「実証的」な国文学研究の時代にも生命を保つことになった。

「天地の初発《ハジメ》のありさま」（書紀の論ひ）——世界のはじまりの一回的な事実は、『古事記』や『書紀』によって文字（漢字）に定着されるまでは、長い間口誦で伝えられて来たと宣長は考える。この口誦の古伝を漢文として記録するに際して、『書紀』は「乾坤」「陰陽」といった漢籍の表現によって古伝を「潤色」し、中国の歴代の史書に擬することに意を用いたのに対し、『古事記』は稗田阿礼による誦習や、いわゆる音訓両用表記のような特殊な記法を駆使することで、むしろ口誦性の保存をこそ主眼とした（古記典等総論、『記』序への註）。このことから宣長は、従来国家の正史として神話テキストの中でもっとも尊重されてきた『書紀』ではなく、『古事記』こそが、もっともよく「古の実《マコト》のさま」を保存している最良の神話テキストであるとみなしたのである。こうして宣長が逆転した『記』と『紀』との価値的先後は、「記紀」という常用表現に見えるように、今日までも引き継がれている。

二　思想史的意義・読みどころ

以上のような根本的に新しい方法論によって新しく『古事記』が読まれたことで、『記伝』はいくつかの神話解釈上、さらには日本思想史上重要な知見を提出することになった。

その第一は日本におけるカミとはなにか、という問題についてである。カミは、それに宛てられた「神」という漢字の喚起力もあり、従来、仏教上の護法神や儒教上の鬼神と同定されてきた。その過程で、善なる超越的存在としてのイメージが増幅されてきたといえる。それに対して宣長は、『古事記』内部の記述や同時代の用例(『万葉集』など)から、「尋常《ヨノツネ》ならずすぐれたる徳《コト》のありて、可畏《カシコ》き物」(神代一之巻)というカミの定義を、新しく導き出した。ここでいう「すぐれたる」について、「尊きこと善きこと、功《イサヲ》しきこと」のみをさすのではなく、「悪しきもの奇《アヤ》しきもの」をも含むと、宣長は注記している。カミを示す「すぐれたる」さまとは、善悪の質的な差異ではなく、むしろ(「尋常」な程度からの逸脱という)量的な過剰をさすのである。ここには、日本のカミとは善なる超越的存在にとどまらず、善であれ悪であれ、その勢力が過剰で、出会う者に畏怖の念を引き起こす存在を総称していうのだという理解がある。海も山も雷も、鳥獣草木も、また狐や木霊や天狗といった土俗の怪異も、「すぐれて」・「可畏き」かぎりではカミである。人間でも、天皇はもちろん、各地で崇敬を集める弘法大師(『鈴屋答問録』)のような、「尋常」でない威力をもち、畏怖される存在はみなカミである。さらにカミは「正しき理のまま」に振る舞い、そのことによって尊い「外つ国にいはゆる仏・菩薩・聖人」とは違って、「悪《アシ》く邪《ヨコサマ》なる神」もいるし、また善神であっても時には怒り荒ぶることもある。カミは油断のならない、畏るべき他者である。こうしたカミの捉え直しによって――神仏・神儒習合の伝統が含みもつ豊かな襞の断念と引き換えに――本来の生々しいカミのありよう、あるいはひとがカミと出会う原初的な体験の生々しさが、取り出されたことは大きな思想史的意義をもっている。

また、『書紀』に代わって『古事記』が正典に据えられたことで、神話がその起源となる世界像が変容したことも重要である。宣長が取り出した『古事記』が、『書紀』本文と大きく食い違うのは、『書紀』本文では国生みの最後まで健在な女神イザナミが、『古事記』では国生みの途上で、火神の出産に際して落命することである。『書紀』ではイザナキ・イザナミ夫婦の間に生まれる天照大神は、『古事記』では死せる妻を黄泉の国まで追ってゆき、しかし空しく現世に帰って来たイザナキの禊ぎによって、生まれることになる。『書紀』では男女陰陽の神による国土生成が円満に完遂するのに対し、『古事記』の語る国土生成の過程には、原初の死と喪失と遺された者たちの悲泣とが、するどく穿たれてしまっている。

男女の悲劇的な別れにはじまり、また終わる『源氏物語』を終生愛読した宣長にとっては、『書紀』本文よりも、『古事記』の語る物語のほうが、この世界の起源として、より信じられるものであった。宣長は『古事記』の語るイザナミの死が「世の凶悪事《マガゴト》の始め」であり、そこに生じた黄泉国の穢れや禍津日《マガツビ》神（悪神）によって、この世界は「凶悪事《マガゴト》も無くてはえあらぬ」、不完全なものとして性格づけられてしまったと解する（神代五之巻）。その死穢の禊ぎによって皇祖神・天照大神が誕生したことから、ついには悪事よりも善事が卓越し、世界が大局的な安定を保つであろうことも神話の流れから読み取られてはいるが、それでもなおこの世界があるかぎり構造的に悪と災禍とはやまず、ひとは個にとっての最大の災禍である死を恐れ、悲しみ続けるほかはない。現実にはびこる悪や不如意を、大抵の場合個人の道徳的努力か為政の得失の問題に還元してしまう儒教の世界観・運命観に対して、それを不可避なもの・悲しむほかないものとして主題化する点で、宣長が『古事記』から読み出した世界観は、同時代において根本的に新しかった。ここから、続く国学者たちは、現世の不如意とその救済、そしてそれと密着した死後のゆくえといった問題を、イザナミ

(黄泉大神)・穢れ・禍津日神・黄泉の国・出雲神話といった神話上の意匠によって、考えてゆくことになった。平田篤胤の「幽冥界」の探求や、それを継承した近代の霊学や教派神道のほか、「妣が国へ・常世へ」(一九二〇)で上代日本人の「異郷意識」を問うた折口信夫(一八八七―一九五三)の古代研究もまた、その流れをくむ。宣長の『古事記』主義は、国学のうちにこの世の悪と救済と死後世界との問題圏を開いたといえるのである。

さらに、一之巻巻末の『直毘霊』も思想史的に重要である。『直毘霊』は「道てふ物の論《あげつら》ひ」であり、当時の儒者の説く「道」(聖人の道・先王の道)に対抗して、『古事記』を読み抜くことで明らかになってきた日本人の「道」(いわゆる古道)を論争的に説くものである。そこで宣長が説く「道」の内容とは、「ただ天皇の大御心を心として、ひたぶるに大命をかしこみゐやびまつろひて、……おのもおのも祖神《ヲヤガミ》を斎祭《イツキマツリ》つつ、ほどほどにあるべきかぎりのわざをして、穏《オダヒ》しく楽《タヌシ》く世をわた」ること、すなわち天皇に畏れ従い、祖先を祭り、それぞれの家業に精を出して、それなりに穏やかに生きてゆくという、近世人にとってのほぼ平均的な生活でしかない(もちろん天皇の権威の強調は、当時の平均的な藩=地域への帰属意識を越えて、近代に実現する国民的統合を予期してはいる)。こうした当たり前な生き方のほかに、たとえば朱子学の窮理・居敬のような、所与の現実を越え、理想を実現してゆくために個人的に行なう修為工夫の必要を宣長は認めない。「道」というならば、神をおそれ、天皇を敬い、当たり前の生活を当たり前にこなしてゆくという堅固な輪郭をもった日常の生それ自体が「道」であり、そこに、たとえいかに精微であろうと外国のさかしらな教説が容喙する隙などない――というこの宣長の確信に満ちた「道」の主張は、それまで朱子学者や古学派の儒者たちによって深められてきた「道」の議論の精微さにくらべて、あまりにも素朴・率直である。しかし、その素朴・率直さのゆえに、かえって今日のわれわれの足元までもが見透かされるような、異様な迫力を帯びてそこにあるといえよう。

三　研究史

近代の学問の世界では、『記伝』はそれ自体が研究されるよりもむしろ、『古事記』および上代文学の実証的研究にとっての周到な先行研究として、多大な寄与をなしてきた。『記伝』の「仮名の事」をもとに橋本進吉が上代特殊仮名遣いを発見したのは、もっとも稔り多いその成果である。ただし、こうした着実で実証的な流れとは別に、思想的な次元で本書が読まれることももちろんあった。そこで繰り返し論じられてきたのは、やはり、近代的知性の所在を思わせる合理的な『記伝』本文の註釈態度と、「反動」的・退行的と感じられる『直毘霊』での神・天皇への随順の主張という相反する姿勢、つまりは宣長における知と信との関係を、いかに統一的に捉えるかという点であった。この問題は、頭では西洋近代の知の技法を旺盛に摂取しつつも、生活実感や信条としては前代からの伝統にいまだ多くを負っている近代日本人にとっては、自己自身の存立にかかわる現在時制の問題であったから、近代の宣長論は、単なる過去の思想的事象を扱うときのような人ごとではすまない、熱気とアクチュアリティとをはらんで論じられてきた(現代でもなおそうである)。

すでに上梓から百年を経た村岡典嗣の『本居宣長』(警醒社、一九一一—二〇〇六年に分冊のうえ東洋文庫に再録)は、その周到な思想史的目配りと妥当な論理構成とのゆえに、宣長を読み、論じるにあたっては、今日でもまず最初に手にとられるべき本である。そこで村岡は、宣長の『直毘霊』的な部分を『記伝』本文の文献学的発想・方法からの「変態」と見なし、実証的学問から宗教的信仰への「非合理ゆえにわれ信ず」式の飛躍をみている。宣長を取り囲む宗教的に敬虔な家庭環境が、その飛躍を助けたと村岡はみる。以降、宣長の実証的・「近代的」な知の部分に足場を置きつつ、その信への飛躍の理由・意義と、その飛び越された深淵の深さとを窺うことが、宣長論の一スタイルとなった。西郷信綱の『国学の批判』(未来社、一九六五年、初出一九四八年)が、宣長の非合理主義を朱子学の独断的な合理主義を排して経験的・帰納的な「事実の世界」を確保するための「犠牲飛球」であったと、近代への途上のものと位置づけ、子安宣邦の『宣長と篤胤の世界』(中央公論社、一九七七年)が、宣長の神への信を、古代人の言語・宗教生活にすんなり同一化してゆくための方法的仮説であったと解するようにである。なお、小林秀雄の『本居宣長』(『小林秀雄全作品』二七・二八、新潮社、二〇〇四―五年、単行本初出一九七七年)は、あの小林が宣長を書いたという評判のみことごとしくして内容は十分に読まれていない本だが、そこで宣長の神への信を(実在する神へのそれではなく)「神」という古えの人びとのことばへの信とみなしているのは、宣長というよりむしろ小林そのひとの、「自然の存在や人間の生存の最も深い謎めいた所に根を下し、其処から栄養を吸つて生きてゐる……」「言葉といふもの」(「ランボオⅢ」一九四七年)への信仰告白だと解されねばならないだろう。

こうした中で、前近代的・退行的と考えられていた宣長の信のあり方を真正面から取り上げた相良亨の『本居宣長』(東京大学出版会、一九七八年。二〇一一年に講談社学術文庫に再録)は、独自の意義をもった著作である。ここで相良は、神や天皇、また時代時代の政体に「せむかたなく」受け身に従うのみでなく、同時にその秩序や命令が正しく神に発しているかをなぞり、確かめることで「惑はじ」ともするという「二重姿勢」に宣長の生き方を見ている。また菅野覚明の『本居宣長――言葉と雅び』(ぺりかん社、一九九一年、改訂版二〇〇四年）は、この宣長の生における知的契機（「惑はじ」とする態度）を、言語の正格を求める研究、端的にいえば日本語の文法研究として、説得的に明らかにした。こうした研究で描き出されるのは、合理的な「近代人」一歩手前まで来ていながら神懸かり的信仰や町人的随順に流れてしまう宣長ではなく、自分を取り巻く神々や社会や習俗について、能うかぎりの知的努力によって確かめるべきを確かめ、そのうえでその確かめられた日常生活に還るという、近代的知性とは明らかに異質ではありながら、時代を越えてひとに敬意を要求するような、ある確固とした論理と倫理とをもった知性としての宣長であった。

一九九〇年代に書き継がれた子安宣邦の一連の宣長論（『本居宣長』岩波現代文庫、二〇〇一年、初出一九九二年。『「宣長問題」とは何か』ちくま学芸文庫、二〇〇〇年、初出一九九五年）は、『直毘霊』がイデオロギー的なのではなく、むしろ従来は実証的・価値中立的に『古事記』の内容を闡明にしたものとされてきた『記伝』本文の註釈作業にこそ、読解に先立つ価値判断やイデオロギーが介在していることを指摘した。宣長の思想的総体像の総括に腐心してきた従来の研究状況に対して、ひとまず『古事記伝』そのものを読み直してみることを提案した点で、『古事記伝』の研究史のうえで特記されるべき仕事である。こうした機運のもとに『古事記伝』そのものを読み直し、そこに宣長独自の「神学」と呼びうるものが形成されていることを跡づけた著作として、東より子の『宣長神学の構造——仮構された「神代」』（ぺりかん社、一九九九年）がある。またこうした思想史畑における『古事記伝』読み直しの機運とはさしあたり別に、神野志隆光らによる画期的な『古事記』研究を元手に、『古事記伝』の独自性をあぶり出そうとする国文学の立場からの研究も登場している。金沢英之『宣長と『三大考』——近世日本の神話的世界像』（笠間書院、二〇〇五年）や神野志隆光『本居宣長『古事記伝』を読む』Ⅰ—Ⅲ（講談社、二〇一〇—一一—、続刊中）といったその代表的な成果は、近年の『古事記伝』研究として見逃せない。

四　今日的な意義

前二節でとりあげた、『記伝』とその研究史とにあらわれた思想的諸問題は、すべて思想史的過去に繰り込んでしまえる性質のものではない。どれも今日の問題である。そのうちで本巻のテーマである「「自然」観の変容」ともっとも強く相関するのは、他者としてのカミの議論であろう。カミの体験とは、古代人にとっての「自然」の経験にほかならないからである。宣長のカミの定義に示唆を受けつつ、日本における広義の「自然」観を神道思想の伝統の中で考える思考が、ひとつの流れをなしている。佐藤正英の〈もの〉神論（『日本倫理思想史』東京大学出版会、二〇〇三年、改訂版二〇一二年）や、菅野覚明の「風景の裏側」としての神体験の議論（『神道の逆襲』講談社現代新書、二〇〇一年）といった仕事である。

最も標準的なテキスト

『古事記伝』本文については、

『本居宣長全集』第九―十二巻、筑摩書房、一九六八―七四年。

なお、『直毘霊』および『三大考』は、次のテキストで註釈や現代語訳とともに本文が提供されている。

『直毘霊』は、

『本居宣長集』日本の思想、筑摩書房、一九六九年（註釈・現代語訳）。

『『直毘霊』を読む』右文書院、二〇〇一年(註釈・現代語訳)。
『三大考』は、
『平田篤胤・伴信友・大国隆正』日本思想大系、岩波書店、一九七三年(註釈)。

福澤諭吉『文明論之概略』

松田宏一郎

一 テーマ

『文明論之概略』(明治八年〈一八七五〉刊)は、『学問のすゝめ』と並んでもっともよく知られ、また福澤の著作の中でも、もっとも理論的・体系的な考察がなされた書として評価されている。執筆期間は明治七年三月から明治八年三月であるが、この期間およびその前後は、明治七年の民撰議院設立建白書、台湾出兵、明治八年の大阪会議、立憲政体の詔書など国内外で大きな出来事が続いている。興味深いことに、この間福澤は、書斎にこもり読書と執筆に集中した。その成果が本書であると本人が当時の書簡に記している。

「明治七年二月八日初立案、二月二五日再案」と記された「文明論プラン」という草稿が見つかっていることから、本書は初めから「文明」を主題とする著作として構想されていたことは明らかである。またここでいう「文明」は、本書で引用されている、いくつかの西洋における「文明史」、とりわけF・ギゾーの『ヨーロッパ文明史』あるいはH・T・バックルの『英国文明史』に見られるcivilizationという語から採用されている。civilizationの訳語としての「文明」(言葉自体は『易経』にある)は、福澤がすでに『西洋事情 初編』で用いていた。しかし、『文明論之概略』では、産業や都市の発達、政治・社会制度の合理化、人々の振る舞いの洗練と道徳性といった個々の現象そのものよりも、その背後にある原理は何かという問題に福澤は取り組んだ。そのため、一九世紀ヨーロッパにおける「文明」の発達と成果だけでなく、問題点と課題を論じた西洋の思想家に学ぶ必要があったのである。

二　内容

刊本は緒言と一〇の章からなっている。緒言の冒頭に「文明論とは、人の精神発達の議論なり」とあるように、物質的な豊かさや精密に設計された政治制度(福澤はこれらを「外形の事物」と呼ぶ)などを論じることは、本書の主眼ではないと福澤は宣言する。「精神発達」は直接的にはバックルのいう mental progress あるいは、ギゾーのいう the development of the human mind から採ったものである。緒言から第二章までは、「外形の事物」に対して「文明の精神」こそが検討すべき問題であるという主張が語られる。「精神」は、「気風」「国俗」「人心」など様々な言い換えも伴い、人々の集合的な心的態度を指す。つまり人間の精神は集合的に世代を経て成長をすると考えられている。これは人が目標とすべき完成した人格のモデルは既に過去に用意されているとする伝統主義的な思想とは鋭く対立する。

第二章では、「国体・ナショナリチ」を皇室の血統と混同している世の「国体論」の愚かしさを批判する。「ナショナリチ」(J・S・ミル『代議政治論』による)は、国民の自由と多元性を前提とし、その上で成立する国家の独立と国民の共同性を意味する。また国家権力の政治的正当性(福澤は「政統、ポリチカル・レジチメーション」という。ギゾーによる）は国民の承認を必要とする。さらに、この章では、日本が「支那」と比較して、「自由の風」・「多事」を肯定する傾向があるという日中比較論が差し挟まれている。日本では少なくとも皇室の権威も武家の権力もどちらも互いを殲滅できなかったという史実は、多元性の微かな可能性を示すものである。この章の、日本の独自な優位性、あるいは非「亜細亜」的性格といった主張は、同様にギゾーを参照しながらも比較的単純な日本社会批判になっている第九章に比べて、日本の歴史的経験を西洋と東洋のどこか中間点に着地させたいという、やや入り組んだ動機が見られる。第二章の初期の草稿では日中比較論はみられず、また「日本」の問題としていた箇所を後の草稿で「亜細亜」と修正している場合もいくつか見られ、「日本」と「亜細亜」の問題を切り分ける意図が書き直すにつれて次第に明らかになっていたのではないかと考えられる。

第三章では、「文明」が時間軸に沿った変化を含むことが提示される。つまり、「文明」とはある社会が本質的かつ独自にもっている型のようなものではなく、「野蛮無法」を脱して「進む」ものである。またこの章で強調されるのは、進歩の度合いが、政治制度の「外形」からは測定できないことである。文明の進んだ国が君主政体で、遅れた国が共和政体ということもあるからである。福澤によれば政治体制は「人間交際」のほんの一部分に過ぎないので、その制度の体裁だけを見ても、「精神発達」の程度はわからない。むしろ政治制度がその社会のあり方を決定しているような状態こそが、「文明」の低さを示している。

第四章から第七章までのキーワードは「智徳」と「衆論」である。「智徳」という語は、元来は仏教用語で、仏の三徳のうち智慧による徳を指す。ただし福澤は、「智徳」を知識や理性的思考能力（「インテレクト」）と道徳的意思（「モラル」）という意味で用いている（第六章。この対比はバックルから採っている）。「衆論」は public opinion（ギゾー、バックル、あるいはJ・S・ミルによる）の訳語である。この二つの語は『学問のすゝめ』でも用いられており、この時期の福澤の関心事を示している。

福澤によれば、西洋が文明化に成功したのは、東洋に比較して、個々の人間の智力あるいは道徳性が高かったからではない。たとえ少数であっても智力のある人間の意見が自由に社会に伝達され、それをもとに人々が「集議」し、「衆論」の水準が全体として向上したからである（第五章）。草稿を見ると、福澤は「衆議」としていた箇所を同音の「集議」に書き直した場合とそのままの場合がある。したがって「衆議」と「集議」は区別されており、「衆議」は人々が集まり意思決定する制度（議会など）を指し、「集議」は自由な討論・批判という、そこでおこなわれるべきコミュニケーションの方法を指している。

また、「智」と「徳」とは、働きの違いはあるが、対立すべきものではない。「徳」は人同士のかかわりを基本的に秩序づけているが、「文明」の進歩にとって「智」の発達は主要な動力となる。かつての西洋や現在の「亜細亜」のように「徳」の原理に偏した社会では、多くの「識者」は「智」の重要性を知っていても、口にしない。それは、「偽君子」（バックルのいう hypocrite）の力が強いため、その攻撃を恐れて十分に「智力」を発揮することができないからである。これが「亜細亜」の「文明」化を阻んできた。しかし、西洋でも、あまり合理的とはいえない内容の教義を用いてキリスト教が人々の道徳を支配してきたのではないか？　なぜ西洋は「智力」の解放に成功したのか？　第七章では、「疑の心」（バックルのいう skepticism）の役割が強まったこととで一応説明しているが、これは同じ現象を別の概念で説明しているに過ぎない。第七章ではいったん議論が行き詰まったようである。次の第八章と第九章で、主としてギゾーの理論を応用しながら、福澤はあらためて、この問題を説明し直すことになる。

第八章と第九章は、「西洋文明」と「日本文明」の歴史を比較し、どこに問題があって日本の「文明」化が遅れたのかを考察する。第八章「西洋文明の由来」は主としてギゾーの『ヨーロッパ文明史』によっている。ギゾーはヨーロッパが「文明」化に成功した原因を、多様な原理の共存と相互のせめぎあいに求める。どのような権力および宗教的権威も異説や異議申し立てを圧殺することに成功しなかった。それが「自主自由」の原理であり、「文明」の源泉である。福澤はギゾーのこの説を「人間の交際においてその説一様ならず、諸説互いに並立して互いに和することなき一事にあり」と訳す。これと対照的に、第九章で描かれる「日本文明」は、「権力の偏重」が日常の人間関係から国家権力と国民の関係までを支配している。事実上の力関係の「有様(コンヂーション)」によって、本来不可侵のはずの「権義(ライト)」が無視される。この章では日本の権力の態様は、いかにも「亜細亜」的「擅権」である。日本固有の武士の気風を誇るものもいるが、「武人の権力はゴムの如く」、下には威張り上にはへつらう態度を制度化して「武家の威光」と名付けたものに過ぎない。

最後の第一〇章「自国の独立を論ず」は、前章で記述したような「日本文明」では、西洋との競争に生き残れないことを警告する。明治の日本が直面しているのは国家間競争であり、この競争に生き残れるかどうかは、「人心」が国家にどれだけコミットできるかにかかっている。それは「一国に私するの心」と表現される。「権力の偏重」からはこの当事者意識は生まれない。個人の「権義」は「有様」にかかわらず同等であるという原理が理解されなければ、国家間の「権義」もまた「有様」にかかわらず同等であるという主権国家間の対等という原理も理解されない。「人民卑屈の旧悪習」は「自国独立」を阻害する。この章では、「文明」化をもたらす主動因である「自主自由」と、国民の国家へのコミットメントとが強い結びつきをもっていることが論じられる。

三　位置づけと研究動向

『文明論之概略』は福澤の代表作であると評価されることが今日多い。しかし、福澤の生前には『文明論之概略』はさほど評判を呼んでいなかったのではないかと考えられる。松沢弘陽によれば、『文明論之概略』がよく読まれるようになったのは、岩波文庫に入った一九三〇年代である。ただしすぐに戦時下の言論統制もあって皇室関係の記述に削除訂正がおこなわれている。『文明論之概略』が、本来の全文のまま多くの読者を得るようになったのは戦後の『選集』および『全集』、さらに新訂改版が一九六二年にあらためて岩波文庫から出されてからである。つまり福澤の思想の核心を示した著作として『文明論之概略』がとらえられるようになったのは意外に新しいことである。

丸山眞男は、戦時体制の中で『文明論之概略』を読むことで(『文明論之概略』に出会ったのは一九三八年だという)、日本語で思考する思想家にも強固な自由主義を抱くものがいたことを見出し、戦時中の抑圧的な政治体制下で何とか希望を見出した。丸山眞男は『文明論之概略』の「国体論」批判や武士の権威主義への批判を国家主義への単純な反発と受け取ったわけではない。個人の自由と独立こそが国家の発展の基礎であるという福澤のメッセージに感銘を受けたことを正直に告白している。つまりリベラリズムとナショナリズムの建設的な結合として評価している。こういった点は、丸山眞男のような自由主義者だけでなく、戦前の羽仁五郎や戦後に活躍する遠山茂樹のようなマルクス主義者をも惹きつけた。「ブルジョア自由主義」の歴史的役割という考え方である。

ただし遠山による「脱亜論」への注目を始め、福澤の思想には西洋崇拝とアジア蔑視があるという批判は根強い。福澤はアジア侵略のイデオローグだったとする、いささか拡大解釈する向きもある。確かに、『文明論之概略』には、西洋の「自主自由」と「亜細亜」の「擅権」を対比している箇所がいくつもある。さらに、ステレオタイプなアジア的専制とは合致しない要素が日本にだけは存在していたということが強調されている。つまり、西洋思想家のオリエンタリズム的な視線に対抗して、日本だけはそのような「亜細亜」ではないという主張が垣間見える。もちろんこれも一種のオリエンタリズムである。そしてこれは、朝鮮改革の挫折や日清戦争時に論じられた朝鮮・中国の守旧派への容赦ない非難よりも、根の深い「脱亜」論である。現在、戦後の『福澤諭吉全集』に収録された『時事新報』の無署名論説が本当に福澤の手になるものかどうか再確認すべきだという議論が起きており、それは福澤研究にとって重要な作業である。しかし、『文明論之概略』が示す認識では、「亜細亜」は強大な専制的権力が社会の多元性と自由を圧殺するシステムである。これに対して「西洋」では多元性と自由こそが国家を「文明」化する動力であり、また国民が国家に積極的にコミットする下地となっているという。この意味で福澤の思想が「脱亜」論的であることは否定しがたい。

もちろん、『文明論之概略』は浅薄な西洋崇拝論ではない。バックルに見られる風土決定論的な東洋型専制君主観には慎重な留保をつけており(第九章)、また英国のインド支配がいかに「無情残刻」であるか、つまり「文明」が「野蛮」を支配するという図式のなかでは、「野蛮」の側には自由も権利もまったく認められないという、明らかな線引きがあることを批判している。英国のインド支配は、英国の知識人の間でも問題視されていることが、英国にいる馬場辰猪からの最新情報としてわざわざ言及される(第一〇章)。これは馬場がロンドン留学中に参加していた社会科学協会(Social Science Association)の様子を伝えたものである。福澤が、「文明」の原理を西洋社会の実態といったん切り離し、人々の精神と社会を革新していく方法的な原理として構想した点については、松沢弘陽や平石直昭の研究が着目している。

それでも、「近代」と「国民国家」を楽観的に肯定することができない現代の視点からすれば、福澤の主張は、日本が「文明」の側に、つまり「亜細亜」を抑圧する側にまわるべきだというものではないのか、という批判は可能である。だが少なくとも、『文明論之概略』の福澤は、それなら個人の自由を抑圧し多元性を排除する、権威主義的で停滞的な社会にがまんして暮らし続けろというのかと反論することだろう。

四　読みどころ

『文明論之概略』の軸となっている主張は、一九世紀ヨーロッパ思想で発展した自由主義的な国民国家構想のプロジェクトを日本でも採用すべきだというものである。しかし、いくつかの補助線的な文脈に注意すると、このテクストの立体的な構造をより明確に理解することが可能になる。

まず第一に、国民が国家の独立と発展にコミットすることができるかどうかという、近代国民国家建設の課題である。「日本には唯政府ありて未だ国民あらずと云ふも可なり」(四編)という非常に有名な言葉が『学問のすゝめ』にあるが、『文明論之概略』でも「日本には政府ありて国民(ネーション)なしと[『学問のすゝめ』で]云ひしも是の謂なり」(第九章)と自己の言説への言及がなされる。しかし実は『学問のすゝめ』と『文明論之概略』では、問題にしていることがやや異なっている。『学問のすゝめ』では、「妄に政府を尊崇すること鬼神の如く自から賤ずること罪人の如く」する政治的権力への心理的隷従が問題とされている。つまり、政治的権力を自分たちの利益や意思とは関係のない超越的な権威とみなし、それを恐れ従うだけであることが問題とされている。ところが『文明論之概略』では「日本の人民は国事に関せず」ということが問題とされている。国家権力を正当化するものは国民の合意であるということが理解されていないという点では、問題の根は共通かもしれないが、『文明論之概略』で強調されるのは、その上で人々が国家にコミットする意思を持つべきだということである。自己引用の文脈が微妙にずらされているわけである。そしてこの意思を強化するのは「集議」である(第五章)。『文明論之概略』では討論による国民意思の形成という課題がはっきり書かれている。

第二に、自由主義の理念に照らしてつくられるアジア的専制という先入見を福澤がどう理解し、それにどう対応したかである。福澤が参照した、ギゾー、バックル、ミルのいずれも、中国やインドでは、個人の自由の抑圧と社会の精神的・物質的発展の停滞が支配していると考えている。ではアジアには「自主自由の気風」はまったく存在しえないのか？　福澤は何とか日本だけを特別に扱おうとした。そのため日本の歴史に、思想的な「異説」が現れては支配的なイデオロギーに対抗していたことを強調する。また皇室と武家政権との緊張関係を、政治的権威が一元化しきれないことの証左とし、それを積極的に評価しようとする(第二章)。ところが他方では、「日本文明の由来」の章で強調されているように、日本では個人や社会集団について、常に政治的権威の上下関係の位置が競われるだけで、個人や社会集団が固有の侵しがたい権利主体であることが理解されないという。常に上位の権力からの距離でしか自己を主張できない構造が個人から国家レベルまで同型で重層化していることが指摘される。

「日本文明」の欠陥が「亜細亜」的なのかどうかについては、福澤の議論にはうまく整合されていないところがある。また福澤は「国体論」を辛辣に批判しつつも、新しい日本特殊論・優位論を造り出しているといえる。少し後の『分権論』や『通俗国権論』などでは、日本の「封建」時代が、「分権」的な地方レベルでの人々の政治的コミットメントと、多元的な権利主体が併存しながらつくる全体としての国民国家という考え方を準備する役割を果たしたと論じている。そして、このような「封建」時代の経験は「亜細亜」では日本にのみ存在したとされている。『文明論之概略』は、そのような議論の一つの準備段階を示している。

第三の補助線は、福澤は古い思想を内在的に克服したのか、それとも西洋からの借り物の思想で、遅れた日本を糾弾しただけなのかという問題である。これにはさらに二つの異なるレベルの問題がからまってくる。一つは、福澤自身が自身の思想的成長をどうみなしているかというレベルである。もう一つは「文明」とは古い思想を内側から批判し克服していくことだという、いわば「文明」を思想発展の方法とする考え方を福澤が意図的に導入しようとしていたか、つまり方法的レベルの認識があったかどうかである。『福翁自伝』で、若い頃は熱心に漢学を勉強したと語っているが、実際『文明論之概略』でも、多くの箇所で中国古典から幅広く引用がなされている。そういった引用には、「亜細亜」的思想を批判するために引き合いにだされているものもあるが、すべてが西洋思想側の視点にたって古い思想を愚弄するためになされているとは限らない。たとえば、第六章に「モラル」というのは「屋漏に愧ざるもの」(人が見ていないところでも行いを慎むということ。『詩経』および『中庸』による)という説明がある。儒教の道徳も、単に個々の場面で周囲の評価に合わせようとすることではなく、一般原則と個人の内面を照らし合わせる原理であるという理解を示している。したがって、こういった道徳原理を「文明」的な社会原理に発達させる契機は何か、という問題を福澤が語っているとすれば、それは古い思想の否定ではなく内側からの克服の企図があるということかもしれない。

しかしながら、福澤は「緒言」で、西洋の「日新の説」は長い歴史を踏まえ、それを内側から克服していく(「同一の元素より発生」)プロセスによって成立しているが、日本を「文明」化するには「卒突の変化」によって「始造」するしかないと述べている。これは西洋では古い思想の内在的克服という方法が成立しているが、日本ではそのような方法そのものが新しく導入される必要があると考えていることを示している。「日新」という語は『大学』に用例があり、人が本来の道徳的あり方に立ち戻ることを意味している。朱熹が重視する「新民」、つまり人民が人間本来の道徳的姿に洗い直されるよう君主が導く思想に基づいている。これに対して、福澤が「日新」という時は、日々進歩していくという意味で使っている。朱子学的な、人間本来的道徳性に回帰するという考え方を、過去を批判克服しながら前に進むという意味に、いわば方法論的意図をもって変換した言葉遣いであると考えられる。『文明論之概略』緒言に「一身にして二生を経る」という言葉があるが、これはそういう経験をしつつあるということなのか、あるいは自己を革新していく方法を学びつつあるということなのかは、丁寧に検討するべきポイントである。

五　結び

『文明論之概略』の思想作品としての魅力は、歯に衣着せない日本社会批判の痛快さもさることながら、慎重な読者であれば、それを支えている方法意識を読み取ることができる、テクストの重層性にある。明治初期には、「文明」や「進歩」の達成のためにはどのような策が必要か、それはどのような成果、あるいは危険をもたらすのか、といった議論は数多くあり、優れた思想作品もいくつかある。しかし、一九世紀西洋の自由主義的思想家による「文明」論の鍵概念を適切に見抜き、その内包する意図を応用して、日本社会に集合的に「精神発達」を引き起こせるのか、またそうしなければならないとすると、それが人々の思考の方法に与える負荷がどれだけ大きいかといったレベルにまで踏み込んだ議論として、『文明論之概略』は傑出している。そして、それだけ読者に思考の緊張を強いる書でもある。当時の読者が、あるいは著者である福澤自身も含めて、どれだけその緊張に耐えられたのか、あまり楽観的に評価できない面もある。現代の読者についても同様である。

参考文献

丸山眞男『「文明論之概略」を読む』上・中・下、岩波新書、一九八六年。

松沢弘陽「社会契約から文明史へ――福沢諭吉の初期国民国家形成構想試論」『北大法学論集』四〇巻、五・六号、一九九〇年。

富田正文『考証　福澤諭吉』上・下、岩波書店、一九九二年。

松沢弘陽『近代日本の形成と西洋経験』岩波書店、一九九三年。

松沢弘陽「解説」、福沢諭吉著、松沢弘陽校注『文明論之概略』岩波文庫、一九九五年。

平石直昭「福澤諭吉の戦略構想――『文明論之概略』期までを中心に」『社会科学研究』第五一巻一号、一九九九年。

進藤咲子『研究資料『文明論之概略』草稿の考察』社団法人福沢諭吉協会、二〇〇〇年。

平山洋『福澤諭吉――文明の政治には六つの要訣あり』ミネルヴァ書房、二〇〇八年。

アルバート・M・クレイグ著、足立康、梅津順一訳『文明と啓蒙――初期福澤諭吉の思想』慶應義塾大学出版会、二〇〇九年。

渡辺浩『日本政治思想史――十七〜十九世紀』東京大学出版会、二〇一〇年。

渡辺浩「儒教と福澤諭吉」『福澤諭吉年鑑』三九、福澤諭吉協会、二〇一二年。

松田宏一郎「福澤諭吉と明治国家」苅部直、黒住真、佐藤弘夫、末木文美士、田尻祐一郎編『日本思想史講座　四
近代』ぺりかん社、二〇一三年。

■岩波オンデマンドブックス■

岩波講座 日本の思想 第四巻
自然と人為 ──「自然」観の変容

2013年 8月23日 第1刷発行
2019年 1月10日 オンデマンド版発行

発行者 岡本 厚

発行所 株式会社 岩波書店
〒101-8002 東京都千代田区一ツ橋2-5-5
電話案内 03-5210-4000
http://www.iwanami.co.jp/

印刷／製本・法令印刷

ISBN 978-4-00-730836-9 Printed in Japan